JN115797

図説 白山市の歴史と文化

白山市

発刊のごあいさつ

白山市長　山田憲昭

平成17年2月1日、1市2町5村の合併により、白山市が誕生し、11万市民の夢と希望、期待を胸に、新たな歴史を刻み、15年の歳月が経過いたしました。

この間、霊峰白山をはじめ、手取川、日本海など、豊かで美しい自然に恵まれ、先人から受け継がれてきた歴史、伝統文化など、多くの貴重な財産を最大限に活用する中で、これまで、市民の一体感の醸成を図りながら、真の豊かさを実感し、住んで良かったと思えるふるさとづくりに、市民と共に歩んでまいりました。

さて、本書は、この市制施行15周年を記念し、発刊いたしたものであります。白山市の歴史と文化をより平易に理解していただくため、写真や図、イラスト等を数多く用い、原始古代から現代まで74項目にまとめ、白山市を代表する遺跡や祭り、人物、文化財など幅広く網羅する内容となっており、自然豊かな白山市の魅力をより身近に感じてもらえるよう19項目の「白山手取川ジオパーク・コラム」も掲載しました。本市は県内でも有数の指定文化財数を誇り、またジオパークに取組む県内唯一の地域でもあることから、巻末には「白山手取川ジオパークエリアサイト図」と「白山市文化財一覧」並びに「白山市略年表」を付しております。

将来都市像である「健康で笑顔あふれる元気都市　白山」の実現に向け、市民の皆様と共に歩みを進める中、この本により、改めて本市の誇る豊かな自然と伝統文化に触れていただき、「ふるさと白山」への愛着を深めていただくきっかけとなり、白山市を紹介する一助となれば幸いです。

結びに、本書の制作にあたり、ご尽力をいただきました執筆者の皆様並びに関係各位に対し深甚なる敬意と感謝の意を表し、発刊のごあいさつといたします。

令和2年3月

もくじ

発刊のごあいさつ　白山市長　山田憲昭

原始・古代

1 舟岡山縄文遺跡の発見……8
2 手取扇状地と農耕集落の形成……10
3 東大寺領横江荘の荘家跡……12
4 加賀立国と石川郡の成立……16
5 北陸道比楽（ひらか）の駅と湊……18
6 白山禅定道と加賀馬場の世界……20

中世

1 源平合戦と林一族……24
2 石川平野の荘園分布と地頭……26
3 一宮白山本宮の造営と祭礼……28
4 他阿真教（たあしんぎょう）の加賀路遊行……30
5 白山ろくの禅刹祇陀寺（ぎだじ）……32
6 幕府奉公衆松任氏の真宗門徒化……34

7 守護富樫氏と山内（やまのうち）の一揆衆……36
8 皇室領米光村と万福寺遺跡……38
9 戦国の石川平野を旅した人々……40
10 戦国期味智（みちごう）郷の領主と百姓……42
11 一向一揆と石川郡の旗本・組衆……44
12 白山禅頂の杣取（そまとり）相論……46
13 上杉謙信と手取川の夜襲……48
14 山内惣荘と鳥越落城……50

近世

1 松任四万石大名の時代……54
2 加賀藩政の石川郡支配……56
3 牛首・尾添の白山相論……58
4 白山ろく天領の成立と領境……60
5 松任町の構成と特産……62
6 在郷町鶴来の産業と文化……64
7 本吉湊の発展と町の整備……66
8 出作りと養蚕の山村生活……68
9 真宗門徒と町・村の道場……72
10 北国街道と松任本陣……74
11 市原紙と相滝紙の生産……76
12 松任・本吉の俳壇と千代女……78
13 遠山奥十二日講と任誓……80
14 描かれた吉野十景……82
15 枝権兵衛と富樫用水……84
16 真宗信仰と美川仏壇……86
17 加賀藩勤王攘夷派と小川幸三……88

近代

1 神仏分離と白山下山仏 …… 90
2 廃藩置県と石川県庁 …… 92
3 白山ろく旧天領の石川県帰属問題 …… 94
4 ライン博士と桑島化石壁 …… 96
5 明治天皇の北陸巡幸と行在所 …… 98
6 白山比咩神社の国幣社昇格 …… 100
7 町村制の成立と白山市域 …… 102
8 石川郡の代議士誕生 …… 104
9 石川平野の耕地整理 …… 106
10 県立松任農業学校の開設 …… 108
11 手取川の電力開発 …… 110
12 北陸本線の開通と松任駅 …… 112
13 2代熊田源太郎と呉竹文庫の開設 …… 116
14 小堀定信と金名線 …… 118
15 白山ろくの特産物栽培 …… 120
16 成人儀礼の白山参詣 …… 122
17 松本白華と暁烏敏 …… 124
18 「時代の寵児」島田清次郎 …… 126
19 美川青年団の政治活動 …… 128
20 昭和9年の手取川大洪水 …… 130
21 国民精神の涵養と白山塾 …… 134
22 白山郷開拓団の満州移民 …… 136

現代

1 白山ろく3村の石川郡編入 …… 138
2 白山比咩神社の文化財 …… 140
3 昭和の大合併 …… 142
4 豪雪地帯に生きる …… 144

5 白山ろくの無形民俗文化財……146
6 手取川総合開発事業……148
7 日本洋画壇の巨匠・中川一政……152
8 日本刀の名工・隅谷正峯……154
9 受け継がれる祭礼と獅子舞……156
10 手取川扇状地の農耕行事……160
11 工業団地とニュータウン……162
12 白山市の誕生……164
13 白峰重要伝統的建造物群保存地区……166
14 北陸新幹線の延伸と白山市……168
15 白山手取川ジオパークと白山ユネスコエコパーク……170

白山手取川ジオパークコラム

1 島集落……11
2 手取川扇状地の発達……15
3 長久3年に加賀室で僧がみた白山の噴火……23
4 手取川の特徴……49
5 手取川の河岸段丘……53
6 地質の境界……61
7 手取川扇状地上のまち……63
8 扇頂と谷口集落……65
9 白山周辺の地すべり……71
10 俳句とジオ　季語と風景……79
11 七ヶ用水取水口付近の地形と地質……85
12 白山美川伏流水群……87
13 河口の街 美川……93
14 桑島化石壁……97
15 水力発電における手取川の利点……111
16 百万貫の岩と玉石……133
17 雪の降るシステム……145
18 五味島層の礫石……151
19 河岸段丘と手取層群砂岩の利用……167

巻末

白山手取川ジオパークの見どころMAP……174
白山市文化財一覧……176
白山市略年表……184

原始・古代1

舟岡山縄文遺跡の発見

戦後初めて縄文集落遺跡を発掘 白山ろく縄文人の姿が明らかに

縄文時代の竪穴住居や石囲い炉を検出した舟岡山遺跡の発掘は石川県の戦後考古学の出発点。白山ろくで遺跡発見が続いた。

戦後初の縄文集落発掘調査となった舟岡山遺跡調査の様子

舟岡山縄文遺跡は、縄文時代中期（約4500年前）の集落跡である。白山市八幡町に手取川と並行して南北に連なる舟岡山尾根の北側の中ノ平の平坦面に展開している。

石川考古学研究会発足とともに

昭和23年（1948）から24年にかけて、当時、石川県立第一高等学校（のち県立金沢泉丘高）教諭であった高堀勝喜を中心とする学生や県内外の教諭ら有志が集まって戦後初めての縄文時代集落遺跡の発掘調査が行われた。この調査は、石川考古学研究会発足の機会となり同会が初めて主宰して実施した調査である。

舟岡山周辺では昭和16年、石川県立白山青年の家の前身となる石川修練道場（通称「白山塾」）の建設の際、土器片や石器が採集され、先史時代の遺跡が地下に包蔵されていることが知られていた。戦後、皇国史観が否定されたこともあり、高堀氏らには科学的に縄文時代を研究する目的もあった。

昭和23年10月30日、石川考古学研究会の発会式が、白山公民館（石川県立白山青年の家の前身）で行われた後、発掘調査が実施され、最初に竪穴住居址の石囲い炉が検出された。本格調査は、翌24年3月25日から1週間、県内高校生のべ140人を中心として行われた。発掘調査面積は約350㎡で、調査の結果、直径4～5ｍの竪穴住居址の中心とされる炉跡3カ所を検出した。

その後、昭和44年に2カ所石囲い炉を検出した。うち1カ所は「複式炉」と呼ばれる二連式の炉で、炉底には保温のための土器片が敷かれていた。

吉野ノミタニ遺跡想像図（『吉野谷の石器時代（Ⅱ）』より）と吉野ノミタニ遺跡出土縄文土器（右）

白山ろくの縄文遺跡

白山ろく地域では、昭和24年6月に画家玉井敬泉に よる縄文時代中期後半の尾添遺跡の発見、板倉武雄（のち鳥越村長）による下野、杉森、久保、吉野谷ノミタニ、女原、瀬戸の縄文遺跡の発見があった。

昭和34年には、白山上野遺跡（縄文時代中期～後期の集落跡　三宮町の現石川県林業試験場樹木公園の敷地内）の発掘調査で、4棟の竪穴住居址とコの字に石組みされた遺構から徳利の形をした把手付壺が発見され、祭祀のための埋納と考えられている。

昭和63年から平成2年（1990）にかけて、吉野谷ノミタニにおいて、縄文時代中期～後期の集落跡を調査し、3棟の竪穴住居址や8カ所の土坑などから多数の土器・石器・植物遺体などが検出された。

現在、舟岡山縄文遺跡、白山上野遺跡、吉野谷ノミタニ遺跡は市指定史跡として保存され、白山上野遺跡の祭祀遺構から発見された把手付壺は、県指定文化財（考古資料）に指定されている。

（小阪　大）

白山上野遺跡把手付壺（白山市蔵、石川県指定文化財）

原始・古代2

弥生時代、微高地に集落ができる 水田用水路網や古墳が造られた

手取扇状地と農耕集落の形成

手取扇状地に島集落ができ、水田で稲作が行なわれた。玉製品などの手工業が発展し、特色ある古墳が築造された。

松任海岸沖で発見されたハンノキの樹根

縄文時代晩期頃（約2800年前）になると人々の生活は、狩猟採集から農耕を主体とする生活へ変化したとされる。白山市の遺跡分布で見ると縄文時代後期以前は、圧倒的に白山ろくに遺跡が分布し、晩期以降になると手取川扇状地に集落跡が点在している。

徳光町沖で海底埋没林を発見

縄文時代晩期から弥生時代前期にかけては、平均気温が現在より低く、集落は今の汀線より、2km以上海側にあったとも考えられている。徳光町の海岸線から2km沖合の日本海の中には、縄文時代晩期頃のハンノキを主体とする埋没林が国内2例目の海底埋没林として発見されている。また、金沢市の下安原海岸では、海岸線で弥生時代前期の集落跡が発見された。

弥生時代中期頃から後期にかけて、手取川扇状地も安定して、集落は手取川扇状地の成り立ちによって形成された微高地形上「島集落」（※コラム参照）に営まれた。集落の周辺では、稲作（水稲）が行われ、水をまんべんなく水田に行き渡らせるための水路網が張り巡らされた。

白山市域内においては手工業も発展した時代であった。野本遺跡では、アジサイ科ノリウツギ製の竪櫛や緑色凝灰岩を加工した管玉などの玉製品を制作した痕跡が発見された。

山陰地方の文化が流入

弥生時代後期になると、山陰地方に影響された土器文化が北陸に流布する。一塚町では、旭工業団地建設前の発掘調査で四隅突出型墳丘墓と呼ばれる山陰地方を中心に造られ

手取川扇状地の弥生時代中期から飛鳥時代の遺跡の分布

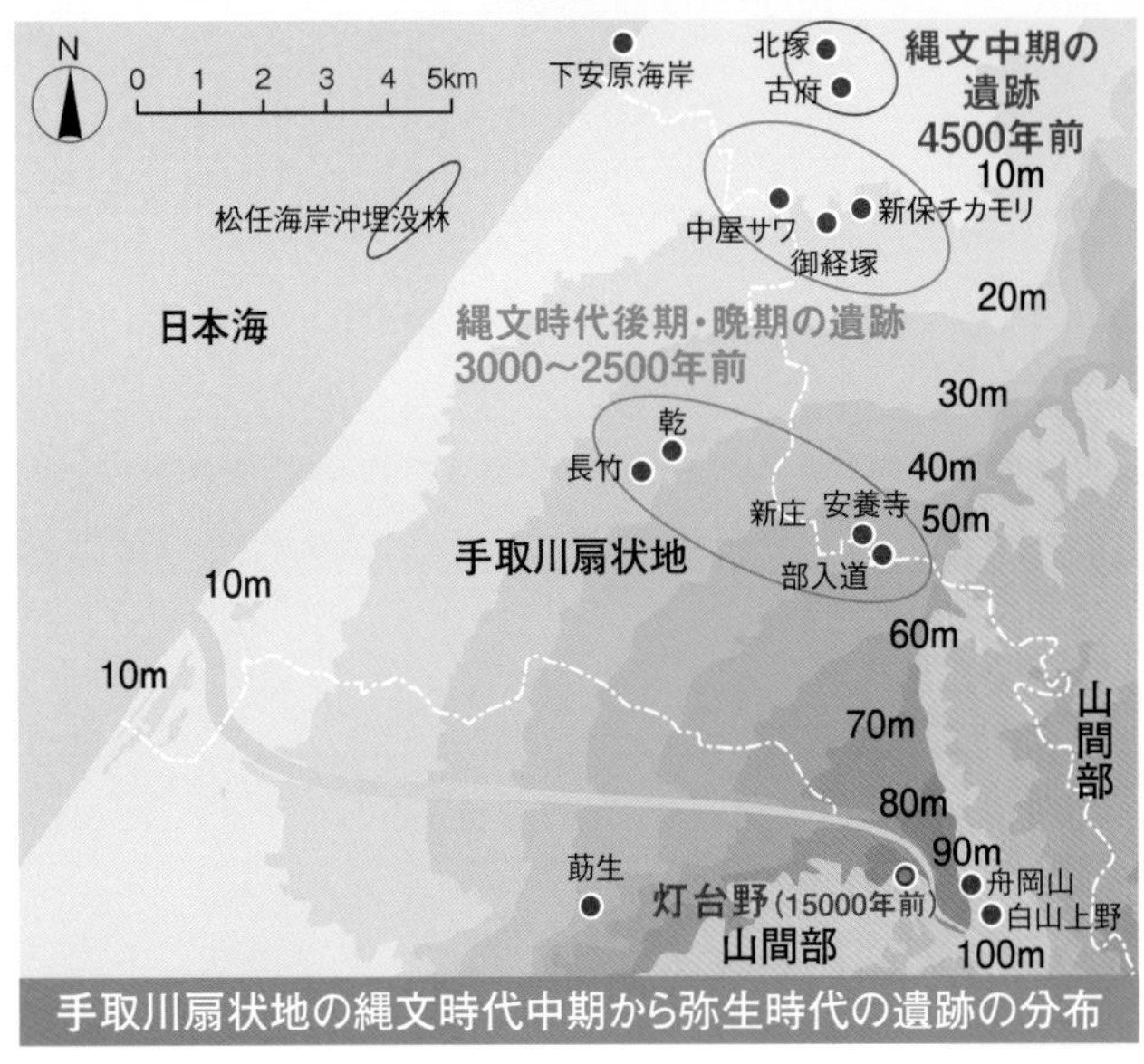

手取川扇状地の縄文時代中期から弥生時代の遺跡の分布

た墳丘墓（古墳）が発見された。

古墳（弥生時代では墳丘墓）は、手取川扇状地によって形成された島状地形（微高地）をうまく利用して形成され、大きいものでは全長約25m前後である。横江古屋敷遺跡やその周辺では、大小様々な墳丘墓が数多く発掘されてきた。これらの墳丘は、明治時代以降の水田ほ場整理事業により、墳丘部が削平され平坦な地形へ変化した。（小阪　大）

竹松遺跡出土の弥生時代特殊器台（白山市指定文化財）

一塚町（現旭工業団地）で検出された山陰地方の文化に影響を受けた四隅突出型墳丘墓

四隅突出型墳丘墓の島根県西谷古墳（島根県立八雲立つ風土記の丘提供）

白山手取川ジオパーク・コラム 1

島集落

手取川扇状地は、手取川が何度も氾濫を繰り返して土砂を貯めることでできた地形であり、その全域で洪水の恐れがある。そのため、扇状地上の集落は洪水を避けるために、土砂が多くたまって形成された扇状地上の微高地（周囲より1～2m程度高い）に形成されてきた。この集落が島集落である。

川の流れの両側に土砂が溜まりやすいため、島集落は手取川の旧河道の両側に並ぶように分布する。手取川の恵みで農業が可能となる地域で、恵みと不可分な水害をやり過ごすための先人の知恵である。（青木賢人）

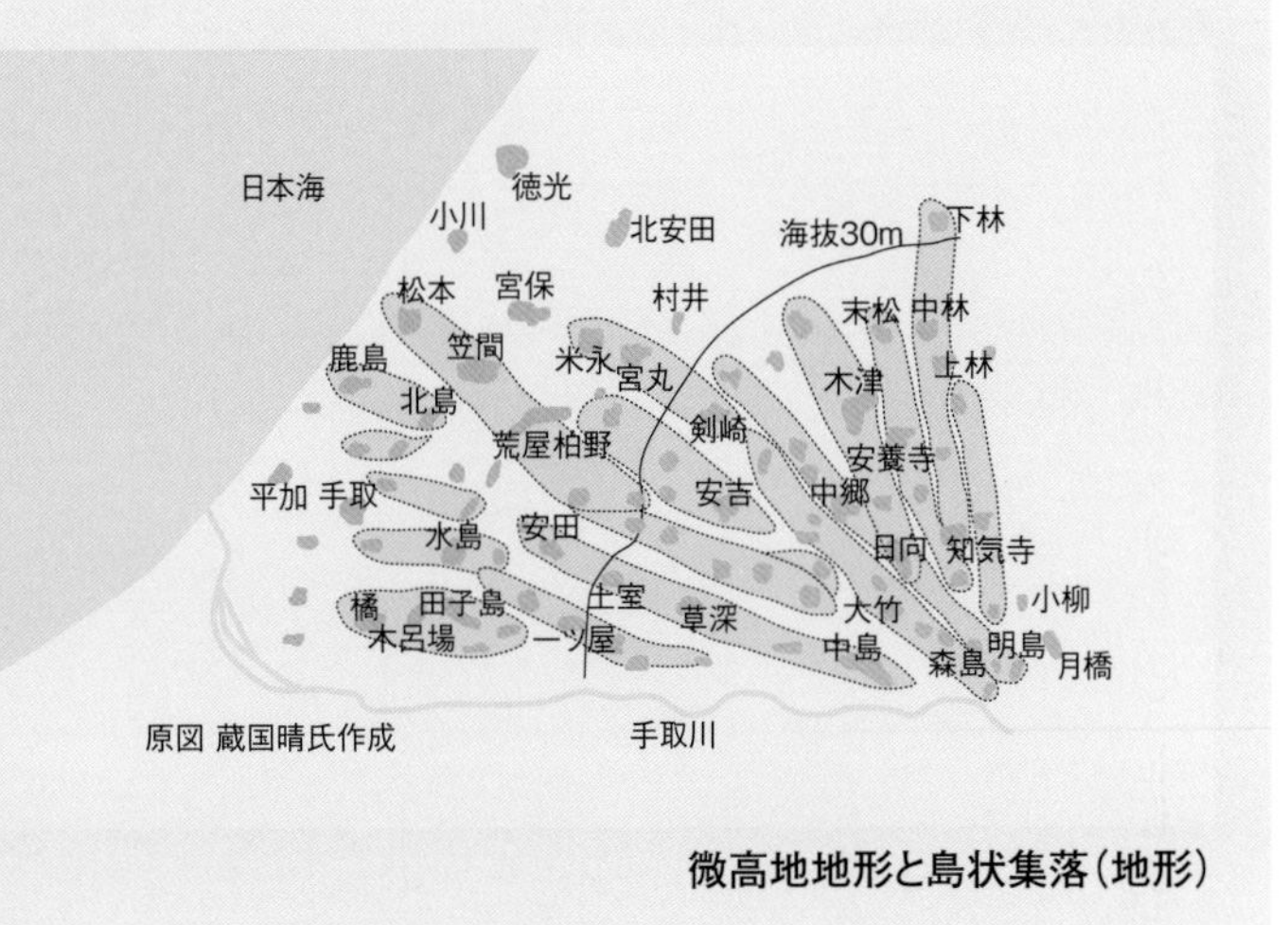

微高地地形と島状集落（地形）

原始・古代3

内親王の死後、母が東大寺に奉納 掘立柱建物跡と土器出土、国史跡に

東大寺領横江荘の荘家跡

桓武天皇の皇女所有の土地が奉納された。発掘調査で荘園管理事務所と考えられる建物や土器が確認され国史跡に。周辺でも荘園を示す物が出土している。

東大寺領横江荘は、桓武天皇の皇女である朝原内親王所有の土地186町5反200歩が親王の死後、その遺言により母である酒人内親王によって、弘仁9年（818）、東大寺に奉納され成立した。

獻上
大般若經一部 六百巻
金剛般若經一百部 一千巻
在各錦袂
厚見荘 在美濃國厚見郡
墾田一百一十七町三百三十九歩
横江荘 在越前國賀加郡
墾田一百八十六町五段二百歩

史跡公園として整備された荘家跡。発掘された柱の位置がわかる

発掘当時の荘家跡の遺構

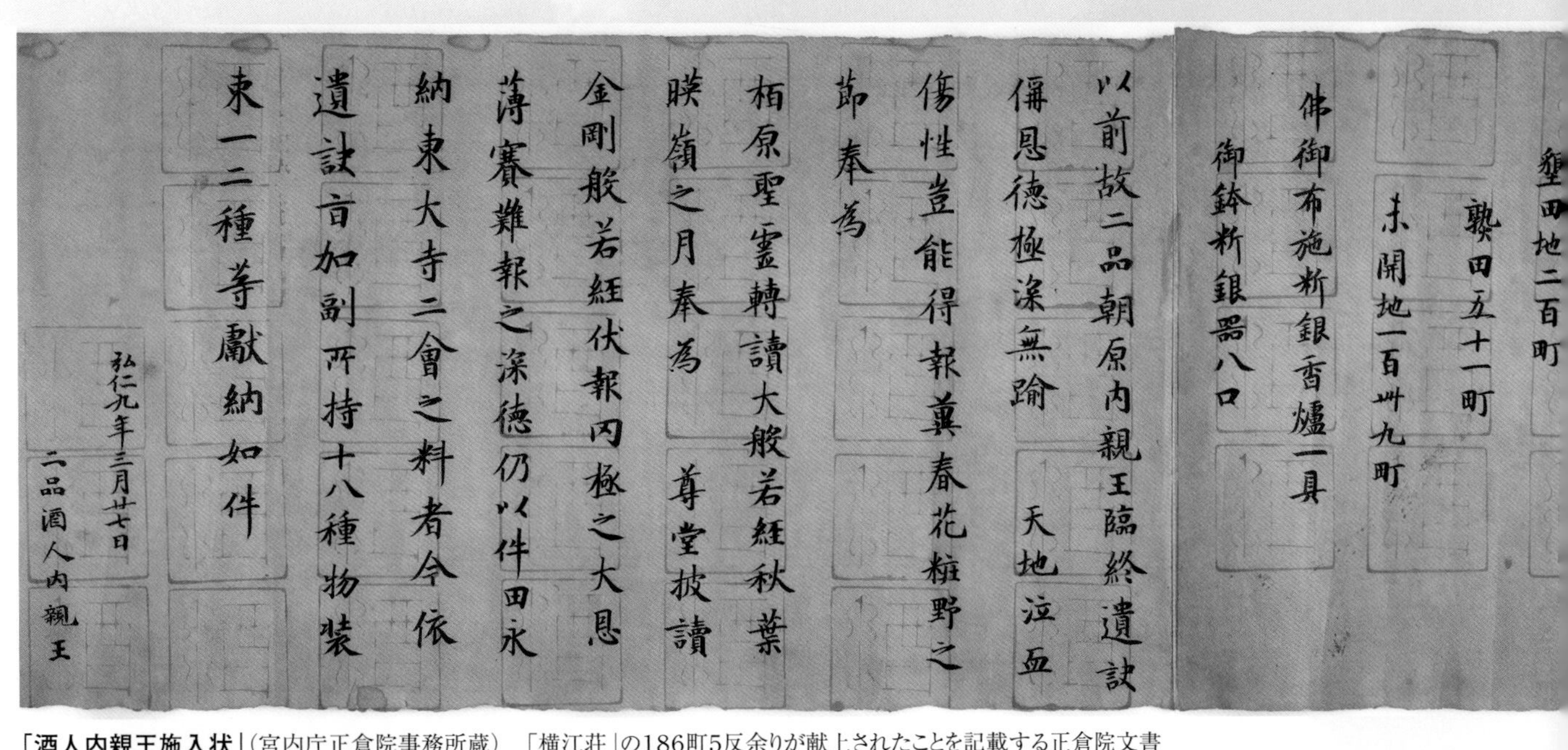

墾田地二百町
熟田五十一町
未開地一百卅九町
佛御布施料銀香爐一具
御鉢料銀器八口
以前故二品朝原内親王臨終遺誡
偁恩徳極深無踰　天地泣血
傷性豈能得報冀春花粧野之
節奉為
栢原聖靈轉讀大般若經秋葉
瞬嶺之月奉為　尊堂披讀
金剛般若經伏報罔極之大恩
薄賽難報之深徳仍以件田永
納東大寺二會之料者令依
遺誡旨加副所持十八種物裝
束一二種等獻納如件
弘仁九年三月廿七日
二品酒人内親王

「酒人内親王施入状」（宮内庁正倉院事務所蔵）　「横江荘」の186町5反余りが献上されたことを記載する正倉院文書

「三宅」墨書土器　荘家跡の発掘調査によって出土した

白山市立博物館所蔵の荘家の復元模型

昭和45年（1970）、旧松任市横江町において石川県鉄工団地の造成が計画された。計画地の中には僧円（ソウエン）と呼ばれる田が含まれており、明治末期の耕地整理の際には、その田からほぼ原形を留めた須恵器三耳壺が発見されていた。計画地周辺からは耕作時において土器が多く見つかっており、開発予定地の地下には遺跡が存在する可能性が高いことから、同年に緊急発掘調査を実施することとなった。

荘園管理事務所の建物跡

発掘調査によって確認されたのは、桁行5間×梁行き2間に南廂をもつ掘立柱建物跡を中心とした6棟の掘立柱建物跡であった。調査により土器などの遺物が大量に出土し、その中には「三宅」と墨書された土器が含まれていた。荘園管理事務所と考えられる廂付掘立柱建物跡の確認やその施設を表す「三宅」墨書土器の出土により、正倉院文書である酒人内親王施入状に記載されている横江荘である可能性が高く、荘園関連の遺跡として重要であることから、昭和47年3月に国史跡に指定された。

上荒屋遺跡を追加指定

その後も周辺において工場の建設などの開発が断続的に行われ、それに伴い随時発掘調査を実施することとなった。昭和60年の市道改良工事に伴う発掘調査においては、倉庫跡と考えられる総柱掘立柱建物が確認され、この掘立柱建物の中には火災に遭っているものがあった。金沢市においては昭和62年に土地区画整理事業に伴う発掘調査が実施され、上荒屋（かみあらや）遺跡からは荘家跡と推測される掘立柱建物群や、運河跡、船着場跡等が発見された。また「綾庄」「東庄」等の荘園名を示す多量の墨書土器や、木簡、斎串等の木製品が出土した。この上荒屋遺跡も東大寺領横江荘の一部であると考えられることから、東大寺領横江荘荘家跡に追加指定し、名称を東大寺領横江荘遺跡荘家跡 上荒屋遺跡に変更することとなった。

回廊状の建物跡は寺院的施設か

平成20年（2008）には、荘家跡より東に

金沢市の上荒屋遺跡で復元された荘家と運河

西側長舎建物跡の柱列

回廊状区画施設内の大型建物跡

東大寺領横江荘遺跡

指定地②
（金沢市上荒屋遺跡6721㎡
平成18年追加指定）

指定地③
（5万3923㎡追加指定
平成28年指定）

指定地①（荘家跡3948㎡ 昭和47年指定）

約２００ｍ離れた工業団地隣接地において、工場の増築が計画された。工場建設に先立ち発掘調査を実施したところ、桁行17間×梁行1間の長舎建物跡や桁行7間×梁行2間に南廂が付く大型建物跡、八脚門等が発見された。翌平成21年より周辺において詳細分布調査を実施したところ、西側長舎建物跡と対となる東側長舎建物跡を確認する。調査成果から、これらは回廊状に区画された施設であることがわかった。この回廊状区画施設東側の溝跡を含む周辺からは緑釉陶器の鉄鉢や三足盤等の仏具的遺物や「寺」と墨書された土師器が出土していることから、この回廊状に区画した施設は寺院的施設と推定される。

金沢市の上荒屋遺跡及び福増カワラケダ遺跡で発見された溝跡は条里地割であると考えられ、その内側には多数の倉を含む建物跡や区画溝、寺院的施設が配置され東大寺領横江荘遺跡の中核を構成する重要な部分であると考えられることから、平成28年10月に約５４，０００㎡が国史跡へと追加指定され、名称を東大寺領横江荘遺跡に変更することとなった。

物流基地だったが急速に廃絶

多くの建物を配置し、物流基地であった東大寺領横江荘遺跡であるが、長徳４年（９９８）の頃にはすでに荒廃に帰しており、急速に廃絶したとされる。

金沢市の畝田・寺中遺跡の奈良時代の溝からは「横江臣」と書かれた木簡が出土しており、また「語成人」墨書土器が出土していることから、『日本霊異記』に登場する加賀郡大野郷畝田村の住人「横江臣成人」が実在した可能性がある。

（下濱　聡）

白山手取川ジオパーク・コラム 2

手取川扇状地の発達

山から運び出された礫が堆積してできた地形が扇状地である。河道は、両側に山が迫っている鶴来付近では固定されているが、平野部では自由に動くことができる。そのため、金沢から能美の間の扇型の範囲で土砂を堆積させ、扇状地が形成される。

金沢の地下にある昔の手取川扇状地を調べると、河北潟に向かって手取川が流れていたことがわかる。手取川は南に流路を変えながら、扇状地を形成してきた。流路の移動は土地の利用にも影響を与える。扇状地上にある横江荘は、手取川の流路が南に移り、洪水の影響が少なくなった後に発達したことがわかっている。（青木賢人）

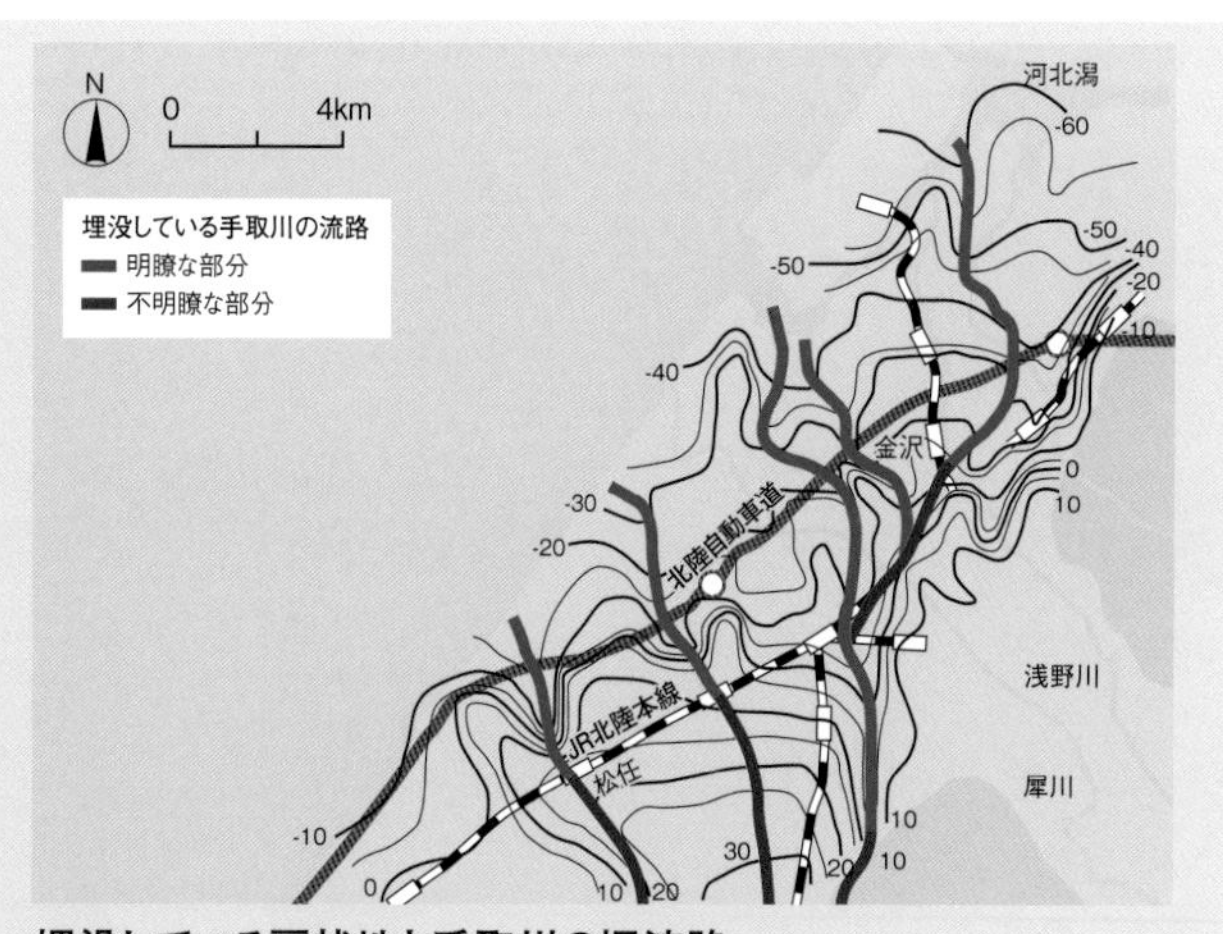

埋没している扇状地と手取川の旧流路
金沢平野の地下に埋没している約2万年前の手取川扇状地と当時の手取川の流路。等深線は海抜高度を示す。

原始・古代4

加賀立国と石川郡の成立

越前国から分離・独立した加賀国
石川郡は八郷・一駅で構成

越前は国域が広大だったため、国守の建言で加賀国が分離独立した。石川郡は加賀郡を分割して新設され八郷・一駅で構成された。

平安時代前期の弘仁14年（823）3月、越前国の北域にあたる江沼・加賀2郡を分割して誕生した加賀国は、古代律令制国家の下で新設された最後の国であった。

これは当時越前の国守であった紀末成の建言による立国で、その理由には、越前の国域が広大なため、支配が行き届き難いことが上げられていた。

国府から遠く支配届かぬ

末成は、「良吏」と称される清廉潔白にして有能な官人として知られた人物で、その立国提案書（解文）によれば、加賀郡は国府から遠く、降雪や風雨の際には往還も困難で、途中に4大河川もあり、洪水になると、人馬の往来は途絶するとされていた。

また越前の北域は、隔絶された地域のため、郡司や郷長のなかには、恣意に百姓を駆使するものがあり、そのため逃亡者が続出しているともある。さらに国府から遠隔なため、部内の巡検もままならず、官舎は損壊し、農桑は荒廃しているとされる。

従ってこうした事情が律令政府に容認され、越前国から加賀国の分離・独立がはかられたのであった。新設された加賀の国守には、越前守の紀末成が兼務し、国の等級は、中国とされた。

加賀郡から石川郡が分離

次いで同年6月には、加賀国となった江沼郡から能美郡が、加賀郡から石川郡がそれぞれ分離し、加賀国は江沼・能美・石川・加賀（後の河北）の4郡から構成され

白山市域を含む現在の石川平野、古代の石川郡はこの地域に当たる

ることになった。その理由は、江沼・加賀両郡の土地が広く人口も多かったためとされている。従って加賀立国の背景には、加賀地方は、相当の財政負担能力をもつ地域と見做されていた事情があったらしく、加賀を分離、立国させることによって、国家財政上でかなりのメリットが期待できる状況が存在していた。

加賀郡を分割して新設された石川郡は、八郷・一駅をもって構成された。平安時代前期の『和名類聚抄』（日本最古の百科事典）によれば、石川郡内では、中村・富樫・椋部・三馬・拝師・井手・笠間・味知の八郷が知られた。この内、中村・椋部・拝師・井手・笠間・味知の六郷は、現在の白山市域に比定できるが、一駅の所在地は不明である。

加賀国は2年後の天長2年（825）正月になって、人頭税の負担人口と国内の田地数が増加したとの理由で、中国から上国に国の等級が格上げされ、その地位は高まった。また国府の所在地については、立国直後は加賀郡内の金沢市域西部に置かれたとする説もあるが、『和名類聚抄』の註記などから、当初より能美郡に所在したとする見方が有力である。

（東四柳史明）

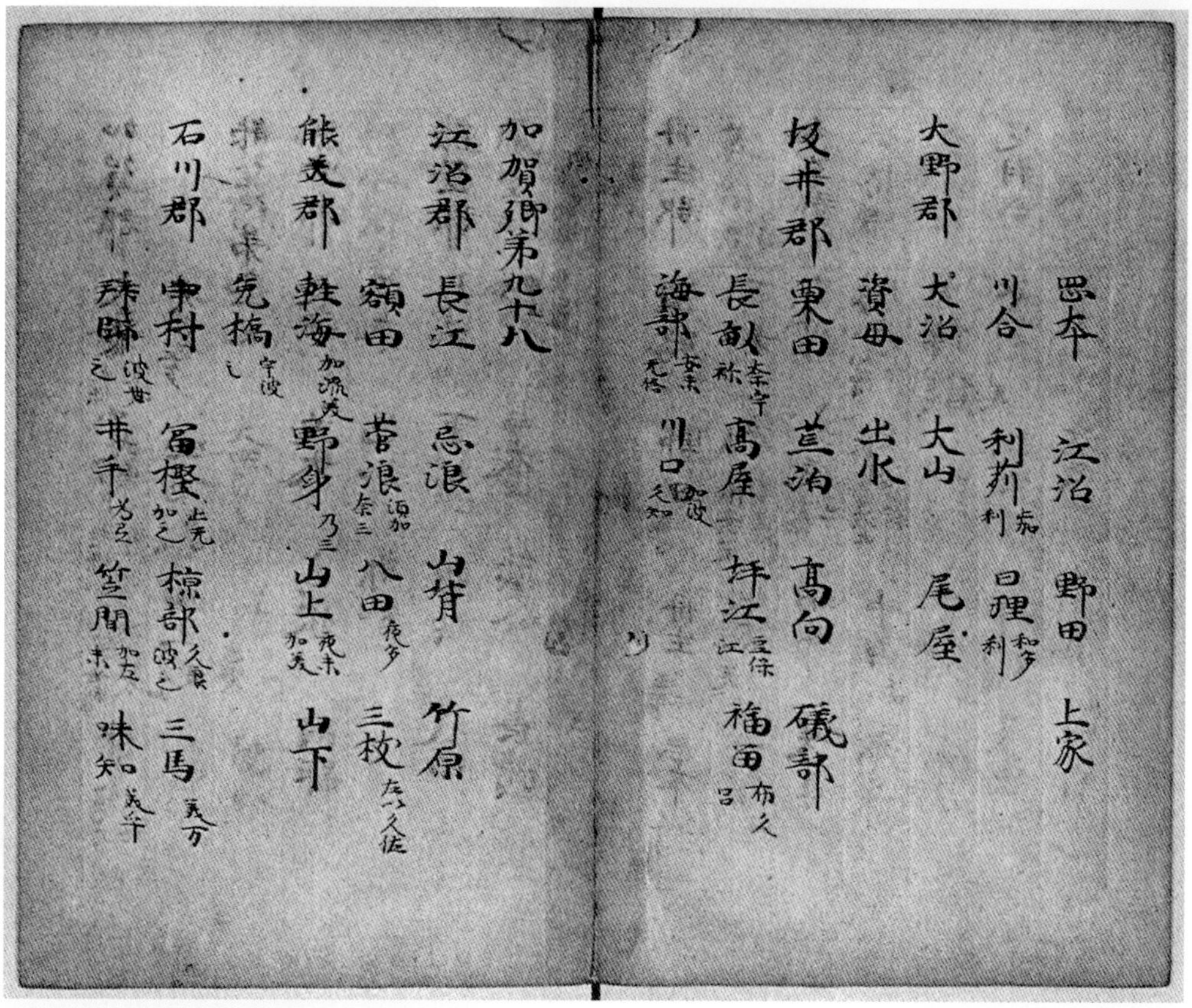

古代加賀国石川郡内の郷名（高山寺本『和名類聚抄』天理図書館蔵）

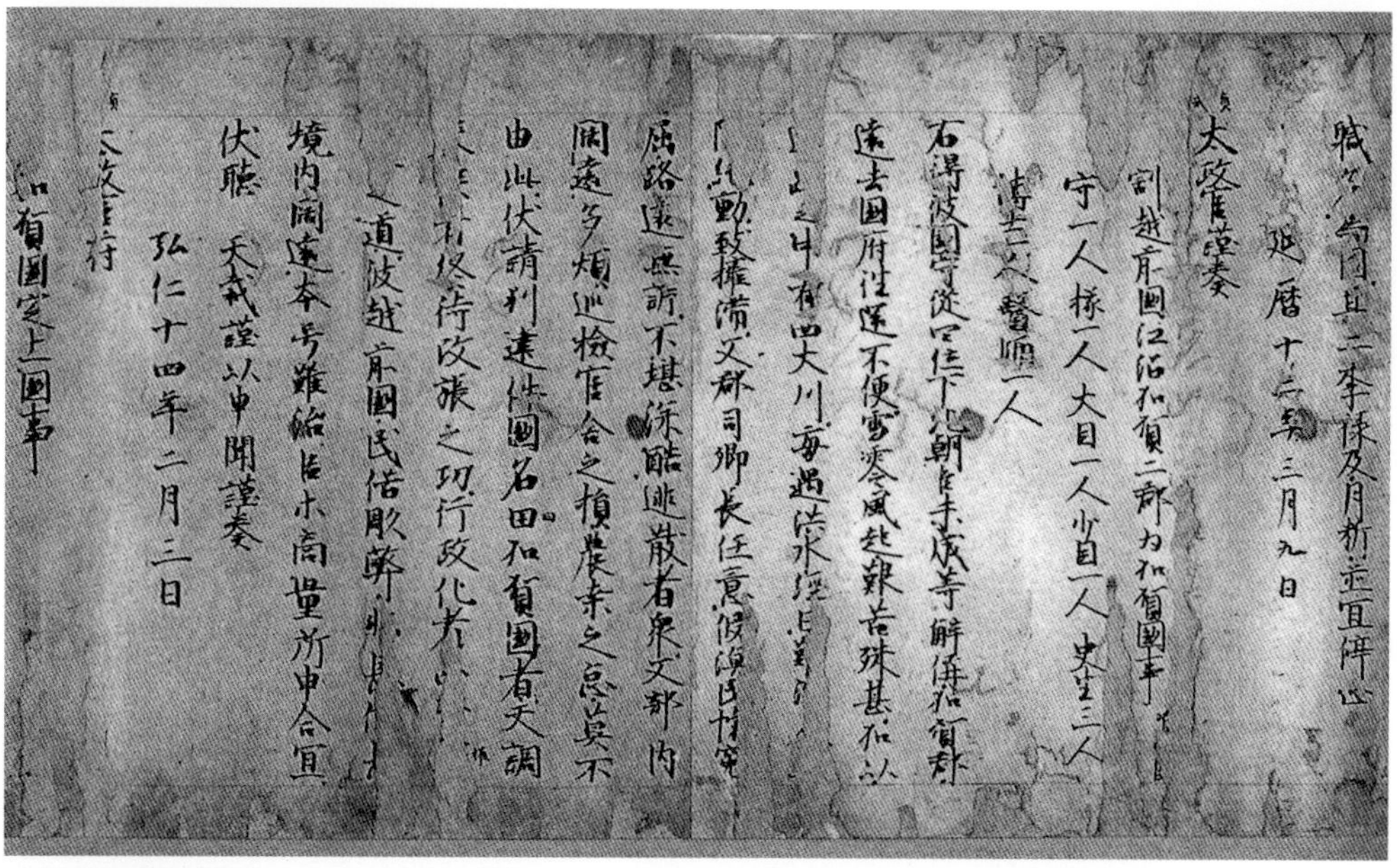

加賀立国を認めた弘仁14年（823）2月3日付の太政官奏（『類聚三代格』巻五、前田育徳会蔵）

原始・古代5

北陸道比楽の駅と湊

河口にあった交通の結節点 手取より北の流路、立石の近くか

北陸道の比楽駅は河口付近にあったと思われ、陸上、海上、河川の交通の結節点だった。「比楽河」の流路は現在の手取川より北で、立石遺構の近くと推察される。

延喜式にみえる加賀国の駅

手取川と河口北部一帯

7世紀後半、律令国家は全国を五畿七道と呼ばれる地域に区分した。五畿とは都に近い山城・大和・河内・和泉・摂津の5カ国、七道とは東海道、東山道、北陸道、山陰道、山陽道、南海道、西海道で、都と地方の連絡を緊密に行うため幹線道（駅路）を建設し、中継点として駅を等間隔に設置した。

北陸道では平安時代の駅が『延喜式』（927年成立）兵部省諸国駅伝馬条で知られ、加賀国では、南から朝倉駅、潮津駅、安宅駅、比楽駅、田上駅、深見駅、横山駅が見える。比楽駅は安宅駅（能美郡）の次駅で、白山

市に「平加」の遺称地があることから、手取川河口付近にあったと見られている。

史料に「比楽河」「比楽湊」

比楽の名は、天平勝宝7年（755）の『東大寺諸荘文書并絵図目録』で、江沼郡幡生荘の東を限る「比楽河」として初めて見え、『日本三代実録』（901年成立）の貞観十一年二月二十三日辛亥条でも渡子25人を置いた「比楽河」が見える。また、『延喜式』主税式上諸国運漕雑物功賃条では、敦賀津への物資運漕港としての「比楽湊」が確認できる。これらの史料により、比楽河の河口域は陸上交通の駅、海上交通の湊、河川交通の渡が置かれた交通の結節点であったことがわかる。

比楽駅、比楽湊が置かれた白山市蝶屋地区周辺（昭和9年9月大日本帝国陸地測量部発行 美川・松任・粟生）

古代の駅に多い立石の地名

比楽河の河口はどこにあったのであろうか。手取川扇状地では大きな流路は時代とともに南に移っていることから、比楽の流路は現在の手取川より北に求められる。復元にあたって有力な手がかりとなるのは、白山市石立町にある立石である。「石の木塚」として県史跡に指定されているこの遺構は、基部から10世紀後半から11世紀初めの土器が発見され、古代に樹立されたことがわかった。立石遺構や「立石」地名を全国的に見ると、古代道に沿って存在し、駅や交通路の要地に存在する例が多いことから、比楽駅をはじめとする交通施設はこの立石から遠くない場所に存在した可能性が高いといえる。

（三浦純夫）

石立の立石（石川県史跡「石の木塚」）

原始・古代6

神の姿求め行者が頂上へ登拝 本地垂迹説の信仰世界広がる

白山禅定道と加賀馬場の世界

白山は白い清浄な姿から霊峰とされ、古くから登拝の対象となった。三禅定道のうち最も長い加賀禅定道沿いには遺跡が点在する。

古代の加賀地方で農耕による生活が広まると、雪におおわれた白山は神々が住む世界に最も近い聖地として仰ぎ見られ、人々は白雪がもたらす清浄さから、いつしかその山容を「しらやま」と呼んでいた。霊峰白山への信仰はこのような自然崇拝から始まる。

御前峰の山頂と奥宮　御前峰は白山妙理大菩薩の所在地とされ奥宮が鎮座する。山上の巨石は古代の祭祀場で、仏具や銅鏡が出土している。

平安時代になると律令国家は白き神の霊験に期待し、仁寿3年(853)に従三位を与え白山比咩神社は加賀を代表する祭神となった。またこの頃から、神の姿を求めて白山の禅頂(山頂)へ登拝する行者が現れたことは、主峰の御前峰(2702m)をはじめ、峰や行場など山頂の禅定世界に点在する遺跡の出土品が物語っている。

奥宮が鎮座する御前峰では、神の磐座とみなされる巨石群の周囲から平安時代の土器が採集され、9世紀の後半頃から土器に供物を入れた山頂祭祀が行者により行なわれた。中腹の高天原遺跡でも土器が採集され、東斜面の岩窟は、行者が宿泊や修行に籠もったことから、白山開山の僧泰澄が修行したと伝えられる。

御前峰に十一面観音像

さらに御前峰の出土品をみると、12世紀に越前や美濃方向から持ち込まれた土器に加えて、能登の珠洲焼の壺や中国製青白磁の合子など各地の遺物がある。これは加賀や越前の山麓から、禅定道と呼ばれた登山道を登り、禅定の峰々へ登拝する活動が本格化したこと

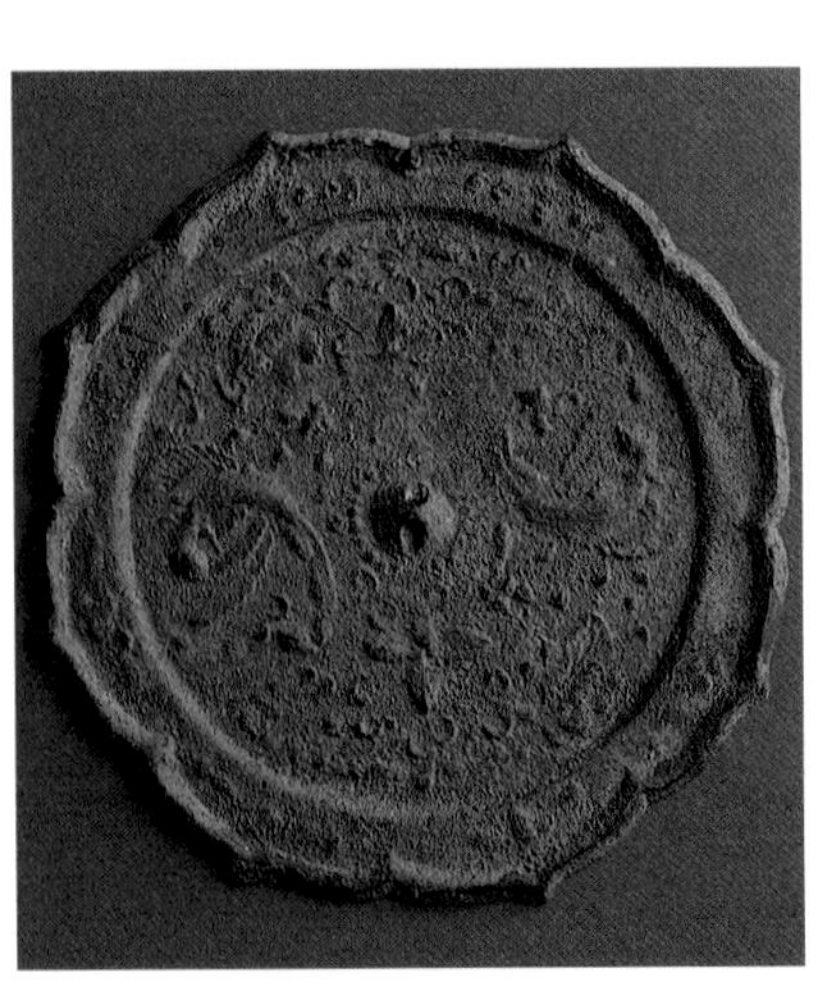

瑞花双鳳八稜鏡(径10.2㎝)　平安後期の銅鏡で、内側に瑞花と羽を広げた鳳凰がみられる。祭祀の宝器として白山神へ奉納されたもの(白山比咩神社蔵)

を示している。加えて密教具の独鈷杵や三鈷柄剣、神具の瑞花双鳥八稜鏡、発火具の火打鎌などの出土品は、山頂祭祀が密教から修験道へと変わり、神具の銅鏡も登場した背景には、この時期に本地垂迹説による白山禅定の世界が成立したものと考えられる。

これは古代の白山信仰にあった神祇的な信仰を基盤としながらも、新たに本地垂迹説による解釈をおこなうもので、白山妙理大菩薩が住まう御前峰には、寶殿に金銅本地仏の十一面観音像が安置された。また平安時代末期の長寛元年（1163）に成立したとされる縁起の「白山之記」は、白山三峰の寶殿を詳しく述べてから、加賀馬場に点在した寶社などを書き上げている。

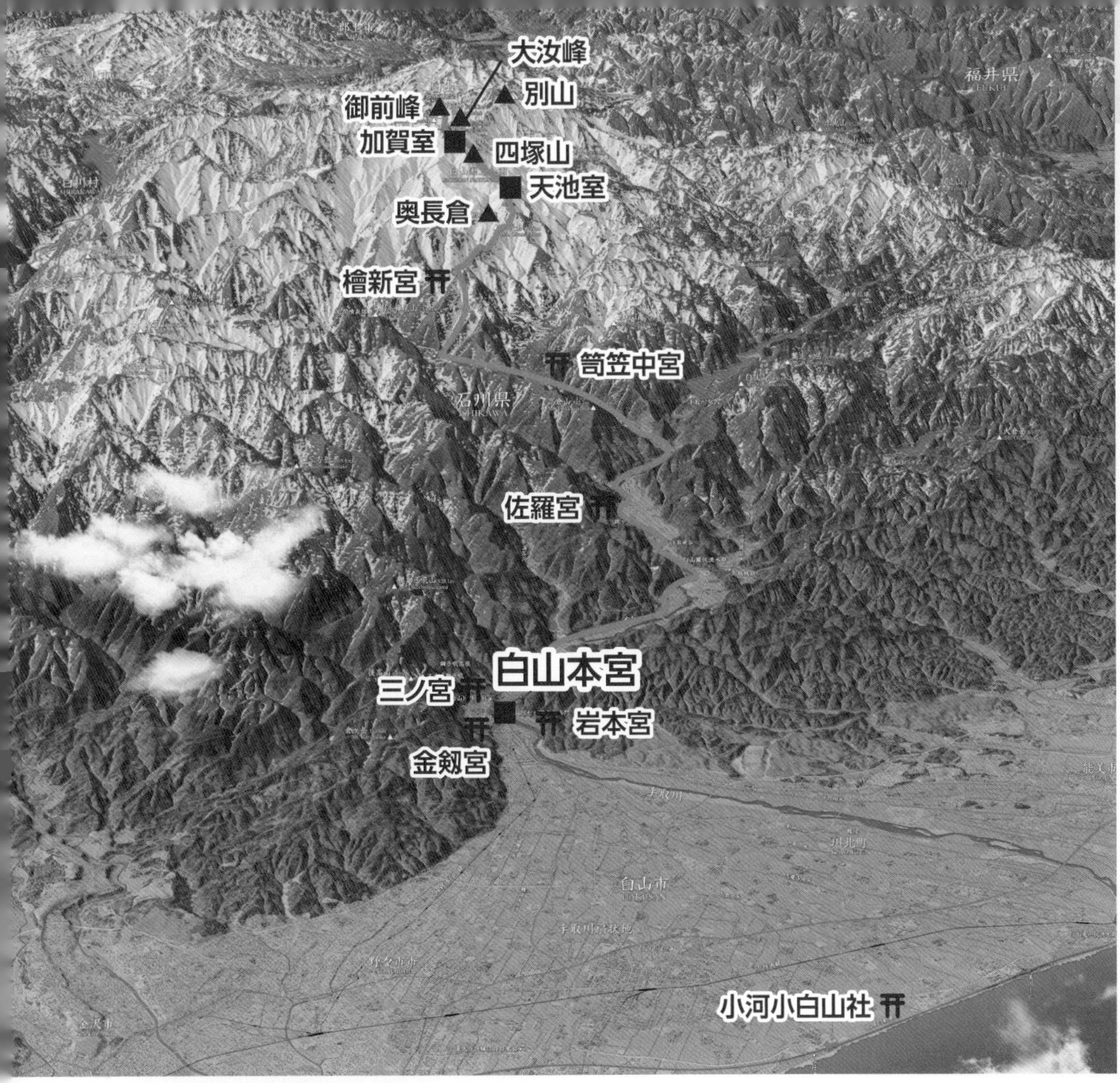

神仏習合の所産の懸仏

続く鎌倉時代に入ると、神仏習合の所産である懸仏が禅定の各所で祀られている。この懸仏とは、神鏡から本地仏が浮き出たもので、御正体として宮の社や行場の祠などに奉納された。またこの時期、登拝者が山上で宿泊できる施設として、加賀室が大汝峰の裾に、越前室が現在の室堂の地に存在したことが、室堂遺跡の発掘調査で明らかにされた。

その白山へ登る禅定道は、

加賀馬場と禅定道の鳥瞰図
加賀の禅定道は本宮から渓谷の佐良宮、中宮へと向い、檜新宮からは山稜を登り、大汝峰の加賀室へ至る信仰の道である。行程の約60kmは越前禅定道（約32km）、美濃禅定道（約40km）よりも長い（鳥瞰図提供:北海道地図）

転法輪の窟　御前峰の東斜面に位置する岩屋で、白山開基の泰澄が修行した場所と伝えられる。

十一面観音立像（高さ48.5cm）　転法輪窟に安置されていた平安時代後期の金銅仏。白山御前峰の本地仏（胎内仏）として極めて貴重な遺品（白山比咩神社蔵）

十一面観音坐像　御前峰から出土した、鎌倉時代の懸仏の尊像（白山比咩神社蔵）

白山行人札（文明16（1484）・16年銘）同年に白山で修験を行った僧の名が刻まれている（石川県指定文化財・中宮区蔵）

四塚山の石積塚　加賀禅定道の稜線に大小6基の積石塚が築かれている。規模は径1.2〜16.6m、高さ0.8〜3.5mと大型である。

笈ヶ岳の金銅大日如来座像　白山北部の笈ヶ岳（1841m）は、加賀・越中・飛騨の国境に位置する岩山で、山頂の経塚では鎌倉〜戦国の仏像や仏具が出土している（東京国立博物館蔵）

檜新宮と檜の巨木　檜の巨木は禅定道の稜線に立ち、根元には磐座と建物跡が所在する。

北の加賀、西の越前、南の美濃の三方向にあった。各禅定道とも山麓の活動拠点であった山岳寺院の白山寺（白山比咩神社）、平泉寺（平泉白山神社）、長瀧寺（長瀧白山神社）の社頭から始まり、沿道の地域は馬場と呼ばれ神域とされた。

白山本宮から檜新宮、四塚山

　加賀の禅定道は、鶴来・白山町の通称神主町に戦国時代まで所在した白山本宮の門前を起点としていた。途中の手取川峡谷では佐羅大明神、笥笠中宮社の社頭を過ぎてから尾添川を渡り、対岸のハライ谷から檜新宮へ登った。さらに白山へ続く稜線を進み、天池室から四塚山へと登ることで、白山三峰の一つ、大汝峰の麓に置かれた加賀室へ着くことができた。その行程は約60㎞に及び、三馬場の中でも最も距離が長い信仰の道であった。

　この加賀禅定道については、「白山之記」が様相を語り、白山市が道沿いの遺跡を『白山山頂遺跡群調査報告書』に纏めている。その一つ加賀室をみると、長久3年（1042）の白山噴火で埋もれた記述があるが、その後も再興され江戸時代前期の遺構が残る。また近くの巨石は御手水鉢と呼ばれ、「巨石の上に泉水有り、上道の人その水を受け喉を助け」と記録され、石の脇から平安時代の土器が発見されたことで、古代からの水場であった。

　道中、石積塚がある四塚山は、白山登山の釈迦新道の分岐となり、塚は白山信仰の遺構として知られている。また積石塚から遠望できる妙法岳、三方岩岳、笈ヶ岳の稜線に点在する経塚や岩窟などの遺跡は、室町から戦国時代に盛行した白山修験の行場であった。

白山修験の拠点、安久濤淵

その白山修験の拠点となった白山寺（本宮）は、戦国時代の火災で現在の三宮へ移転するまで、安久濤淵の旧社地にあった。「白山之記」によると平安時代の末頃には、国司の奉幣を受けた本殿や彼岸所のほか、摂社の荒御前・糟神・瀧宮などの本殿と拝殿が建ち並び、近くには講堂・西堂・東堂・十一面堂・鐘楼・武徳殿などの伽藍も並んでいたとみえる。

今日巨木が茂る安久濤之森には、白山本宮の跡地に古宮遺跡が広がり、その発掘成果をみると、石川平野に暮らした人々が、平安時代から厚い信仰を寄せた白山信仰の遺構や遺物を確認することができる。

（垣内光次郎）

安久濤之森乙図　本宮の旧社地を描いた絵図。中央の磐座は社地に位置する巨石とみられる（金劔宮蔵）

佐良早松神社　中宮三社に数えられた神社で、安元年間には白山衆徒が神輿を京都まで上らせた。

白山手取川ジオパーク・コラム 3

長久3年に加賀室で僧がみた白山の噴火

白山が長久3年（1042）に噴火したことは、『白山之記』の次の記事（要約）から読み取れる。“長久2年、一人の悪僧が越前室に住み、参詣人の進物を横領する等、非法を行っていた。加賀馬場の僧、行者数十人が室へ行き、悪僧を焼き殺し、加賀室（大汝峰と千蛇ヶ池の間にあったと考えられている）に泊まり、翌日、中宮に下る。さて加賀室に一人の僧が住んでいて、ある夜半頃、「室から出ろ」と大声があり、土石を室に打ちつけてきた。僧は外へ出て岩に隠れて見ていると、白山権現の御在所の後ろから2人の童子がいて、土石を投げて室やお堂を埋めた。土石を掘った跡が2か所あり、1つは水が澄んで、今は翠池と名付けられている。”

童子が噴煙を表し、噴石が室などを埋めたと理解できる。夜中の異変だったが、火が見えたとか、室が燃えたというようなマグマ物質の放出を伺わせる描写がないことから、この噴火は水蒸気爆発と考えられている。

（東野外志男）

長久3年の異変を描いた玉井敬泉の絵画（白山市蔵）

中世1

源平合戦と林一族

義仲挙兵に呼応、武士団を率る林光明は篠原・安宅の合戦で戦功

林一族の林光明は義仲挙兵に呼応して武士団を率い、一旦、平維盛軍に敗れるも、篠原・安宅の合戦で戦功を挙げた。

平安時代の終わり頃（12世紀前半）に加賀平野一帯に同族を展開した武士団として林一族が知られる。林一族は、藤原時長の子鎮守府将軍利仁の末裔として現れ、「林介」を称した加賀介貞光の子林大夫光家と、その舎弟で加賀介林新介成家の二流が勢力を伸張した。

義仲の上洛にも随う

寿永2年（1183）、源義仲（木曽殿）が平氏政権に対して挙兵したことに呼応した加賀の武士団の一つを率いたのが林光明であった。光明は同年4月、越前燧城の合戦で、平維盛の北陸道追討軍に敗れ、白山麓に引き籠もったが、翌月、加賀・越中国境の礪波山（富山県小矢部市）の合戦で、義仲が維盛軍を破ったことに乗じ、加賀篠原（加賀市篠原町）・安宅（小松市安宅町）の合戦で戦功をあげ、同じ頃、義仲は光明の所領横江荘（白山市横江町）を白山権現に寄進したとされる。光明は、義仲の上洛に随い、その途上、比叡山延暦寺（滋賀県大津市）を味方に誘引するため登山したという。

義仲は入京後、さらに平氏追討のため山陽道に進軍するが、備中国（岡山県）で先鋒を務めた倉光成氏らが謀殺され大敗を喫した。

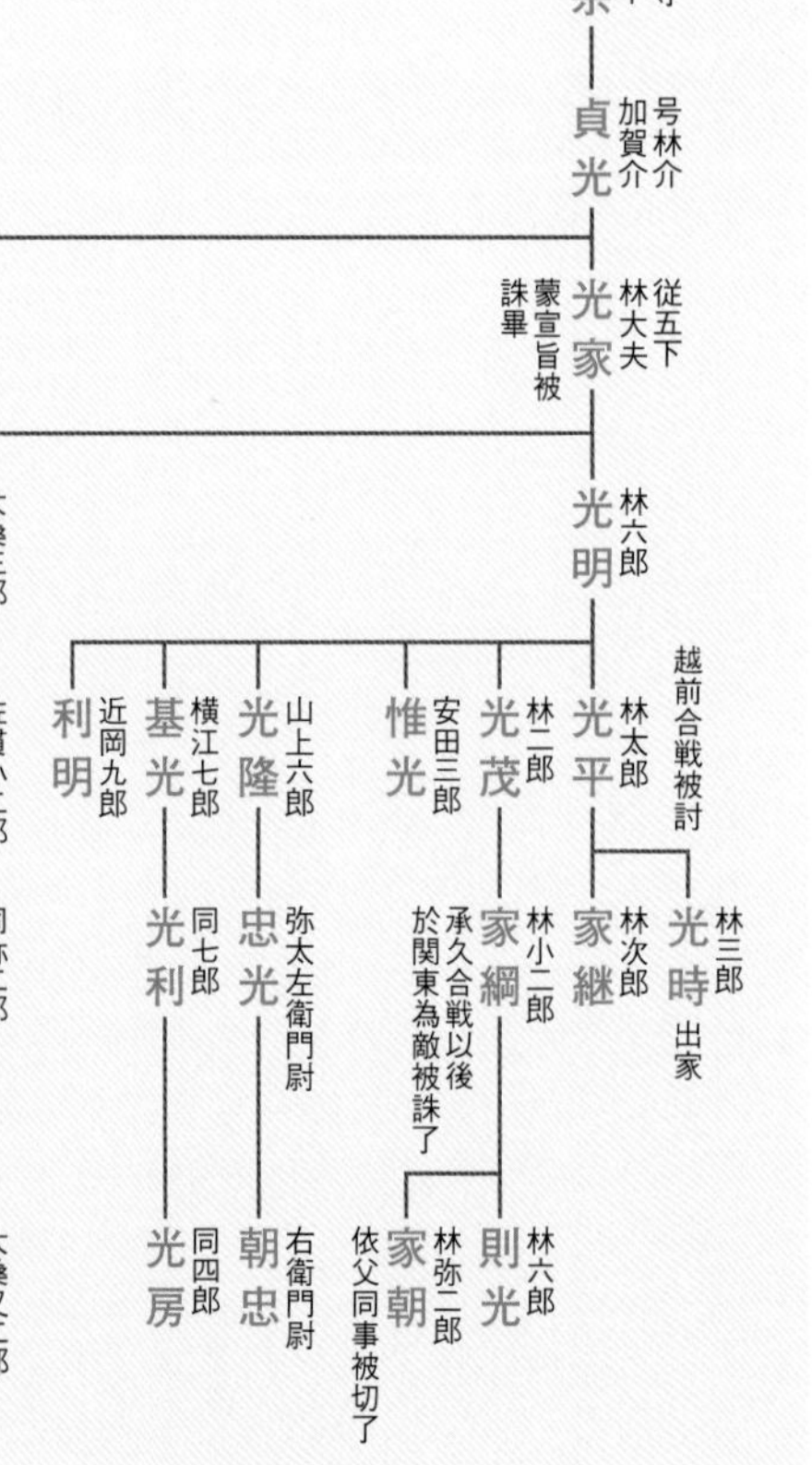

『鶴来町史 歴史編 原始・古代・中世』より作成

京都に戻った義仲は後白河法皇との対立が極まり、法皇を幽閉する挙に及んだため、義仲に随った武士も多く離反し、加賀の武士たちも都から落ちていったとされる。

嫡流途絶えるも庶流残る

その後、鎌倉時代の承久3年（1221）、後鳥羽上皇が鎌倉幕府の執権北条義時追討の宣旨を発した際、上皇方に味方した林小次郎家綱父子が幕府によって誅殺され、林一族の嫡流は途絶えたが、南北朝時代の観応3年（1352）に白山本宮と抗争した大桑氏や、鎌倉時代の嘉禄3年（1227）に白山七社惣長吏となった成舜を輩出した豊田氏等の庶流らを確認することができる。

なお白山比咩神社所蔵の重要文化財黒漆螺鈿鞍は光明が戦勝祈願のために奉納したと伝えられる。市指定史跡の六郎塚（白山市日御子町）は光明墳墓地の伝承を持ち、知気寺町や部入道町にも光明屋敷跡とする所伝が遺っている。

（石田文一）

林六郎光明が奉納したと伝えられる黒漆螺鈿鞍（白山比咩神社蔵、国指定重要文化財）

白山市指定史跡の六郎塚（白山市日御子町地内）

林氏系図（『尊卑分脈』藤原時長流）

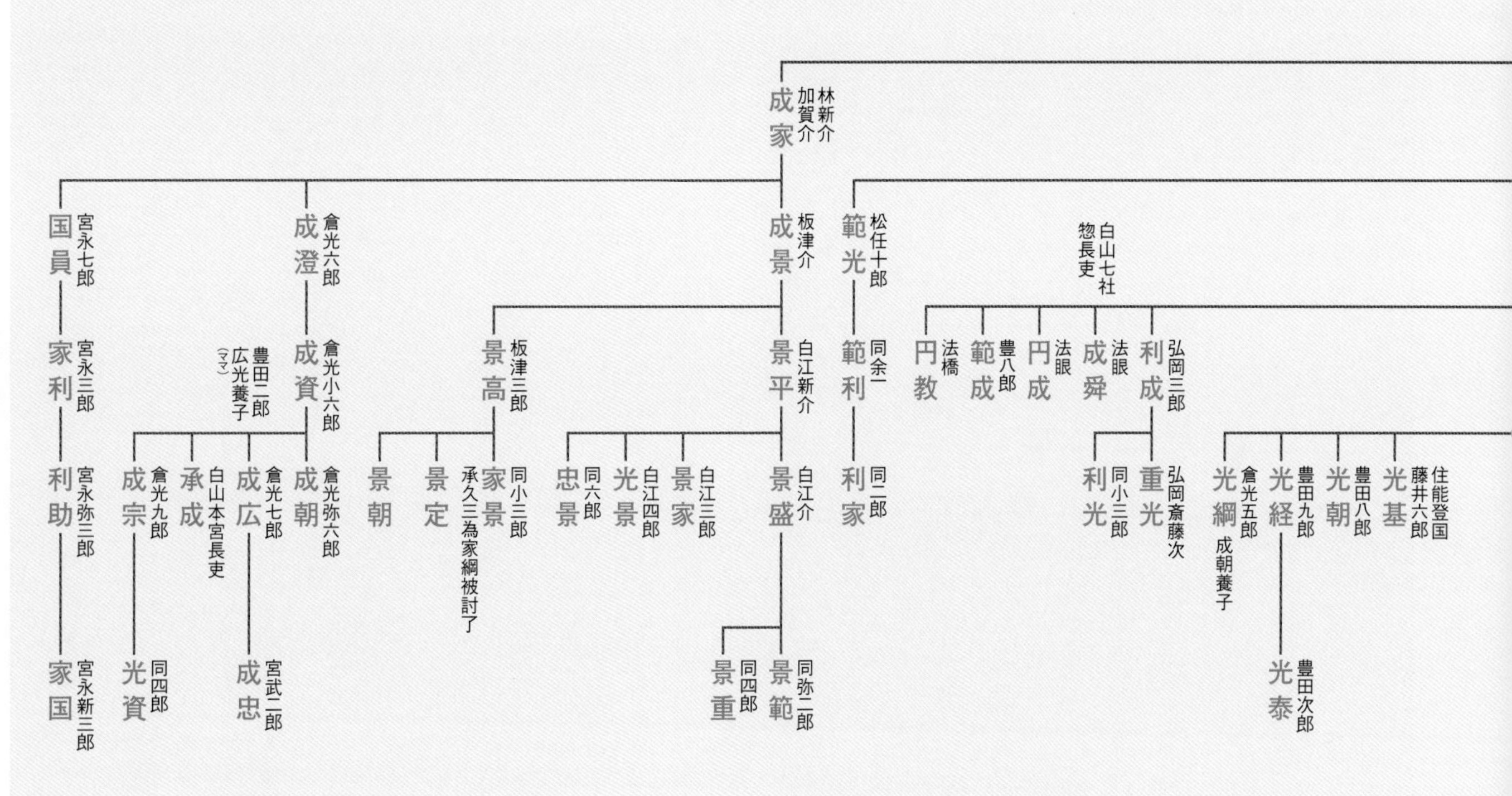

中世2

石川平野の荘園分布と地頭

地頭と権門が年貢をめぐり対立 守護富樫氏の分国支配にも障害

石川平野の五山禅院領への幕府の保護や幕府奉公衆となった有力在地領主の存在が、守護富樫氏の分国支配を困難にしていた。

石川平野は暴れ川手取川の扇状地にあり、弘仁14年（823）加賀立国以来、国衙（国の役所）が関わって開発が進められた。そのため中世は国衙領（公領）の行政単位に由来する「○○郷」「○○保」が多く、国衙の徴税権に基づく得分収取権は、特定の公家や権門寺社に相伝され、事実上荘園化していた。

上林郷地頭と白山本宮の騒動

観応3年（1352）4月、上林郷の地頭大桑玄猷の館に神鉾を奉じて押しかけた白山本宮の神人たちを、地頭方が反撃して殺傷したため、神輿を奉じた僧兵が上林郷各所を焼き払い、大宮の神輿を置き去りにするという事件が起こった。石川平野の国衙領には白山本宮の神免田が広く分布し、地頭はその年貢を本宮に納入することになっていたが、玄猷が

石川平野の中世荘園一覧

番号	所領名称	領主職（領） 地頭職（地）	比定地（白山市の町名）
❶	山下郷内比楽村	地カ 細川刑部入道 → 進士為行 地カ 結城比楽七郎 → 小笠原稙盛	平加
❷	米光村	禁裏料所（日月蝕料所）、山門無動寺	西米光、米光
❸	北島保	領 壬生家、南禅寺雲門庵 結城比楽七郎 → 小田宗慶	北島、鹿島
※	橘島保	領 壬生家、相国寺雲頂院 ※❸北島保と同一	
❹	西笠間保（笠間郷）	領 石清水八幡宮 地 笠間用光 → 北野社 地 笠間則吉 → 石清水八幡宮	笠間、松本、石立
❺	笠間東保	領 南禅寺 地 笠間用盛、笠間用光 嵯峨西芳寺（宮保）	宮保、法仏、黒瀬
❻	得光保	地カ 下津屋近信	徳光
❼	倉部保 倉部村	領 気比社 地 倉部橘三 地カ 大館教氏	倉部
❽	是時荘内宮永郷	領 正親町（裏辻）家、南禅寺瑞雲庵（花継名）	宮永、宮永市、宮永新
❾	福益保 福益荘	領カ 相国寺勝定院 地 藤原（倉光カ）光国 地カ 赤松政則	福増、金沢市福増
❿	横江荘	領 天龍寺 地 藤原家明 → 天龍寺 地 如意庵	横江、野々市市御経塚
⓫	福富保	地カ 朝日晴長	福留
⓬	米永保	領カ 南禅寺正因庵	米永
⓭	宮丸保	白山本宮	宮丸
⓮	安田保	領 梶井（三千院）門跡、南禅寺雲門庵 地カ 町野康定	安田、北安田
⓯	中村荘	領 東福寺 → 花山院家 地 相河弥三郎、祇陀寺 幕府料所（長島）	松任、成町、村井、長島
⓰	松任保	地 松任利正、松任利運（もと⓯中村荘の一部か）	松任
⓱	倉光保 倉光荘	地 倉光光顕、倉光藤増丸、倉光光利 幕府料所 三淵晴員	倉光
⓲	得丸保	領 玉泉寺 → 領カ 相国寺鹿苑院	徳丸
⓳	中興保	領 清水坂神護寺、南禅寺金地院（堀内） 地 光明寺三郎、地 倉光藤増丸	中奥、幸明、野々市市堀内
⓴	島田保	領 通玄寺、保善寺 石清水八幡宮橘坊（島田新保）	島田、上島田、内方新保
㉑	安吉保	領 嵯峨（西山）洪恩院 浄土寺門跡	安吉
㉒	味智郷	領（国衙職得分）大覚寺 領カ 保善寺 → 通玄寺 幕府料所（森島）	森島、安養寺
㉓	針道荘	領 伏見稲荷社（もと⓴味智郷の一部）	中ノ郷
㉔	上林郷	地 大桑玄猷	荒屋、井口、日御子、野々市市上林

※地カと推定した中には代官職の可能性もあり

4月の白山祭礼の御供米を未納したことが事件の原因であった。玄猷は白山宮に詫びを入れたため、ようやく神輿は帰山しており、白山宮の権威はまだ健在に見えた。

ところが永享2年（1430）閏11月、白山若衆徒らが南禅寺領宮保（笠間東保の一部）に乱入するという事件が起こった。これは15年前、室町幕府が加賀国中に一宮白山本宮の造営料賦課を認めていたのに、五山禅院領には負担を免除したため、それに怒った若い僧徒たちの起こした狼藉であった。しかし幕府は守護富樫持春にその討伐を命じ、白山惣長吏にも彼らの処罰を命じている。長く保たれてきた白山宮の権威も、すでに大きく後退していたのである。

五山禅院領や多数の在地領主

加賀国には特に五山禅院領が多かったが、石川平野にも南禅寺のほか天龍寺・東福寺・相国寺など五山禅院やその末寺の荘園が多く確認される。幕府の官寺となった五山禅院は、荘園収入から幕府に多額の銭貨を納入し、准幕府料所という性格を持っていた。そのため幕府は白山造営料のような国役を免除し、守護の支配を排除する守護不入権を与えて保護したのである。

次に地頭に注目すると、在地地名を苗字に名乗る者が多く認められる。笠間氏・倉部氏・相河氏・松任氏・倉光氏など有力国人（在地領主）であり、彼らは守護富樫氏の被官（家臣）ではなく、将軍の親衛隊である幕府奉公衆となっていた。結城氏・小笠原氏・下津屋氏・朝日（斎藤朝日）氏・三淵氏らも奉公衆、大館氏・町野氏らは有力事務官僚であり、幕府によって加賀国内に所領宛行・安堵が進められた結果であった。

多くの五山禅院領の存在や多数の奉公衆の分布は、加賀守護富樫氏の分国支配を困難にする大きな背景となっていた。（室山　孝）

石川平野の中世荘園分布図

地図中の○数字は右ページの表と対応しています。

日本海
守護所
手取川

「白山宮荘厳講中記録」観応3年4月4日条（白山比咩神社蔵、国重要文化財）　観応の神鉾振・神輿振を伝える。

一宮白山本宮の造営と祭礼

舟岡山から安久濤之森へ遷座 室町期の火災後、現在の二宮に

最初に鎮座したのは舟岡山。安久濤之森には四十余宇が建ち並んでいた。本宮の祭礼は春と秋の「二季祭礼」。

舟岡山（写真の奥）と現在の白山比咩神社の杜（手前）（写真提供:㈱朝日開発）

白山比咩神社の記録によると、白山の神が最初に鎮座した場所は、現在の社地の北に所在する舟岡山であった。手取川渓谷の谷頭に独立する標高178メートルの丘陵で、戦国時代には山城が築かれていた。

その後、手取川の河畔十八講河原へ遷ったが、霊亀2年（716）に川の氾濫を受けない安久濤ヶ淵の旧社地である安久濤之森（現在の古宮公園）へ遷座した。

白山本宮＝白山寺の社殿や堂宇について、『白山縁起』によれば、宝殿（本殿）・拝殿や彼岸所のほか、摂社である荒御前・糟神・瀧宮・禅師宮の本殿と拝殿が造立されており、近くには講堂・剱講堂・西堂・東堂・十一面堂（法華常行堂）・新十一面（五堂）・馬頭堂・新三昧堂の八堂と、鐘楼・武徳殿・五重塔の伽藍に

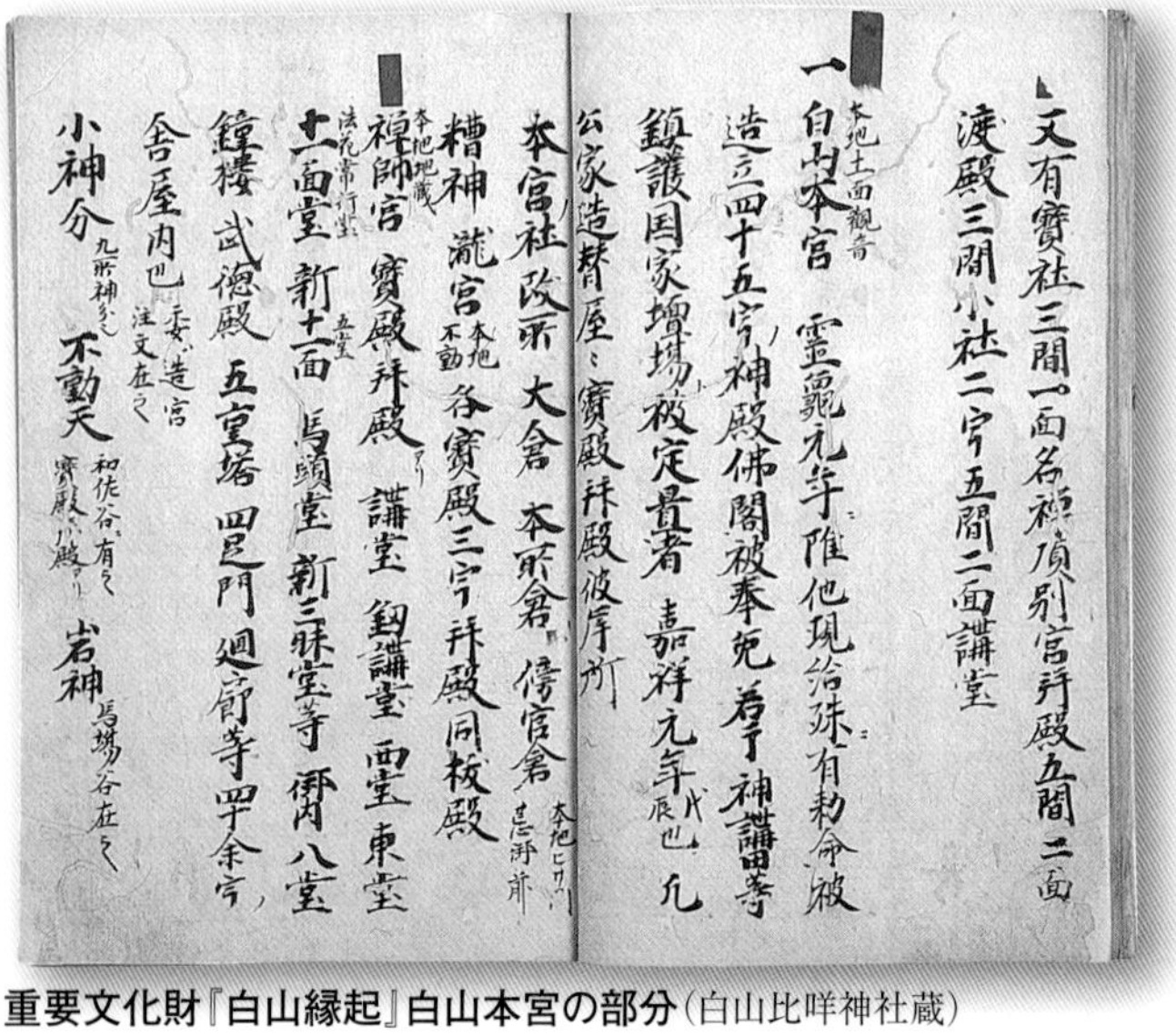

重要文化財『白山縁起』白山本宮の部分（白山比咩神社蔵）

加え、四足門・回廊など四十余宇が建ち並んでいた。

33年ごとに造営行われる

また白山宮は33年ごとに造営が行われ、加賀国一宮(いちのみや)であったことから、国衙(こくが)が加賀国一円に造営料を賦課する「一国平均役」によってまかなわれていた。

白山本宮は、数度の火災に見舞われ、『白山宮荘厳講中記録』にその詳細が記されている。

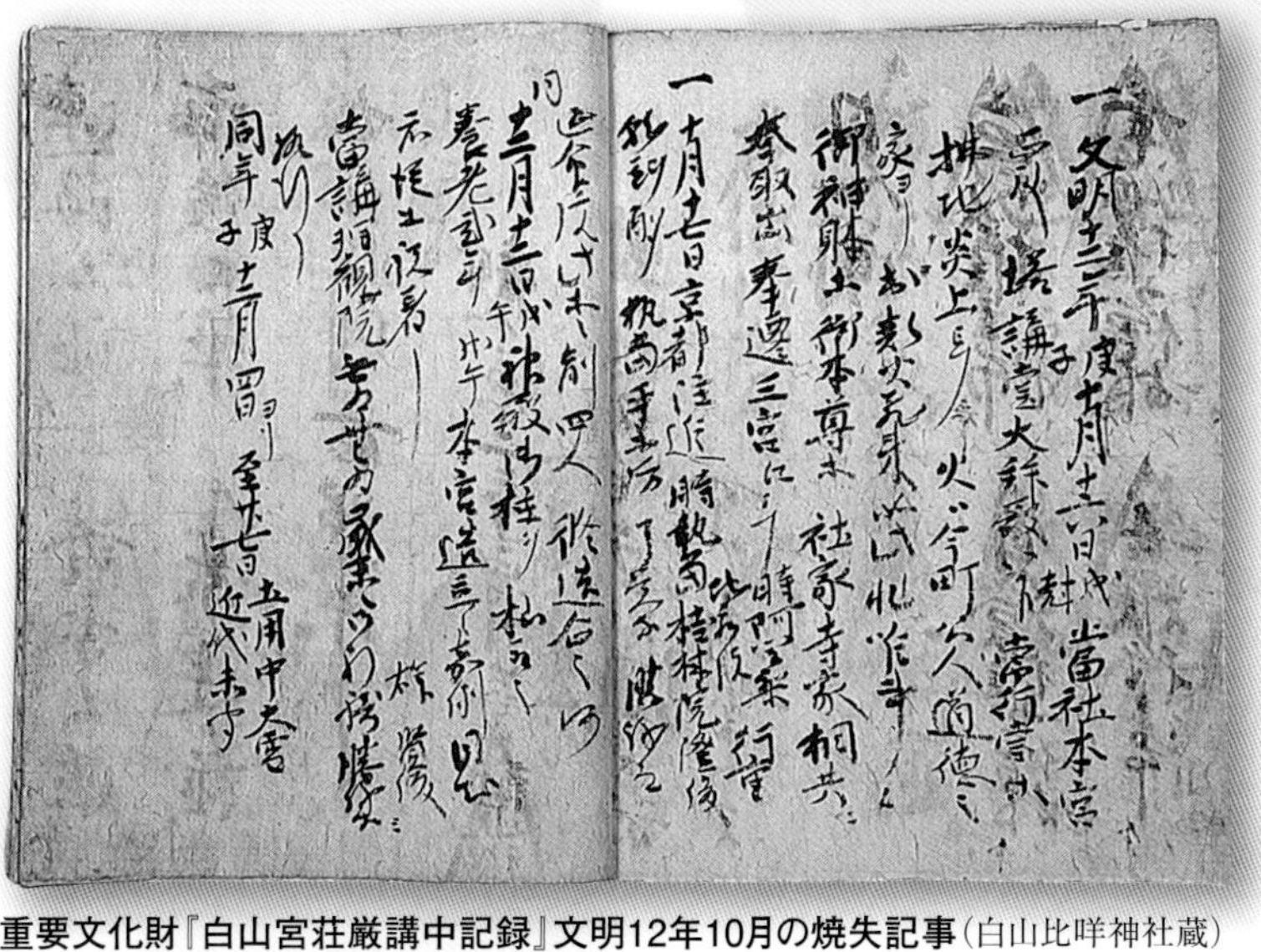

重要文化財『白山宮荘厳講中記録』文明12年10月の焼失記事（白山比咩神社蔵）

鎌倉時代の延応元年（1239）8月17日の夜、神主の宮保氏盛の宮倉から出た火の手は、白山宮神殿以下21宇を焼失させる大火となった。同年6月にようやく上棟の運びとなったばかりの出来事であった。

さらに文明12年（1480）10月16日の夜、白山本宮の本殿・塔・講堂・大拝殿以下、常行堂などが炎上した。火は今町の公人道徳の家から出火し、本宮に飛び火したのである。この時、本宮の社家・寺家の人々は御神体や御本尊を運び出し三宮(さんのみや)へ仮に遷した。その後、再建が企てられるも遅々として造営は進まず、長享2年（1488）6月1日、本宮は正式に三宮に遷座し、現在に至っている。

4月11月上旬の「午日」に祭礼

白山本宮の祭礼として、春と秋の「二季祭礼」がある。これは毎年4月と11月の上旬の「午日」に行われていた。当日は白山の惣神五十四柱を祀り、本殿のほか社内の仏教施設や摂社に、餅や魚・和布などが供えられた。しかし、ブリ・ユクヒ・フクラギ・タラ・アマサキ・ゴリなどの鮮魚が忌避された。

この一宮の祭礼日には、国司が早朝より沐浴潔斎し、白山の社例に従い、この日は鳥菟を食することを禁じていた。

また鎌倉・南北朝期には、本宮・金劔宮・岩本宮の三社会合による臨時祭礼が催され、神輿のほか、競馬・流鏑馬(やぶさめ)・獅子舞などが行われていた。

（伊藤克江）

舟岡山の「白山比咩神社創祀之地」碑

中世4

時宗二祖が加賀へ布教に赴き大水の手取川を念仏唱え無事渡る

他阿真教の加賀路遊行

時宗二祖の他阿真教は加賀へ布教に訪れ、今湊の道場で名号札を配った。大水の手取川では渡河と同時に水が引いたとの逸話も

他阿真教が今湊道場で小山律師に食事を与える(『遊行上人縁起絵』巻5、山形県・光明寺蔵)

鎌倉時代末期の正応4年(1291)8月、踊念仏の時宗二祖の他阿弥陀仏(他阿)真教が、加賀国へ布教に赴いた。これは宗祖一遍の遊行が及ばなかった北陸地域の教化を試みたもので、その模様が、真教の伝記絵巻である『遊行上人縁起絵』に描かれている。

能美郡今湊(現白山市湊町)の時宗道場で、「念仏賦算」(「南無阿弥陀仏」と刷った名号札を配る)を行っていた他阿真教の許に、傍若無人で知られた当地の武士である小山律師が、今は年老いた病の身で訪れ、真教と結縁を結び、時衆の徒となって往生を遂げたのがみえる。

藤塚、石立を経て東へ

今湊には、南北朝期以降、漢阿弥陀仏を襲名する時衆がいて、室町・戦国期には、当地

不動尊等の加護により急流の大河を渡る他阿真教等の時衆の一行
(『一遍上人絵詞伝』、神奈川県藤沢市・清浄光寺蔵)

の時宗道場（本誓寺）の住持を歴代勤め、加賀の時宗教団の拠点となっていた。

他阿真教一行は、その後北陸道を東に進み、石川郡の藤塚（現白山市鹿島町付近）・石立（現白山市石立町）を経て、宮腰（現金沢市金石町）へと向かうが、途中「小河」という名の「岩高き瀬早き大河」にさしかかる。そこでは昨夜来の大雨で水かさが増しており、歩いての渡河は困難とされた。

中世加賀の市場と時衆分布図

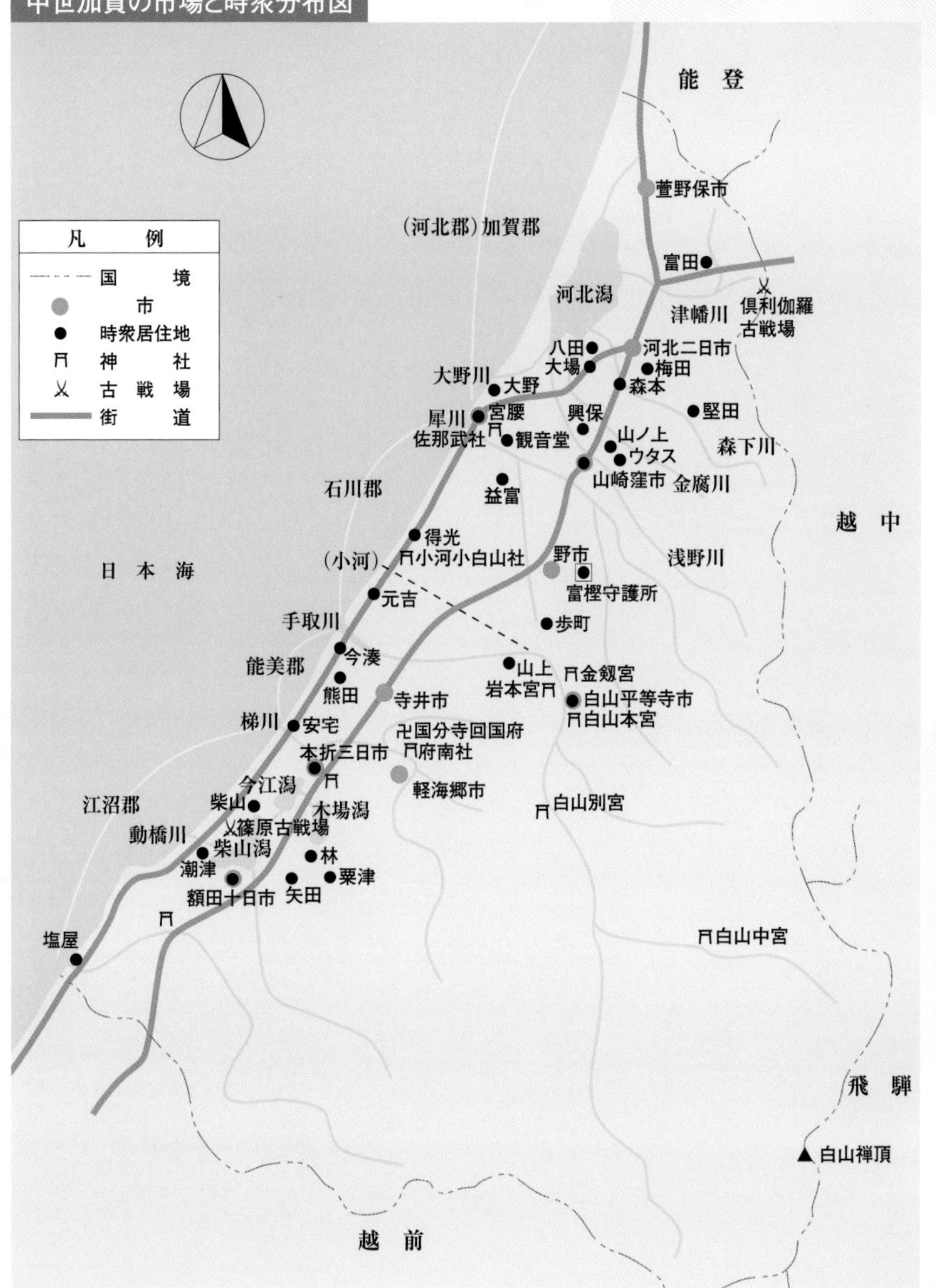

加護により対岸に辿り着く

しかもここでは、川船で旅人たちを対岸に運ぶ渡場の権利をめぐって、僧兵姿の白山衆徒と守護方の武士が、互いに睨み合いを続けていた。このため一行は、決死の覚悟で念仏を唱えながら川に入り、腰に縄を結び互いにそれに取り付き、渡河を始めた。ところが突然天空に紫雲が棚引き、彼方に不動尊と多聞天が現れると、たちまち洪水が引き、その加護によって無事対岸に辿り着けたとある。

当時の手取川の本流は、現在の白山市小川町付近から日本海に注いでおり、河口の北岸には、平安時代末期に、北加賀の主要な湊（小川津）が設けられていた。また同地は、白山加賀馬場の神領（小河保）で、白山本宮（白山比咩神社）の末社である小白山社が勧請されており、その前には、白山の惣門が聳え立ち、北陸道を往来する人々は、惣門の前で下馬し、彼方の白山を遥拝し通行したとされている。

（東四柳史明）

中世5　白山ろくの禅刹祇陀寺

大智禅師が吉野の山中に開山 地頭結城氏が帰依し土地を寄進

曹洞宗の大智禅師が開山の祇陀寺は、多くの修行僧を集め、地頭結城氏の保護を受けて100年以上にわたり吉野で栄えた。

白山ろくの下吉野「吉野工芸の里」の奥に立つ「御仏供杉」は「逆さ杉」とも称され、祇陀寺を開いた大智禅師（1290〜1366）が九州に帰る時、手持ちの杖を逆さに植えていったとの伝承がある。祇陀寺は下吉野集落から九十九谷を約1・2キロのぼった「ヤマンテラ」の地にあったようだ。

大智は肥後国（熊本県）に生まれ、7歳で出家。諸国遊歴の途中、出

大智禅師画像（金沢市鶴林寺蔵、石川県指定文化財）

御仏供杉（国天然記念物、1990年「新日本名木100選」）　幹周り8.2m、樹高19.0m（数年前、全国巨樹・巨木林の会が実測）

会った加賀国野々市大乗寺（現在金沢市所在）の瑩山紹瑾は生涯の師となった。26歳の時、中国（元王朝）に渡って著名な禅僧たちを訪ね、帰路難船で高麗漂着を経ながら、正中元年（1324）加賀国宮腰（金沢市金石）に上陸。能登国永光寺（羽咋市）に瑩山を訪ね、その指示に従って高弟明峯素哲の法を継いだ。

まもなく吉野の山中に祇陀寺を開くと、多くの修行僧が大智を慕って集まったという。河内荘の惣領地頭結城重宗は大智に帰依し、貞和3年（1347）荘内の土地を大智に売寄進し、その一分地頭職を寺の経済基盤とした。重宗は将軍足利尊氏の供廻りを勤める御家人であり、その計らいによって祇陀寺は幕府祈願寺に取り立てられている。

一方、大智は郷里肥後国では南朝方の有力武士菊池氏の帰依を得て広福寺（玉名市）や聖護寺（菊池市）を開いた。そのため加賀と九州を頻繁に往来していたが、祇陀寺は大智の没後、九州の寺々とともに弟子禅古に継承され、その後も大智門流の禅寺として続いた。

地頭結城氏は重宗のあとも幕府奉公衆として将軍家に仕え、満宗、政宗、秀宗と代替わりしつつも祇陀寺を一族の精神的支柱として保護し、祇陀寺僧として修行する者も現れた。祇陀寺は三代紹遠のとき石川平野中央にある中村荘地頭（御家人相河氏か？）の帰依を受け、応永2年（1395）荘内久武保の一分地頭職を寄進されている。

天文14年（1545）白山相論で結城氏が白山本宮に破れ白山ろくを去ったあと、天正11年（1583）前田利長が松任に入部して白山ろくを管轄したとき、利長の関係者（近親者あるいは重臣）が新たな外護者となったため、祇陀寺は利長と移動を共にして吉野の地を去り、越中守山（高岡市）へ移った。その後、金沢城下八坂（東兼六町）に移転したが、転派問題から加賀藩の処置を受けて寺号を鶴林寺と改称され、現在に至っている。

（室山　孝）

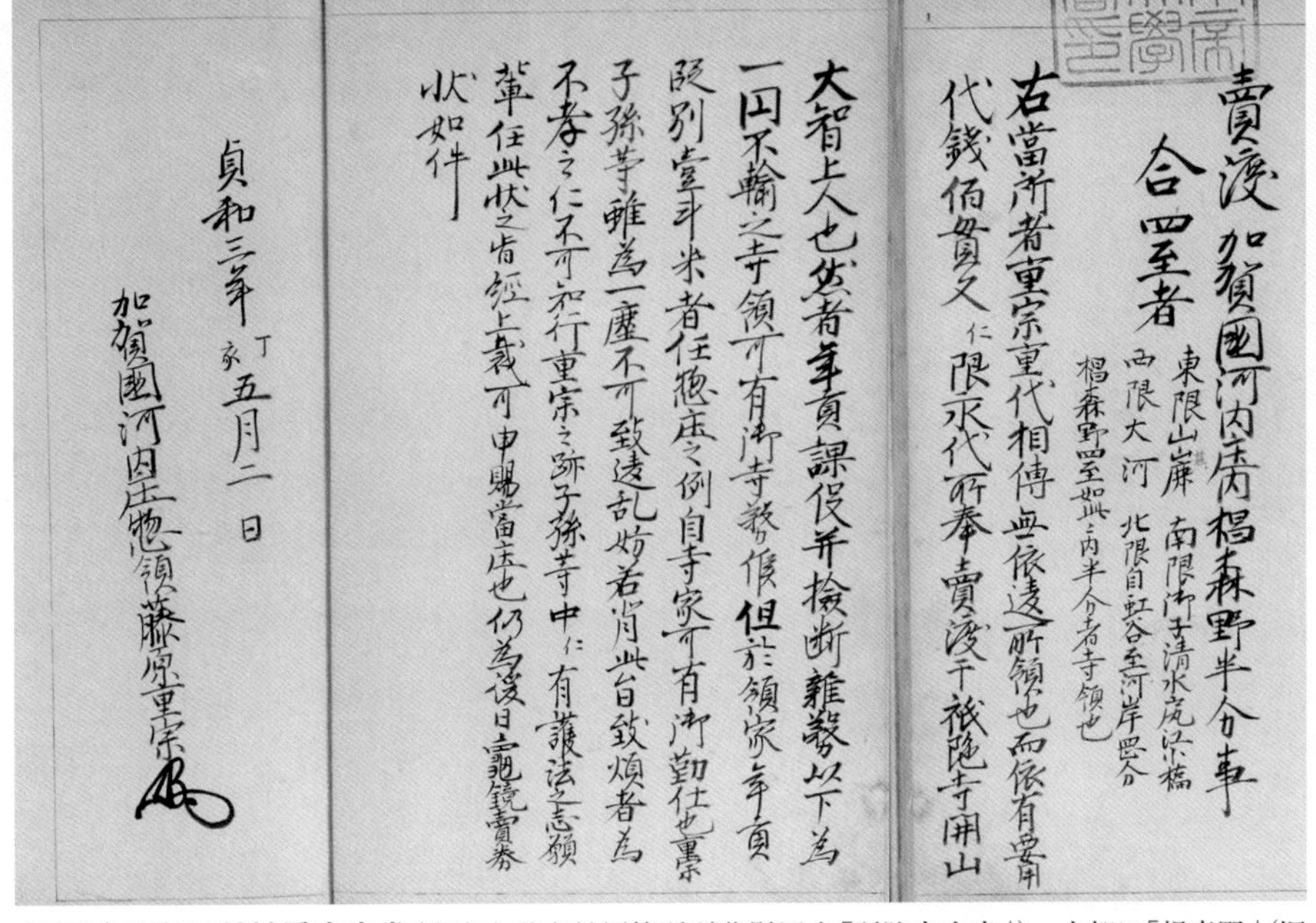

貞和3年5月2日結城重宗売券（東京大学史料編纂所所蔵影写本「祇陀寺文書」）　大智に「楊森野」（旧鳥越村杉森）半分を代銭100貫文で売却したもの。この年、7月には「広瀬村瀬切野」（旧鳥越村瀬木野）を売寄進した売券と寄進状もある。5月の分も寄進状を伴う売寄進であった可能性がある。

祇陀寺の寺領一覧

名　称　（比定地）	備　考
河内荘杉森野（杉森町）	半分：貞和3年（1347）結城重宗売却（売寄進カ） 一村：応永25年（1418）結城満宗売却（売寄進カ）
河内荘広瀬村内瀬切野（瀬木野町）	貞和3年（1347）結城重宗売寄進
河内荘ます谷・大ひら・小野山（神子清水町）	永享10年（1438）結城満宗寄進
中村荘久武保内田地1町8段（村井・成丸の内か）地頭職（村井町、成町）	応永2年（1395）清兼（相河氏カ）寄進状の安堵
中村荘久武保村井・成丸の内、長嶋の内（村井町、成町、長島町）	応仁2年（1468）還付、安堵

※河内荘の寺領はいずれも旧鳥越村域である。

中世6

将軍の身辺警備務めた松任氏 吉崎以前から蓮如に参じ門徒に

幕府奉公衆松任氏の真宗門徒化

林氏の一族の松任氏は足利将軍に近侍した奉公衆だった。吉崎布教以前から蓮如に参じ本願寺門徒となっていた。

室町幕府足利将軍に近侍し、将軍の身辺警備や親衛隊として軍事力を担う奉公衆は、足利氏の根本被官や守護家一族庶流・有力国人領主から構成されたが、その中に加賀の松任氏の存在が知られた。

松任氏は、北陸の有力武士団である林氏の一族で、平安末期の林光家の四男松任十郎範光に始まるとされる。中世においては、市内松任の市街地にあたる中村荘内の松任郷を本拠地とし、加賀守護富樫氏の支配からは独立した存在で、足利将軍直属の配下に属し、在京することが多かった。

室町後期には一番衆に

室町後期には、幕府奉公衆の一番衆に、松任修理介利隆がみえ、利隆は康正2年（1456）に、朝廷に対し石川郡内の所領から徴収した臨時課税を進納している。さらに長禄2年（1458）8月には、京都北野社領加賀国富墓荘（現加賀市片山津町周辺）における芝山一族の押妨を、当時の南加賀半国守護の富樫泰高らと共に、停止させるよう幕府から命じられていた。

また室町末期になると、奉公衆一番衆の中に、松任上野介・同与一の名前がみえ、戦国初期には、同じく一番衆に、松任修理亮も知られ、幕府奉公衆組織において、松任氏が一番衆の構成員であったのがわかる。こうした奉公衆には、加賀では松任氏のほかに、当市域の平野部を本拠地とした倉光・倉部・相河の諸氏や、白山麓の結

加賀武士団林氏一族の松任氏系図

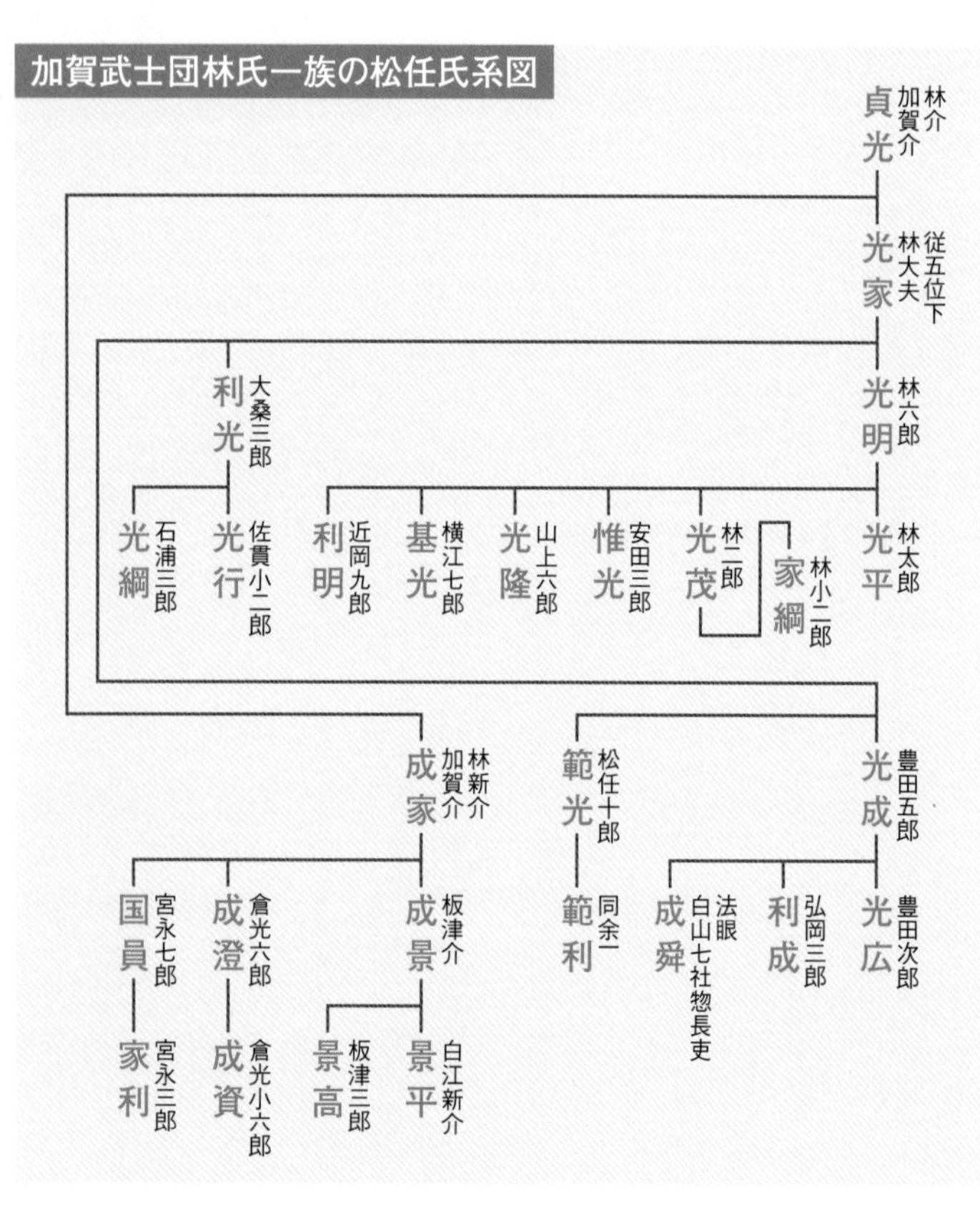

松任氏の居館があったと推定される松任城址公園

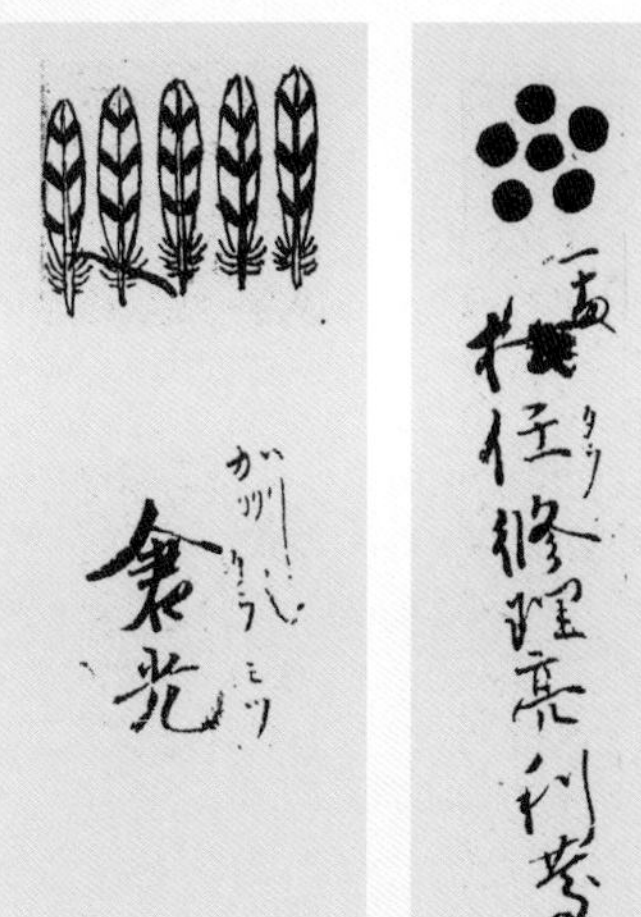

室町幕府の奉公衆であった松任・倉光両氏の家紋（『見聞諸家紋』、愛知県西尾市立図書館岩瀬文庫蔵）

発掘された松任古城（平成18年）　天正8年（1580）頃と推測される焼土遺構が発見された。

城氏の存在も知られた。

ところで本願寺蓮如が、越前吉崎に布教を開始する以前の近江国金ケ森道場にいた頃、幕府奉公衆の松任上野介利正が、蓮如の下に参じ真宗本願寺門徒になっていたのが、『蓮如上人仰条々』にみえる。利正は、戦国初期の明応9年（1500）10月、松任保の神宮寺の寺領相論にも関与しており、この頃までは、加賀の所領支配を続けていたらしい。

一向一揆組織に一族庶流の名

戦国中期になって、加賀一向一揆組織の石川郡松任組の旗本に松任右衛門大夫が登場するが、これは本願寺門徒となっていた幕府奉公衆の松任氏の一族庶流であろう。戦国期を通して松任氏の嫡流は、在京して将軍に近侍を続けていたらしく、永禄元年（1558）6月に、将軍足利義輝に従い、三好長慶等と京都白川口で戦い討ち死にした松任利運が知られる。

（東四柳史明）

中世7

守護富樫氏と山内の一揆衆

山内衆の力で守護復帰した政親 反発受け高尾城包囲され滅ぶ

富樫政親は応仁の乱で弟幸千代に守護を奪われ山内に逃れたが、山内衆の力で守護に復帰。その14年後、山内衆らによる一揆に滅ぼされる。

富樫氏が初めて加賀守護になったのは、建武2年（1339）の高家である。氏春・昌家と継承したが、昌家の死後27年間斯波氏に替えられ、復職した満春・満成はそれぞれ半国守護であった。満成の失脚後、満春が一国守護となるが、次男教家のとき将軍足利義教の逆鱗に触れ失脚、三男泰高が擁立された。まもなく嘉吉の乱（1441）で義教が暗殺されると、教家が復権を主張し、管領畠山氏と結んで子成春を擁立、細川氏と結んだ泰高と対立する。富樫氏の「両流相論」と呼ばれた内訌は18年続いたが、

富樫氏略系図

- 1 高家 ― 2 氏春 ― 3 昌家（竹童丸）…（詮親？）
  - 氏春 ― 満家（英田小次郎） ― 4・5南 満春
  - 氏春 ― 量家（山代殿）
- 高家 ― 家宗
- ［山代］泰信
- ［久安］家明 ― 家成 ― 家永 ― 4北 満成（香幢丸）
- ［押野］家善 ― 家嗣
- 満春 ― 6 持春
- 満春 ― 7 教家 ― 9・11北・12南 成春（亀童丸） ― 14南・15・17 政親（鶴童丸）
  - 成春 ― 16 幸千代
- 満春 ― 甫柏
- 満春 ― 8・10南・11南・13・18 泰高（慶千代丸） ― 慈顕（泰成） ― 19 植泰 ― 泰俊
  - 植泰 ― 泰縄（晴泰・晴貞）

数字は加賀守護の順、北は北半国、南は南半国守護

高尾城跡上空から望む野々市

長禄2年（1458）赤松政則が北半国守護になると、その奪回をめざして泰高と成春は和解したとみられる。

成春に南半国守護を譲った泰高は、成春の死で復職したのち、寛正6年（1465）には成春の子鶴童丸（政親）に譲った。鶴童丸が北加賀にも守護権を行使するのは応仁2年（1468）である。

支援拒絶され朝倉が幸千代擁立

応仁元年（1467）正月、京都で応仁・文明の乱が起こると、当初政親は山名持豊率いる西軍に与していたが、6月細川勝元率いる東軍に転じた。しかし、文明3年（1471）越前の朝倉孝景が西軍から東軍に転じると、政親の立場は激変する。孝景が旧守護斯波氏を制圧すべく政親に支援を求めたが、政親が拒絶したため、孝景は近江国坂本にいた政親の弟幸千代擁立に動いたのである。幸千代が西軍から守護に任じられると、劣勢となった政親は山内（白山麓）に逃れた。同5年7月、幸千代方が山内を攻めると、政親は孝景に頼んで、幕府に越中畠山勢の来援を乞うた。

当時村々では、真宗の本願寺派と高田（専修寺）派門徒が争い、同6年（1474）には一国規模の対立に拡大していた。高田派は守護

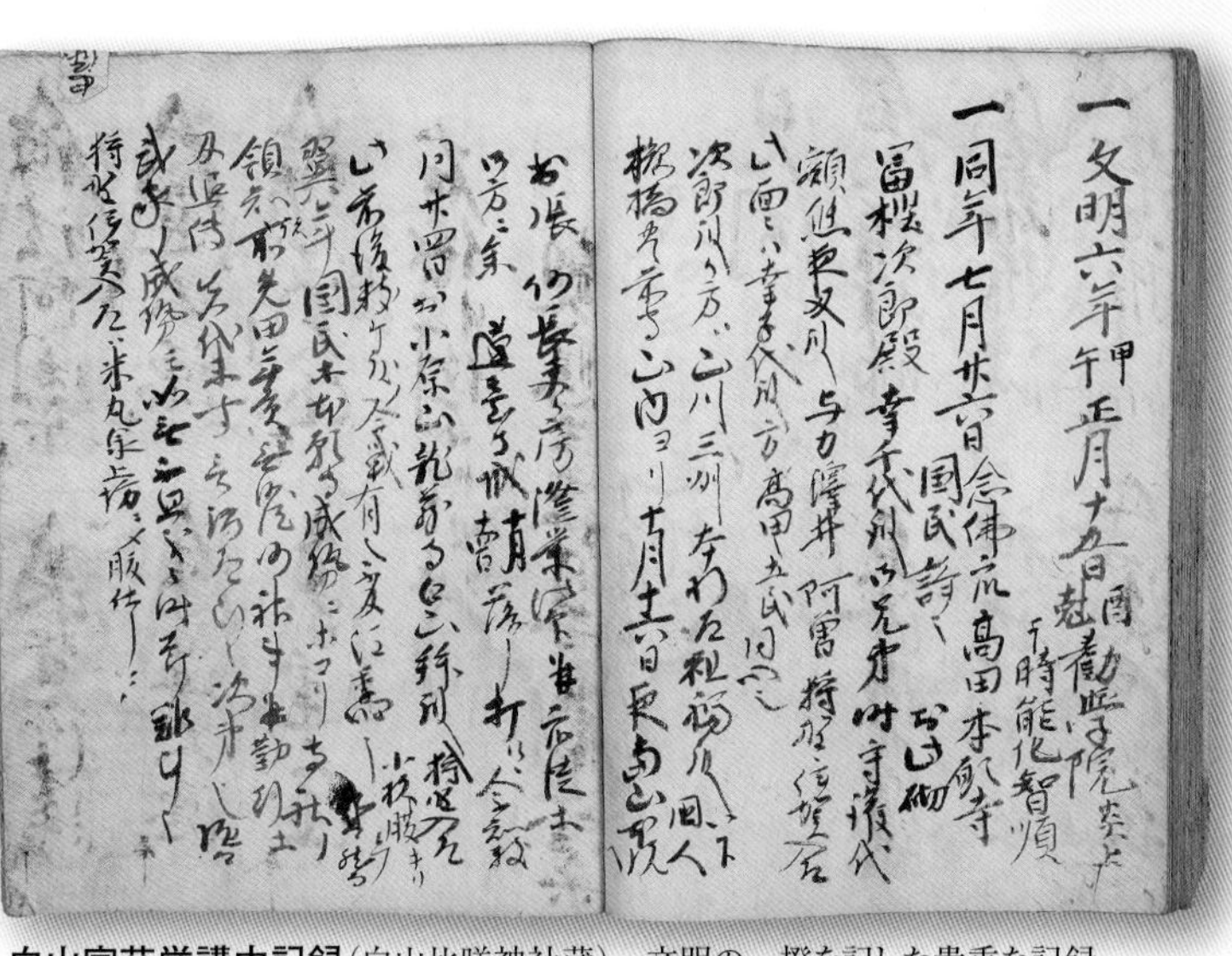

白山宮荘厳講中記録（白山比咩神社蔵）　文明の一揆を記した貴重な記録。蓮台寺城の陥落は10月14日であった

文明6年12月24日富樫政親書下（白山市 個人蔵）　政親の花押がわかる文書

幸千代と結んで、蓮如のいる吉崎・本願寺派を攻撃しようとした。「山内方」の政親は、蓮如・本願寺派に与して再三合戦に及び、10月14日幸千代方の蓮台寺城（小松市）を攻略した。同16日夜に山川高藤・本折道祖福・槻橋豊前守等が山内から出張り、白山本宮を味方に引き入れた。これが文明の一揆で、政親は山内の一揆衆の力で守護に復帰できたのである。

富樫泰高を盟主に一揆が蜂起

長享元年（1487）12月、近江国の六角氏を攻める将軍足利義尚の陣中から、政親は急ぎ帰国した。政親の軍費賦課の重さに、大叔父泰高を盟主として一向一揆や白山宮勢力を加えた反政親の「国中の一揆」が蜂起していた。政親は守護所野々市の東に高尾城（金沢市）を築き、立て籠った。翌2年6月、国中の一揆に攻められて政親は滅んだが、高尾城を包囲する一揆勢のなかに「山八人衆・四山・山ノ内ノ諸勢」がみえ、山内衆が今度は政親を滅ぼす側に立ったことが知られる。

しかし、この長享の一揆で富樫氏が滅んだのではない。一揆の盟主とされた泰高が5度目の守護に復帰し、泰高流が守護富樫氏の嫡流となって戦国期を生き抜き、「一揆取立ノ富樫」と評されたのである。

（瀬戸　薫）

中世8

皇室領米光村と万福寺遺跡

日蝕・月蝕時に御所を裹む費用 米光村が財源を支えていた

日蝕・月蝕の際には穢れた光から天皇を護るため筵で御所を裹む儀式が行なわれた。その費用は米光村が支えていた。代官の万福寺の広大な遺跡も発掘された。

延徳2年（1490）12月28日付の「後土御門天皇綸旨案」に「加賀国石川郡米光村内西方」に皇室領の「日蝕料所」があったと見えている。日蝕料とは、日蝕・月蝕の際、御所を裹むための費用である。日蝕・月蝕は、あらゆる力の源としての太陽に起こった異常現象として古くから畏怖されており、その際の光を穢れたものと考え、この光から天皇を護るために筵で御所を裹む儀式が平安時代末期から江戸時代末期まで行なわれていた。米光村が皇室領となり、御所内部の儀式に関わる財源を支えていたのである。なお、「西方」は、白山市西米光町が「ニシガタ」と呼ばれていることから、この地を含む一帯の呼称とみてよかろう。

米光村にあって代官を務めていたのが万福寺である。文明9年（1477）、公家広橋兼顕の日記『兼顕卿記』に、同年7月1日の日蝕の際、加賀万福寺からの日蝕料を充てて御所を裹んだと見え、『守光公記』永正十六年三月二十七日条では万福寺が米光村の「日月蝕料所」代官を務めていたと記されている。また、天文5年（1536）の『御府記録』で万福寺は山城東福寺法幢院の末寺とあるから、臨済宗寺院であったことがわかる。延徳3年（1491）、細川政元に随行して越後に向かった冷泉為広は、旅

皇室領米光村があった白山市米光町・西米光町周辺

日記（『為広越後下向日記』）3月11日の項に、「エナミジ（米光）、此在所ニ満福寺トテ寺アリ」と記している。

万福寺遺跡は1万㎡

昭和60年（1985）、石川県立埋蔵文化財センターが白山市西米光町で万福寺遺跡の発掘調査を行い、14世紀から16世紀の掘立柱建物や井戸、陶磁器、中国製の硯などを発見した。西米光町から米光町にかけて展開するこの遺跡は広さ1万㎡に及び、手取川扇状地扇端部で屈指の規模を有することから、万福寺を含む米光村の存在を考古学的に裏付けることとなった。

（三浦純夫）

万福寺遺跡

中国製の硯

万福寺遺跡の井戸

中世9

戦国の石川平野を旅した人々

白山に向かった聖護院門跡道興 冷泉為広は米光、松任を通過

戦国期、現白山市内の北陸道は今湊から内陸と沿岸の2つの道に分岐し、白山大道もあった。道興は白山大道を、冷泉為広は内陸の道を歩んだ。

戦国期の加賀の北陸道は、越前国より熊坂越えで本折（小松市）に至る内陸の道と、吉崎から橘・橋立（加賀市）を通る海岸寄りの道があった。この2本の道は、湊川（手取川）の渡船場がある今湊で合流したのち、松任・野々市に向かう内陸の道と、大野荘湊（金沢市）に向かう沿岸の道に再分岐する。また、白山本宮と大野荘湊を結ぶ白山大道が、富樫氏の守護所の野々市で内陸の道と交差し、加賀の流通経済の大動脈であった。軍事上はもちろん、平時にもたくさんの人々と物品が行き交った。

雪の深さに驚き歌を詠む

文明18年（1486）6月、聖護院門跡の道興は、白山・石動山など修験道の結束強化を図るため、北国や東国を巡歴したが、加賀では本折・仏原を経て白山に向かった（『廻国雑記』）。山内に入り、吉野川（手取川上流）に臨むと、大和国の吉野川を想起して、

道興歌碑（鶴来本町3丁目）「しら山の雪のうちなる…」

妹背山有とはきかす
　爰にしもよしのの河の名に流つつ

三の室に到達して、その雪の深さに驚き、

しら山の名に顕はれてみこしちや
　峯なる雪の消る日もなし

と詠んだ。下山の際、吉岡で休息し、

旅ならぬ身も仮初の世なりけり
　うきもつらきもよしや吉岡

剣（鶴来）では「剣飛来」の伝承を聞いて、

しら山の雪のうちなる氷こそ
　麓の里のつるき成けれ

と詠った。そして矢矯（矢作）に宿泊し、翌日野々市を経て津幡に宿り、能登に向かう。

細川政元の越後下向に同行

延徳3年（1491）3月、前管領細川政元が馬を求める越後下向に同行した権中納言冷泉為広は、11日朝に本折を発ち、白江（小松市）で路傍の桜を愛でて歌を詠み合った後、根上（能美市）の松を左に遠望し、板津（今湊）から湊川を渡って長屋の河原で咲き誇る花に迎えられた（『為広越後下向日記』）。米光の満福寺を過ぎて、右に福留・白山を遠望しながら笠間・シオリヅカを経て、宮ノ保で昼休み。午後は安田の妙音寺を過ぎて、松任に至り、左に倉部ノ浦を望みながら、徳丸・中興を通り、稲荷野の社を拝み、宿場としても栄えていた布市（野々市）を過ぎ、大乗院（大乗寺）の側を通って、米泉（金沢市）の洲崎鏡覚の所に宿した。翌日は、増泉・山崎・柳橋・竹ノ橋（津幡町）を通って倶利伽羅を越えている。

帰路は海沿いの道に替えて、安宅（小松市）の聖興寺に一泊した。

（瀬戸　薫）

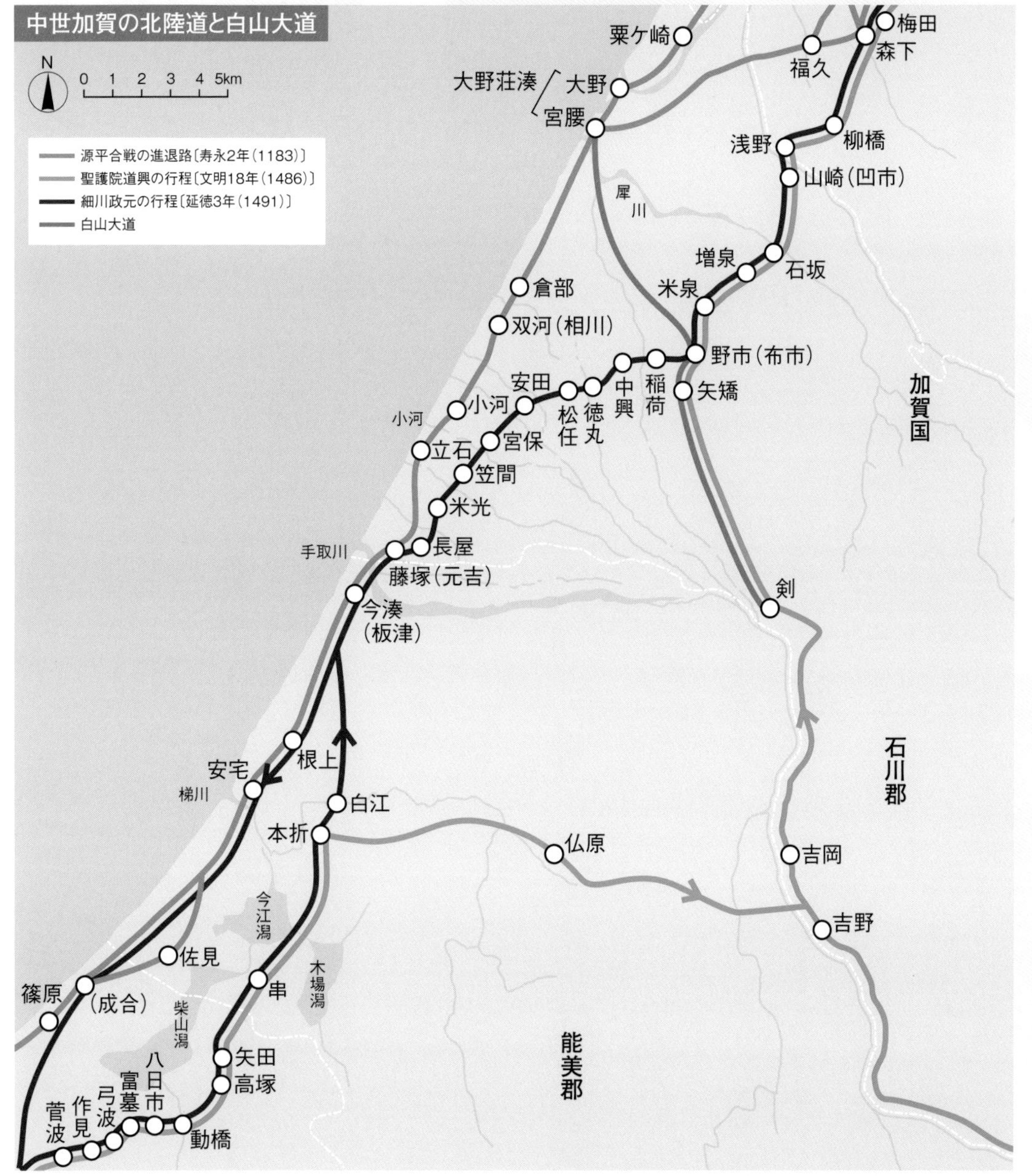

歴史の道調査報告書　第1集『北陸道（北国街道）』（石川県教育委員会）より作成

為広越後下向日記（部分、京都・冷泉家時雨亭文庫蔵、朝日新聞社発行 冷泉家時雨亭叢書第62巻『為広下向記』より転載）

中世10

戦国期味智郷の領主と百姓

荘園領主は京の禅寺、年貢巡り実質支配した請負代官と紛争も

鶴来地区中心部の味智郷は京都の通玄寺の荘園で、代官職を請負う白山惣長吏が公用銭を納め実質支配していたが、後には地侍が地域を守るまでに。

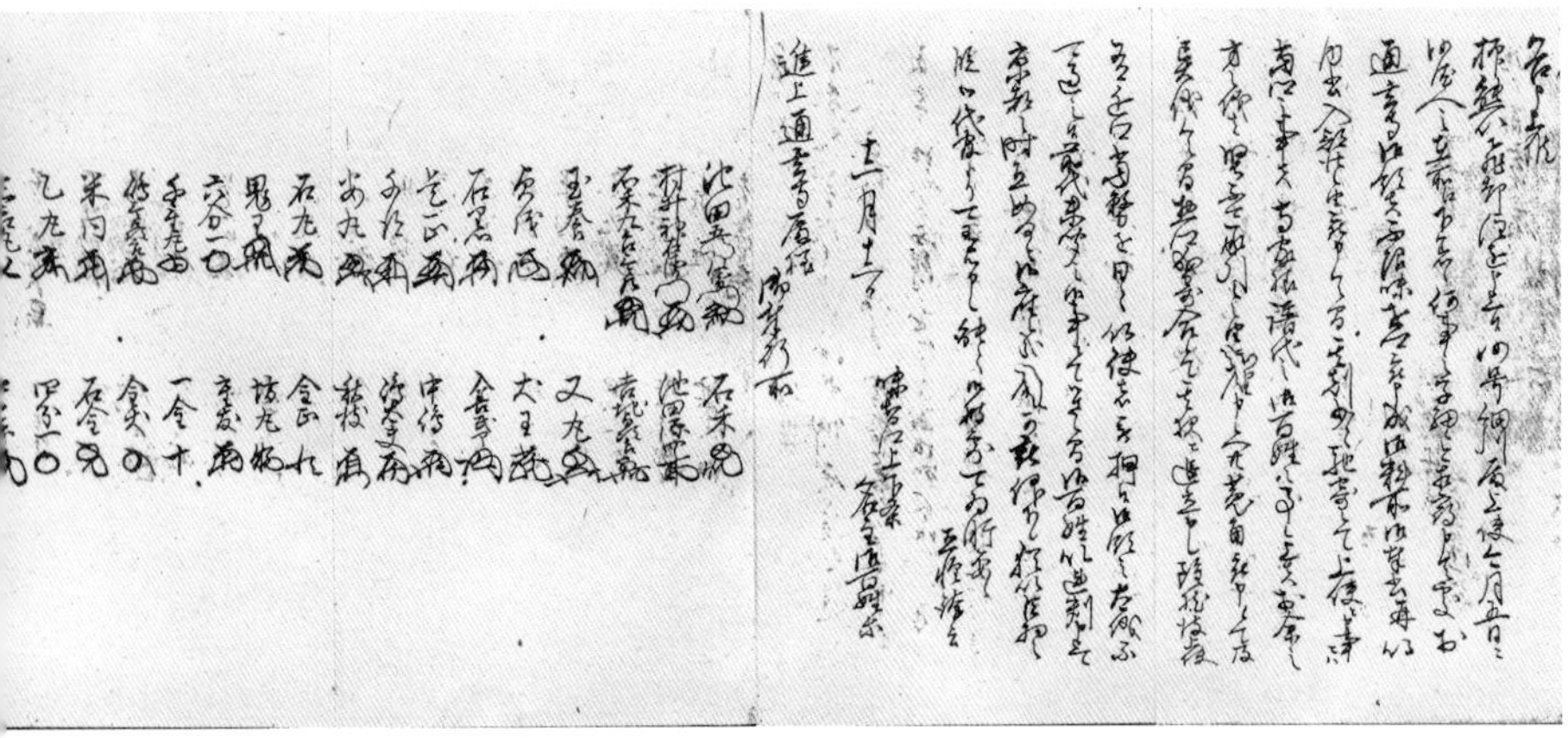

味智郷の名主百姓等連署状（国立公文書館内閣文庫蔵「曇花院殿古文書」）

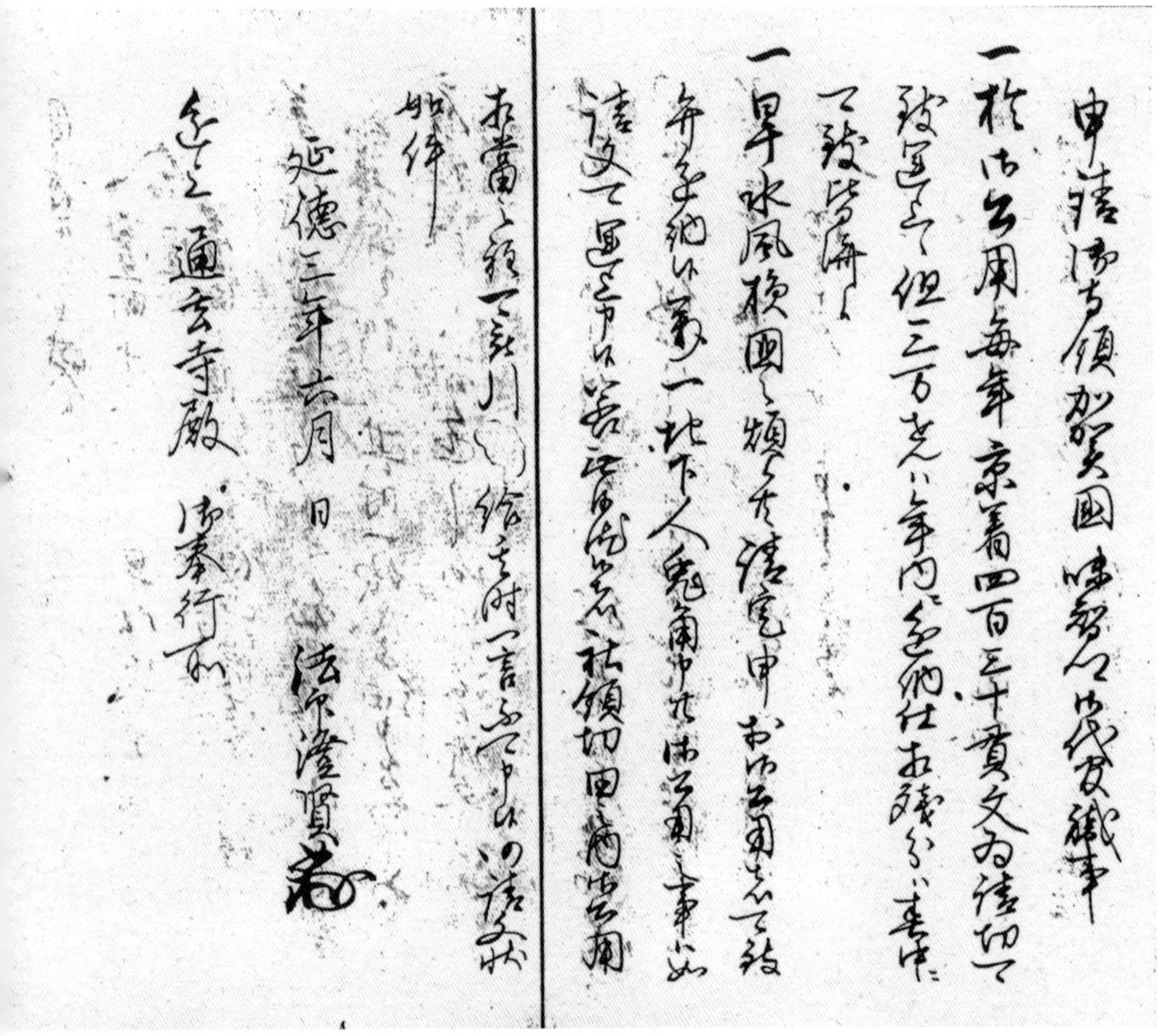

延徳三年六日付の白山惣長吏澄賢の味智郷代官職請文写（内閣文庫蔵「曇花院殿古文書」）

市内鶴来地区の中心部周辺を領域とする中世の味智郷は、初めは加賀の国衙領に属したが、やがて通玄寺に年貢を納める荘園（寺領）となっていた。

通玄寺は、京都市中にある臨済宗天竜寺派の尼門跡寺院で、歴代住持が同寺の塔頭曇花院に入寺していたことから、通玄寺を曇花院とも呼んでいた。

白山惣長吏が代官職請負

戦国初期の延徳3年（1491）6月、加賀馬場白山七社の惣長吏であった白山寺（白山本宮）＝白光院の澄賢が、味智郷の代官職を、公用銭430貫文で請負っていたのが知ら

れる。

「公用銭」とは、代官が荘園領主から請負った契約年貢高を、京都に持参して銭納するもので、荘園支配の実質は、請負代官が掌握しており、荘園領主は年貢銭を受け取ることのみを目的に成立したものであった。惣長吏の代官請負は、白山本宮が所在する味智郷の世界を、惣長吏が支配していたことを意味した。

戦国中期になると、時の請負代官であった白山惣長吏の白光院澄祝と通玄寺の庄主（寺領年貢の管理者）日初軒の間で、天文2年（1533）度公用銭の収支決算をめぐって紛争が生じていた。その内容は、味智郷の年貢の基本高659石余の設定は過少であり、このとき進納された公用銭は134貫文余とされたが、不当な下行分（諸経費としての差引分）が多く、実質88貫100文しか渡されていないなどが日初軒の言い分であった。これに対し澄祝から返答がなされたものの、通玄寺は承服せず、天文5年（1536）に至り、澄祝は代官職を罷免され、長年に及んだ白山惣長吏の味智郷支配は頓挫した。

中世味智郷の比定地とされる鶴来市街地

沙汰人が被官追い出し直務支配

その後、室町幕府管領の細川晴元の被官が、代官と称して味智郷に入部したが、同郷の有力百姓の沙汰人たちが、惣郷の寄合を開いて、細川被官を郷内から追い払い、郷内の名主百姓等37名が連署状を認め、通玄寺に直務支配を求めこれを実現させた。

連署状によれば、味智郷は当時上条と下条に区分されており、惣郷の構成員37名の大半が、百姓身分ながら花押を使用する地侍層で、自らの地域を自力で守り抜く連帯と力量を備えていたのがわかる。味智郷は戦国後期になると再び代官請負となり、永禄末年頃には、加賀一向一揆を主導する本願寺坊官の下間頼充と杉浦玄任が、通玄寺から代官に補任され、同郷を分轄管理するようになっていた。

（東四柳史明）

中世11

一向一揆と石川郡の旗本・組衆

西縁組・河原組等に属した村々一揆の中核として金沢御堂を建立

一向一揆は郡ごとに結成され、その下に組があった。白山市域の村々は西縁組・河原組等に所属し中核として金沢御堂を建立した。

戦国時代に本願寺門徒が結成した一揆、および武力行使を一向一揆という。加賀では、応仁の乱のさなかの文明6年（1474）、西軍に属し真宗高田派を支持する守護富樫幸千代と、越前国吉崎に在住する本願寺蓮如および門徒と結んだ兄富樫政親との戦いの中で生まれた。

本願寺蓮如影像（白山市・正壽寺蔵）

洲崎慶覚、河合藤左衛門尉が主導

一揆は各郡ごとに結成され、さらに郡の下で明応年間（1492～1501）までに、各地域の軍事組織である組が成立した。石川郡では郡衆洲崎慶覚・河合藤左衛門尉が主導し、十人衆組・六ケ組・米富組・西縁組・河原組の五組で構成された。組の指導者を旗本といい、成立前後には、山本円正（十人衆組）・石黒孫左衛門（六ケ組）・洲崎十郎左衛門（米富組）・松本兵衛（西縁組）・川原源左衛門（河原組）が活躍した。16世紀半ばには松任組・河合組が分立した。

白山市域の村々は、西縁組・河原組等に属していたようだ。なお当時、手取川上流の左岸は能美郡に属しており、右岸とともに同郡山内組であった。

石川郡一揆は一向一揆の中核として存在し、天文15年（1546）には惣国普請によって、金沢御堂を建立した。本願寺10代証如は、木仏本尊以下の五尊を授与して成立を賞した。御堂には大坂本願寺より派遣された御上使を中心に御堂衆・御蔵衆が入り、一揆を指揮するようになった。

本誓寺（白山市東一番町）

旗本鏑木頼信の館を包囲

天正3年（1575）、山内を除く南加賀が織田信長の勢力下に入ると一揆は動揺した。信長と対抗するための上杉謙信との和睦をめぐり、一揆の中には金沢御堂に常住する御上使七里頼周と激しく対立する者もいた。七里は松任の鏑木頼信に逆意ありとして、山内組等に命じて、頼信の館を包囲させた。この事件は、一揆にとって重要な原則である「一味同心」を揺るがすことになった。

同8年（1580）織田勢が金沢御堂を開城させると、一向一揆は解体へと進んでいった。

（木越祐馨）

本願寺顕如御消息（白山市・本誓寺蔵）

中世12

白山禅頂の杣取相論

白山頂上の社殿造営で澄辰勝利 尾添村に用材調達認める綸旨

白山頂上の社殿造営をめぐる地頭結城宗俊との相論で、白山惣長吏の澄辰は尾添村とともに朝廷などに働きかけ、用材調達を認める綸旨を獲得。

延徳3年（1491）以後、白山本宮と河内荘地頭結城氏の抗争が白山禅頂の結夏（夏季の宗教活動）退転につながり禅頂社頭の荒廃をもたらしたが、天文10年（1541）、白山禅頂の大己貴社（大汝峰）が大風によって転倒したことが一因ともなり、同12年に至り禅頂の社殿造営の杣取（用材の調達）相論が起こった。

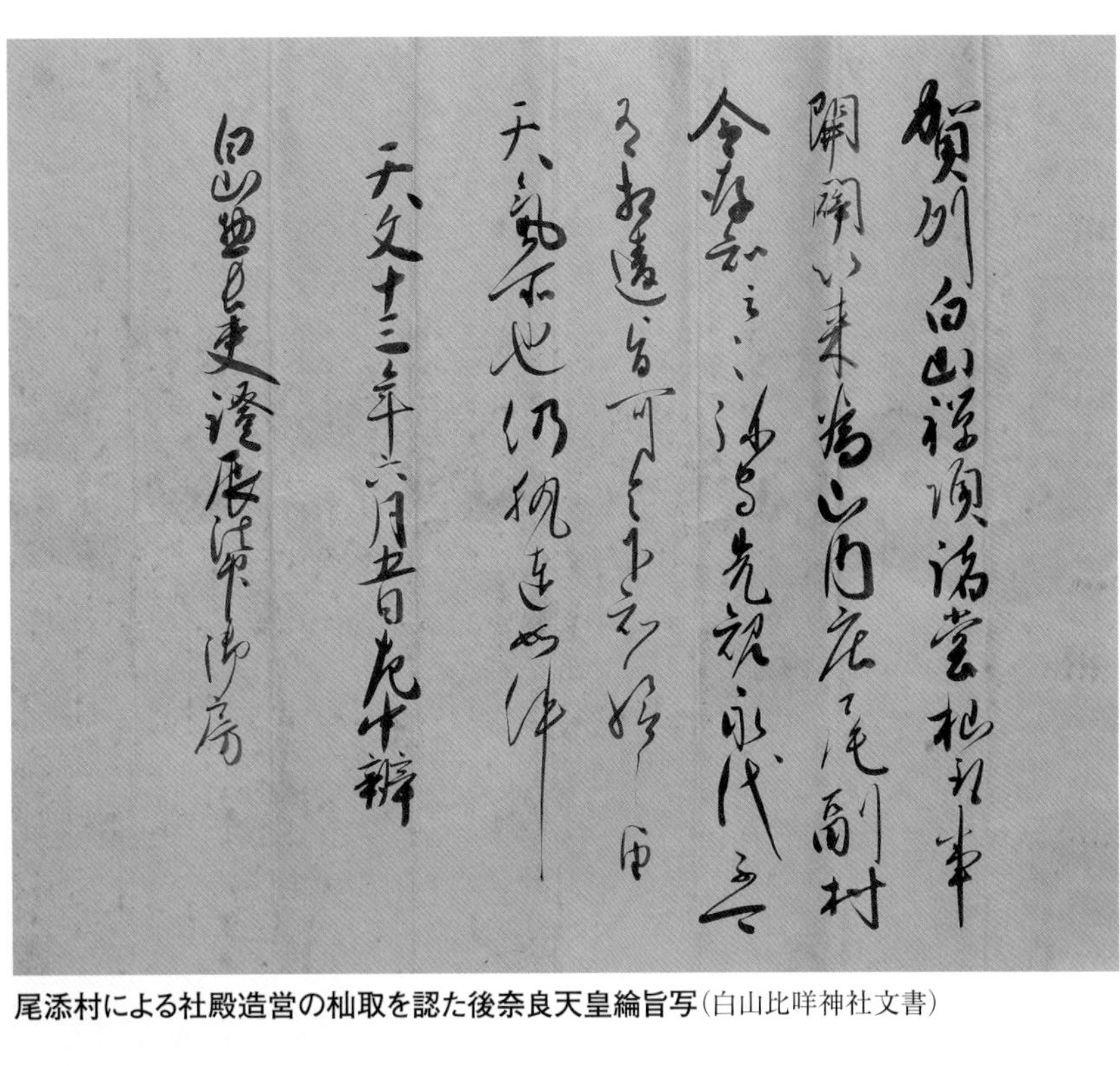

尾添村による社殿造営の杣取を認めた後奈良天皇綸旨写（白山比咩神社文書）

牛頸・風嵐村が社殿造営

これは地頭結城氏をたのむ能美郡山内の牛頸・風嵐両村（白山市白峰）が越前馬場の平泉寺（福井県勝山市）と結託して白山禅頂に社殿を造営したことに対し、本願寺証

白山禅頂（大汝峰）の社殿

白山山頂（手前が御前峰、左奥が大汝峰）

如が両村に社殿破却を指示したことに始まる。

この年、白山惣長吏の白光院澄辰は、縁戚関係にあって、父澄祝の代より深いつきあいのあった京都の公家山科言継を頼って上洛しており、その仲介を得て、朝廷・幕府・本願寺などに杣取り相論を有利に運ぶため、尾添村（白山市尾添）の百姓らとともに積極的に運動していたのである。澄辰らの足かけ2年に及ぶ働きかけの甲斐もあって、翌13年、澄辰は朝廷より尾添村による社殿造営の杣取を認める綸旨（後奈良天皇の公文書）を獲得することができた。

結城氏、「造営に関与しない」

一方、澄辰と結城宗俊の間の相論は、同14年まで幕府において継続し、幕府の奉行人たちは牛頭・風嵐両村が帯出した証拠書類への疑義を示すとともに、白山本宮惣長吏による白山禅頂支配の正統性を承認したのであった。またそのために宗俊は尾添村に対し面目を失い、以後禅頂の社殿造営に関与しないことを誓約することになり、山内から姿を消したのである。

（石田文一）

結城宗俊が尾添村等に白山社頭造営を妨げないことを約束した文書（白山比咩神社文書）

中世13

上杉謙信と手取川の夜襲

七尾城落とし加賀に進軍した謙信 川の東で柴田勝家破るも渡河せず

加賀一向一揆と和解した上杉謙信は、七尾城を陥落させた後、松任城に本陣を置き、手取川の戦いで織田方の柴田勢を破った。

天正5年（1577）8月、前年加賀一向一揆と和解した上杉謙信は、加賀から七尾城再征に向かった。一向一揆を指揮する金沢御堂は、謙信の加賀進攻を期待して、本願寺内衆の七里頼周を御幸塚城（小松市）に派遣し、織田信長を挑発した。

9月15日、遊佐続光の内応によって長続連一族百余人を打取り、七尾城を陥落させた謙信は、17日には末守城（宝達志水町）も攻略して、軍を加賀に進めた。

織田軍の北陸方面司令官である柴田勝家は、越前の前田利家・佐々成政・不破光治の三人衆はもとより、惟住長秀・滝川一益・羽柴秀吉等と共に、七尾城の長一族救援のため、8月から加賀に進攻した。小松・本折・安宅を焼き払い、湊川（手取川）を越えて、9月10日には松任城を包囲した。勝家は末守城に合流するために、浜手を通って宮腰に進もうとしたが、大雨で先が見えない。山手の道筋も不案内で、明11日に宮腰川（犀川）まで進むつもりだったが、延期する。しかも、七尾と末守の間は上杉勢に封鎖され、謙信の主力が高松（かほく市）に入ったと報じながらも、勝家は信長に増員無用と答えている。

松任城包囲した柴田勢、手取川背に布陣

9月23日、謙信と勝家は手取川の東で激突した。七尾城陥落を知った秀吉は、勝手に兵を引いてしまったが、数万の柴田勢は後退しつつも洪水の湊川を背にして布陣する。水島（白山市）付近とみられる。南下した謙信は、松任城に本陣を置き、越中・越後・能登の軍勢を先発させた。謙信は七尾城で打取った長一族の首を倉部浜に晒した。信長の許に援軍要

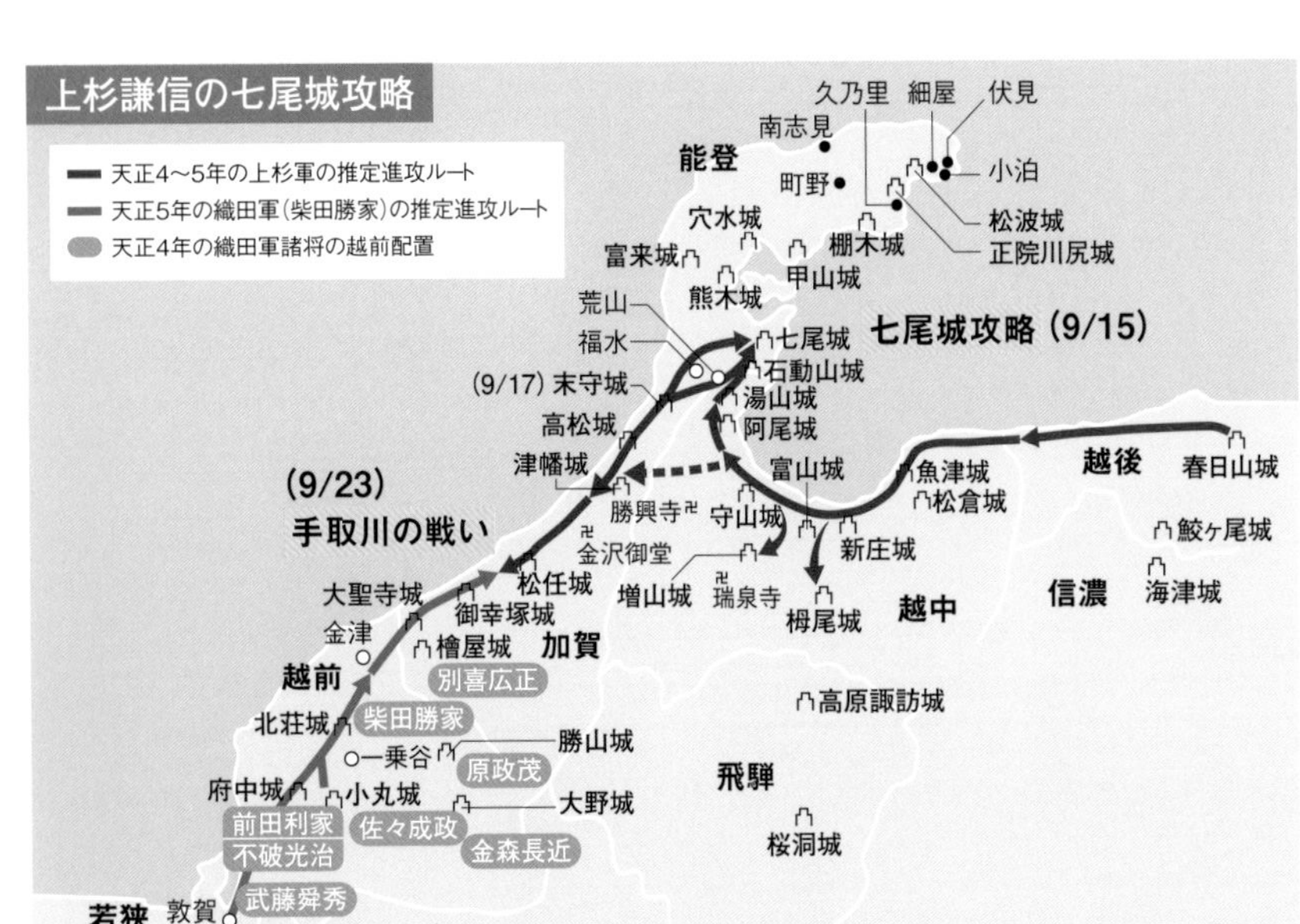

請の使者に立って生き残った孝恩寺宗顓（長連龍）は、敵を討たせてほしいと懇願したが、七尾落城の上は私戦は無用と、勝家は撤兵に決した。

信長に勝ったと思った謙信

23日夜、謙信の後詰めに驚いた柴田勢が退却し始めると、上杉勢が追撃する。柴田勢は千余人を討たれて敗走し、濁流に押し流された人馬も数知れず。敗れた織田方はこの戦いを一切語らないが、謙信は信長自身が出馬したと考えて、「案外に手弱」いと嘲笑し、この分なら天下を取るのも容易かろうと述べている。後世「上杉に逢ふては織田も名取川（手取川）はねる謙信逃ぐるとぶ長（信長）」と狂歌に詠まれた戦いである。

しかし、謙信は渡河せず、七尾に兵を引いて戦後処理を指示し、能登に理想的な領国支配を実現しようとしたが、翌年の急死により能登は再び混乱の衢と化していく。

勝家は御幸塚城に甥の佐久間盛政を入れて固め、大聖寺城も修築して、江沼・能美の南加賀2郡を引き続き確保したのである。

（瀬戸　薫）

手取川河口付近

上杉謙信画像（米沢市上杉神社蔵）

手取川合戦記念碑（白山市湊町）

柴田勝家画像（個人蔵、福井市立郷土歴史博物館保管）

白山手取川ジオパーク・コラム　4

手取川の特徴

戦いの舞台となる手取川は、急流河川が多い日本の中でも、かなり急な川だといえ、急であることは比較的流れが速いことにもつながる。暴れ川と呼ばれる手取川は、幾度となく洪水を引き起こしてきた川で、上流部で雨が降れば、すぐに中・下流部でも水位が上昇し勢いを増すことになり、このような手取川を渡ることが容易でないことは想像しやすい。また、たとえ水量が増加していない時であっても、河原や川底の特徴を考えると渡りにくい川であったと考えられる。手取川の河原は河口周辺まで礫が多く、川底も同様に石がたまっている。戦で急ぎの移動となれば、ぐらつく石を踏んでしまうことも多くなり転倒にもつながる。一人の転倒が周辺の人まで巻き込む転倒にもつながったかもしれない。このように石が多い手取川は、周辺の郡名の由来にもなり、それが明治以降、県名にもなっている。このように「水の旅」「石の旅」は歴史舞台のなかにも感じることができる。

（日比野 剛）

礫が多い手取川下流域

中世14

超勝寺擁し抗争に勝った山内衆 石山合戦の中でも重視される

山内惣荘と鳥越落城

越前から亡命し山内へと退いた超勝寺を擁した山内衆は、賀州三ヶ寺との抗争に勝利し勢力を伸ばす。鈴木右京進の主導で石山合戦の間も重視された。

戦国時代に「山内」と呼ばれた白山麓一帯は、比較的早く真宗信仰の根づいた地域とされるが、同時に軍事的要衝でもあった。

山内方の力借りた政親

京都で起こった応仁の乱（1467）の抗争が加賀に及んだ結果、東軍の守護富樫政親が、西軍の舎弟幸千代の勢力に圧され、山内に追い込まれた。この頃加賀では、本願寺蓮如の越前吉崎（福井県あわら市）への錫留以後急速に勢力を伸張した本願寺派門徒と高田派門徒の抗争が激しくなっており、文明6年（1474）、高田派と結託した幸千代とともに吉崎を攻めようとしたところ、政親は「山内方」として、蓮如・本願寺派に与同して、家臣の山

本願寺蓮如影像（市指定文化財、本誓寺蔵）

一向一揆最初の砦といわれる蓮台寺城（小松市蓮代寺町）

鳥越一向一揆歴史館　一向一揆に関する映画や国指定史跡「鳥越城跡附二曲城跡」からの出土遺物の展示　出合町甲26番地　☎ 076-254-8020

川高藤・本折道祖福・槻橋豊前守らを白山本宮に出張させ、惣長吏澄栄らを味方につけ、幸千代の拠る蓮台寺城（小松市蓮代寺町）を陥落させた。

永正3年（1506）、加賀一向一揆が越前九頭竜川河畔まで攻め込み、朝倉貞景・同教景（宗滴）の軍に大敗した折りも、追撃された加賀

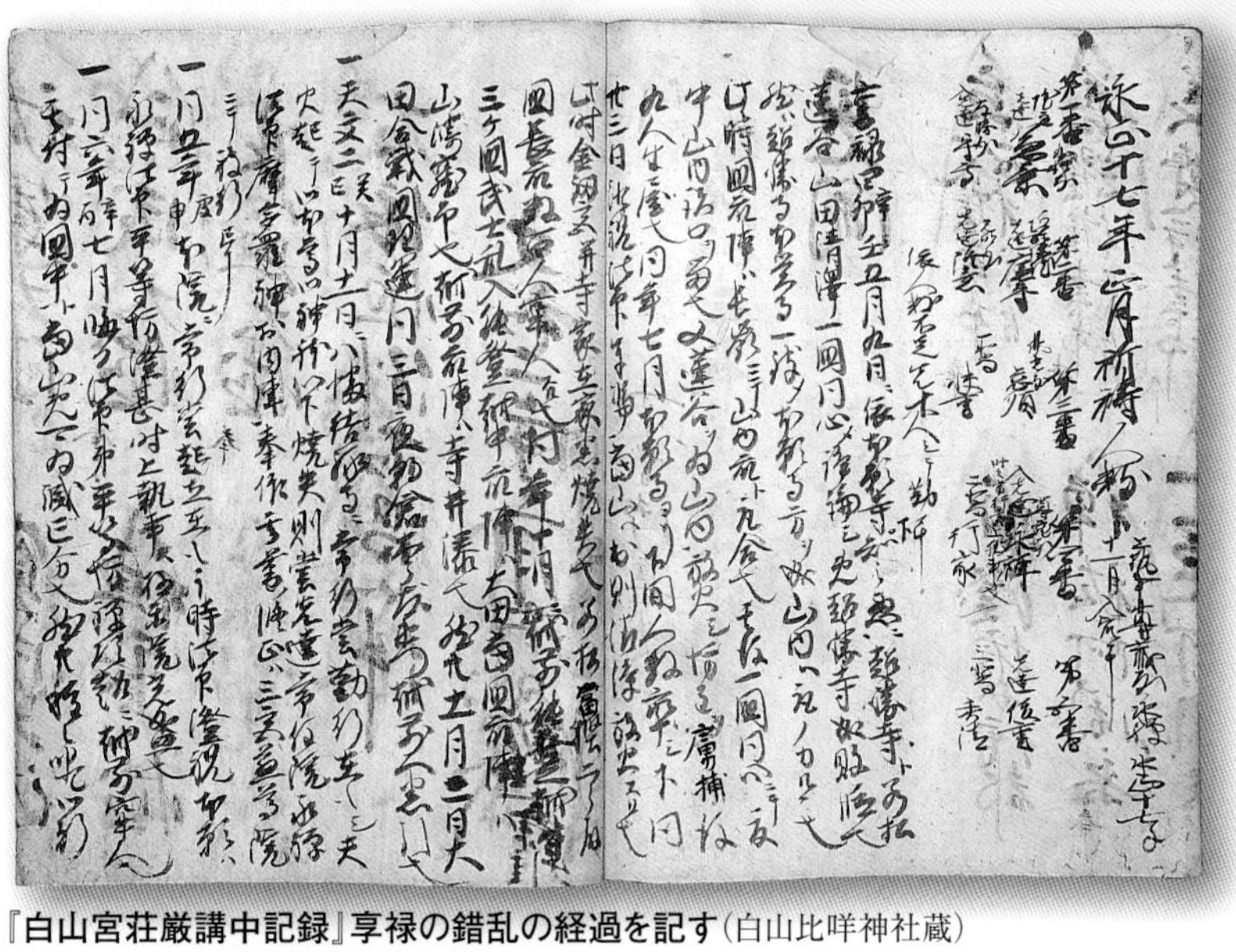

『白山宮荘厳講中記録』享禄の錯乱の経過を記す（白山比咩神社蔵）

一向一揆時代とされる松岡寺の幟旗（小松市立博物館蔵）

一向一揆は江沼郡を放棄して能美郡山内に逃げ込んだとする史料もある。この一揆の際、越前の有力真宗寺院で加賀にもひろく門末を持っていた超勝寺・本覚寺が加賀に亡命してきたが、本願寺の代替わりにともない、やがて宗主証如に近い超勝寺の影響力が強まりつつあった。

賀州三ヶ寺相手に戦う

享禄4年（1531）、加賀の本願寺派・一向一揆を主導してきた賀州三ヶ寺（若松本泉寺・波佐谷松岡寺・山田光教寺）に清沢願得寺を加えた四ヶ寺に守護富樫稙泰が一致して、超勝寺を成敗しようとしたため、本願寺と結ぶ超勝寺・本覚寺は山内へと退いた。その後、山内が抗争の場となって賀州三ヶ寺方は山内への通路を

本願寺証如影像（野々市市・上宮寺蔵）

清沢願得寺跡（市指定史跡、白山市鶴来朝日町）

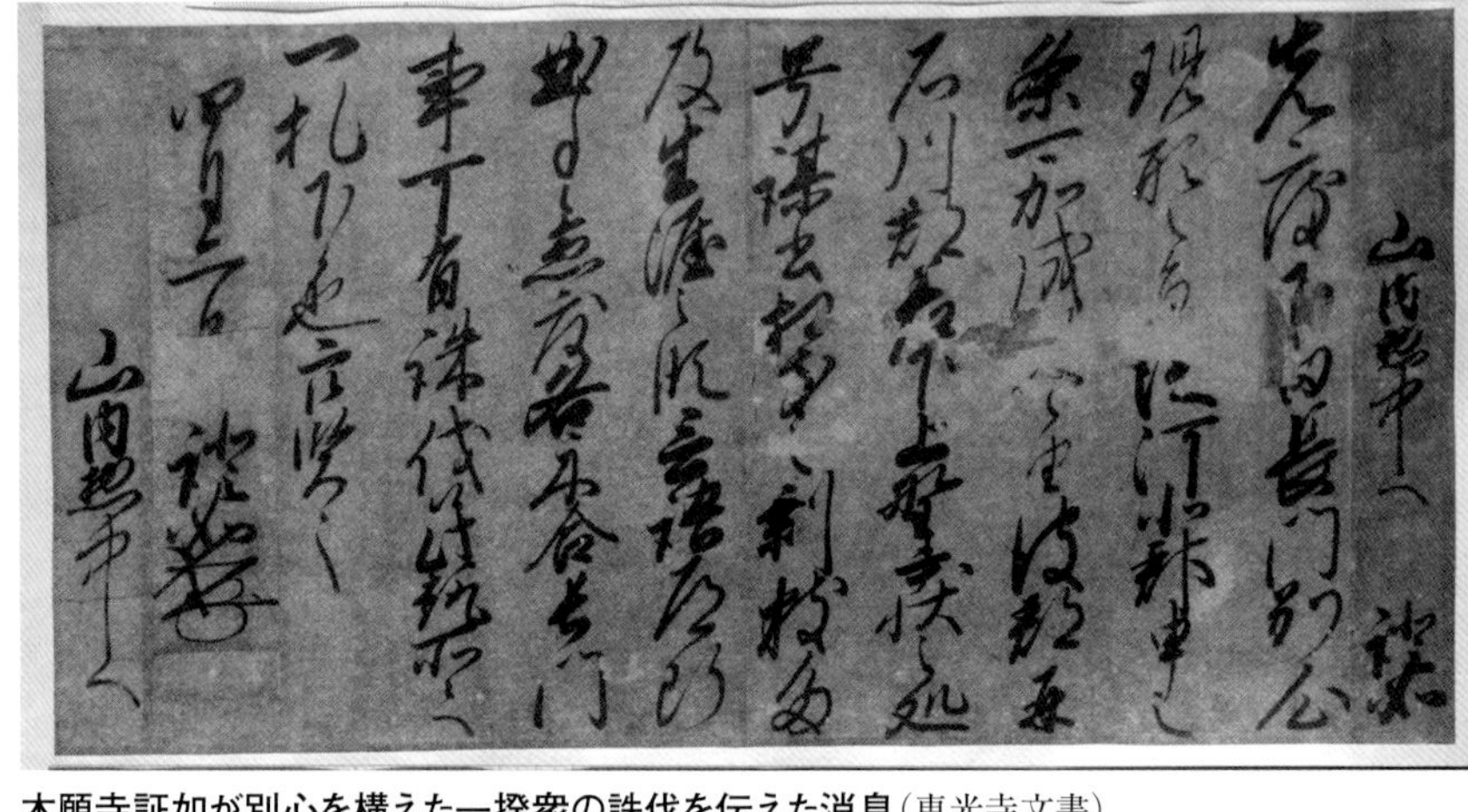

本願寺証如が別心を構えた一揆衆の誅伐を伝えた消息（専光寺文書）

封鎖した。これに対し超勝寺を擁した山内衆は、松岡寺に放火し蓮慶らの坊主を亡ぼし、本願寺から遣わされた下間頼盛や三河坊主衆の来援を得て、一方で白山惣長吏澄祝をも味方につけ清沢願得寺や金剱宮（白山市日詰町）に放火した。対立した若松本泉寺の蓮悟や富樫氏、これに随った加賀の長衆数百人が牢人することとなり、この錯乱を経て山内衆の国内での影響力は確かなものとなり、例えば天文5年（1536）、山内衆は、本願寺が能美郡に賦課した勧進物とは別に50貫文の懇志を上納し、また翌6年、蓮悟与党の越前牢人が加賀に侵攻した折には、本願寺から四郡と同様の消息が発給されるなど、「郡」に相当する扱いを受けるように変貌していった。

主導した鈴木右京進

この山内衆を主導した鈴木右京進（山内右京進・二曲右京進）は、山内二曲（白山市出合）を本拠とする本願寺の有力門徒であった。右京進は、能美郡野代荘（小松市木場潟付近）の権益を備後国（岡山県）の武士渋川氏と争ったり、石川郡味智郷（白山市森島付近か）の池田某の権益を入手するなどした。他方、右京進は大坂本願寺に上り、親の17回忌を勤め、証如に布施・斎を調進するなど無視できない存在となっていた。

元亀元年（1570）、織田信長と対立した本願寺顕如は全国の門徒に蜂起を促し、以後10年に及ぶ「石山合戦」が展開し、この戦闘態勢のなかで山内衆の拠点鳥越城（二曲城）も山城として構築されていった。城主鈴木出羽守は、おそらく老成した右京進その人であろうと思われ、山内衆を指揮して活躍した。天正4年（1576）、越後の上杉謙信との和睦を急ぐ坊官七里頼周は出羽守に本願寺上使の金沢御堂下向を護

空から見た鳥越城跡（国指定史跡）

復原された鳥越城跡本丸門（国指定史跡）

衛させ、同6年（1578）、顕如は謙信急逝を出羽守と山内惣荘に報せた。また同8年（1580）4月、顕如は、織田信長との勅命講和の成立、ついで8月、嫡男教如（きょうにょ）の大坂退城と停戦を、加賀四郡・出羽守・山内惣荘に報せており重視されていたことが窺われる。

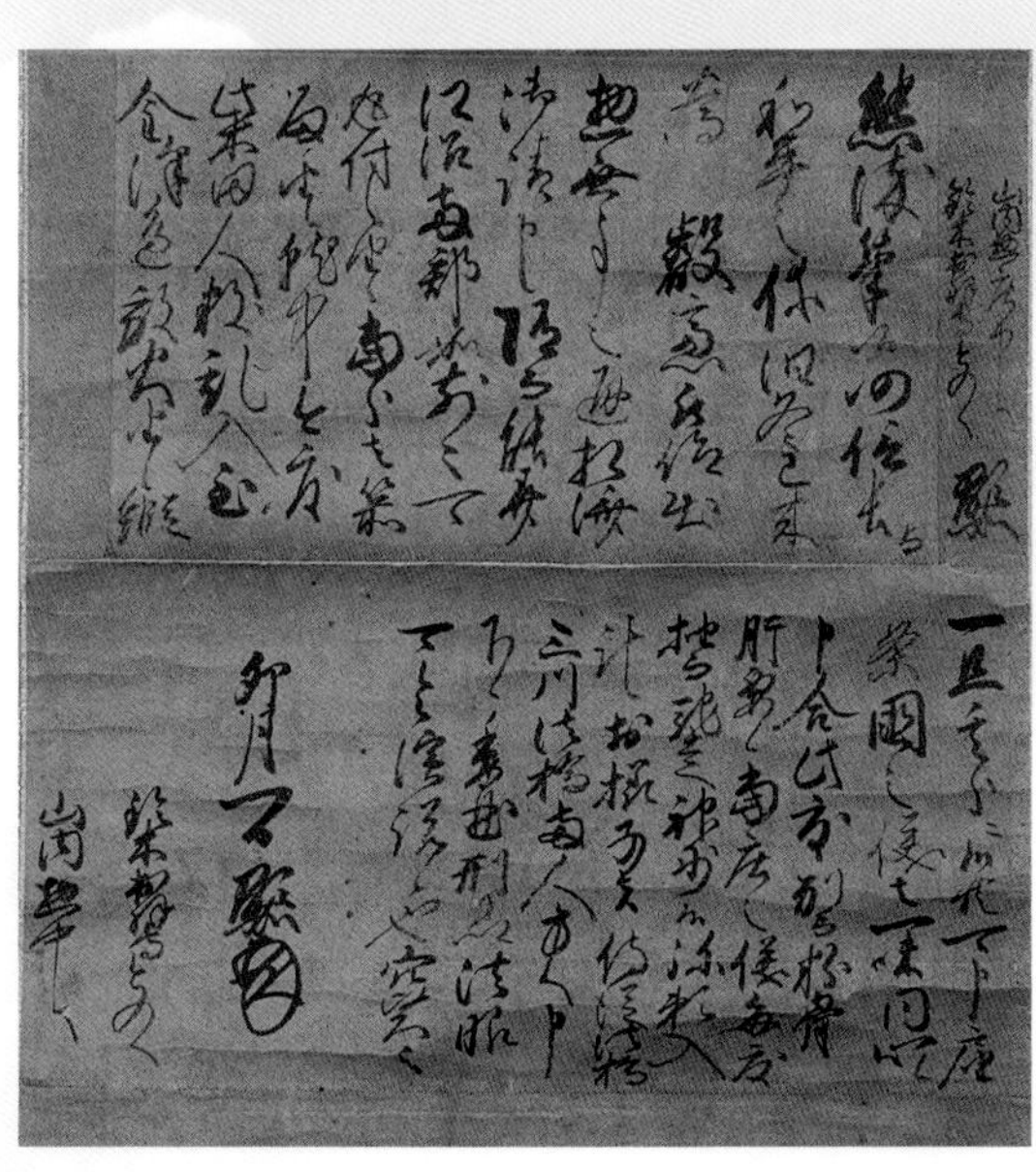

本願寺顕如消息（林西寺蔵）　鈴木出羽守と山内惣中に充てられたもの。信長との和平が伝えられた。

本願寺顕如影像（専光寺蔵）

出羽守、勝家により生害

出羽守とその一族は、同年11月、加賀を調略した柴田勝家（しばたかついえ）により生害され、首級は近江国安土（あづち）（滋賀県近江八幡市）に送られた。同10年（1582）3月、山内吉岡ノ構（よしおかのかまえ）（白山市吉岡）・さらの城（同佐良）で蜂起した一揆衆が鎮圧され、山内衆は終焉をみた。

（石田文一）

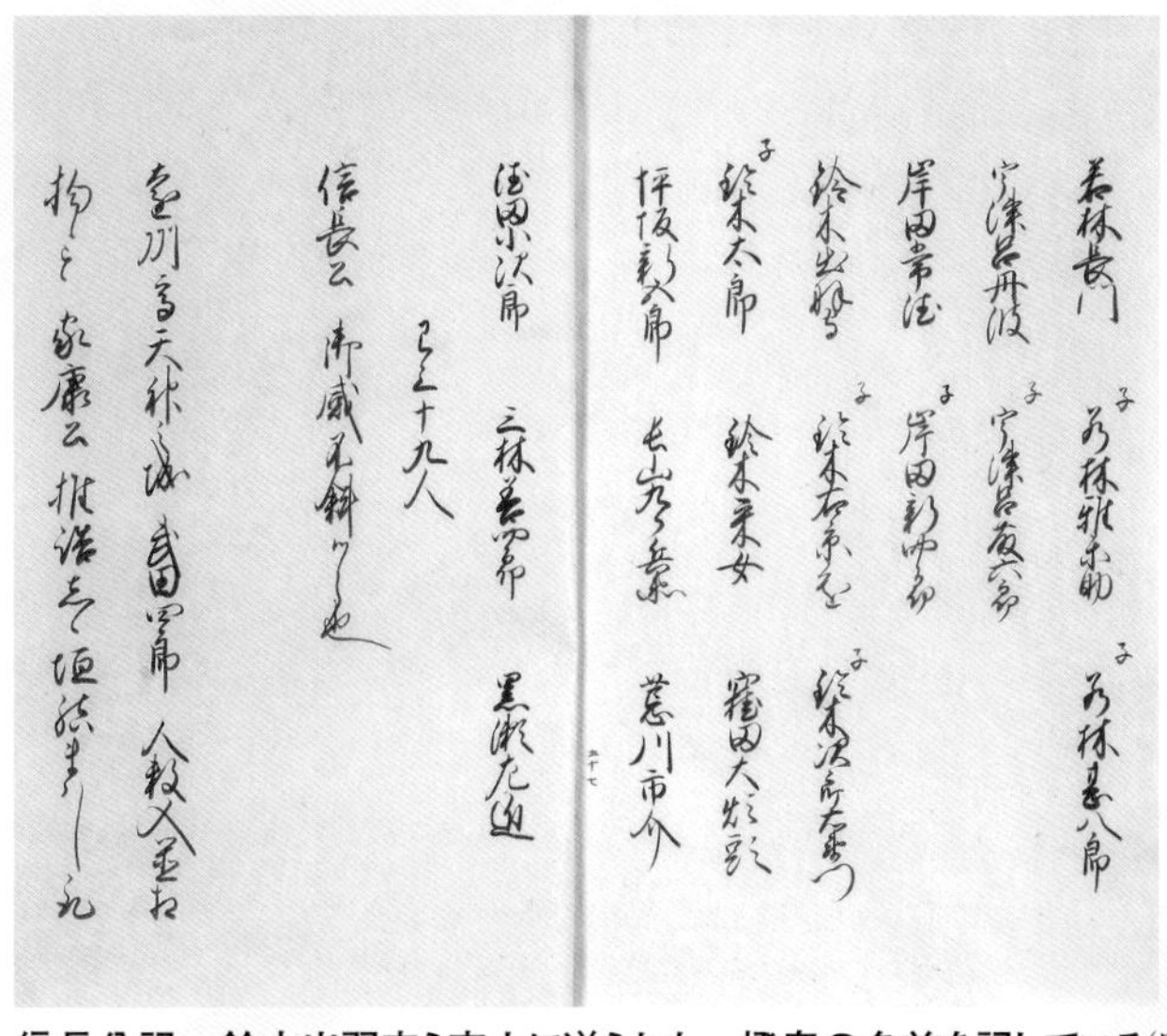

信長公記　鈴木出羽守ら安土に送られた一揆衆の名前を記している（岡山大学蔵 池田本信長記）

白山手取川ジオパーク・コラム　5

手取川の河岸段丘

河川沿いに発達している階段状の地形を河岸段丘といい、階段の平らな面に相当する場所を段丘面、階段の段差に相当する場所を段丘崖という。鳥越城跡や川沿いの水田も段丘面に相当し、その間の崖が段丘崖にあたる。

鳥越城跡を載せる段丘面は、数万～十数万年前に手取川が運んできた砂利が堆積してできた、当時の河原である。鳥越城跡に上る途中の崖で、堆積している砂利を見ることができる。一方、川沿いの水田はおよそ2万年前に手取川が岩盤を侵食して形成した河原である。その後、手取峡谷を作り出した侵食によって段丘になった場所である。手取峡谷は最長でも2万年という短い時間で形成されていて、手取川の地形変化の激しさを理解することができる。

河原が河岸段丘になる条件には、気候変化、地殻変動、流量変化、土砂量の変化など、さまざまな要因が複雑に絡み合っている。段丘の形成史を紐解くことで、手取川の環境の歴史を読み解けるかもしれない。

（青木賢人）

河岸段丘を利用して設置された白山ろくテーマパーク吉岡園地

近世1

賤ケ岳の戦い後に利長領に丹羽長重領を経て再度利長領

松任四万石大名の時代

賤ケ岳の戦いの後に石川郡域の西南端61カ村4万石が前田利長に与えられた。その後、丹羽長重領となるが関ケ原後に領地を失い、以後長く加賀藩領に。

松任四万石の範囲　図の左側、赤い線で囲まれた部分
「石川郡図」(金沢市立玉川図書館近世史料館蔵)

松任城址

加賀国の歴史の中で、「松任四万石」という名称が生まれたのは、天正11年(1583)4月の賤ケ岳の戦いの後である。この戦いで、前田利家とその嫡男前田利長(越前府中城主)は、柴田勝家の指揮によって従軍したが、柴田が賤ヶ岳で敗北した後、加賀石川・河北二郡が前田利家に与えられた時、石川平野の4万石が「松任四万石」として利長に給与されたのである。松任四万石に属する村は、近世石川郡域の西南端61ヶ村と考えられている。(『松任町史』)。

天正12年(1584)の小牧長久手の戦いに連動して、北陸では前田利家・利長と佐々成政の戦いが繰り広げられたが、天正13年8月秀吉の越中出陣によって終息し、利長が越中3郡に領地替えとなって、松任四万石は羽柴(豊臣)秀吉蔵入地となった。

譴責受け若狭から領地替え

このころ若狭一国の大名であった丹羽長重が、天正15年秀吉の譴責を受けて松任四万

石に領地替えとなった、以後、慶長5年（1600）9月の関ヶ原合戦終了時まで、松任四万石は丹羽長重領として過ごす。

長重は、天正16年（1588）、豊臣姓を与えられ、豊臣大名として小田原の陣に従軍するなど忠勤に励むが、領地支配の様子についてはわからない。

丹羽長重画像（福島県二本松市、大隣寺蔵）

天正16年磯村五右衛門宛丹羽長重領地目録（個人蔵）

廃藩置県まで加賀藩領

慶長3年（1598）4月、北国に大きな領地替えがあり、越後の上杉景勝が会津へ、越後には越前・加賀の堀秀治が入り、その与力村上頼勝・溝口秀勝も越後に移り、村上の跡の能美郡に丹羽長重が入り、江沼郡には山口宗永が入った。長重は、松任四万石を合わせて12万5千石の大名になった。その後まもなく、豊臣秀吉が亡くなり、豊臣政権が分裂し、関ヶ原の戦いが勃発するに及んで、丹羽長重の命運が大きく左右された。石田三成方に荷担した長重は、戦後領地を失ったが、慶長8年常陸古渡に1万石を与えられ、大名に復帰した。松任四万石は利長領となり、以後、廃藩置県まで加賀藩領であった。（見瀬和雄）

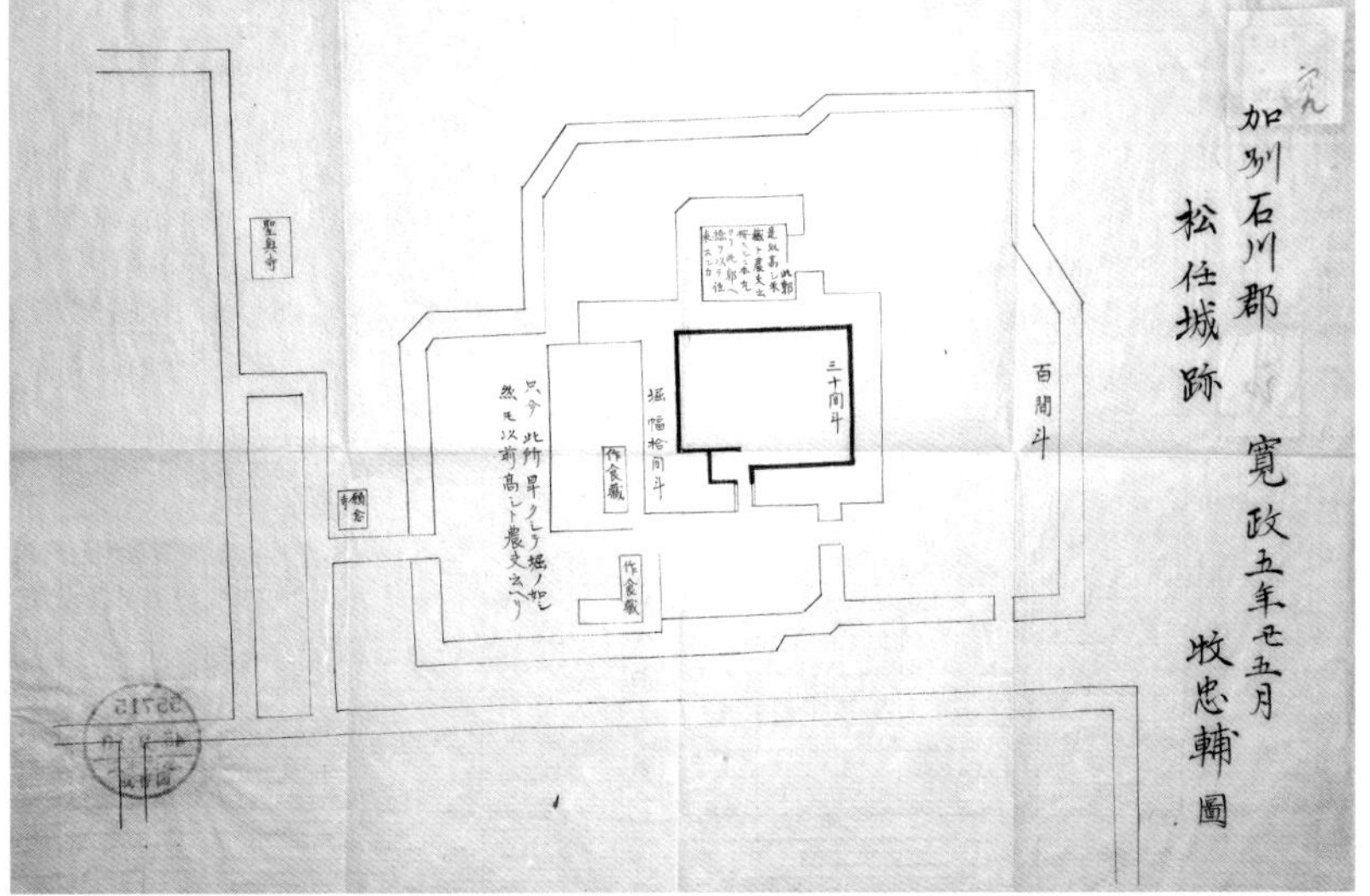

加州石川郡松任城跡図（金沢市立玉川図書館蔵）

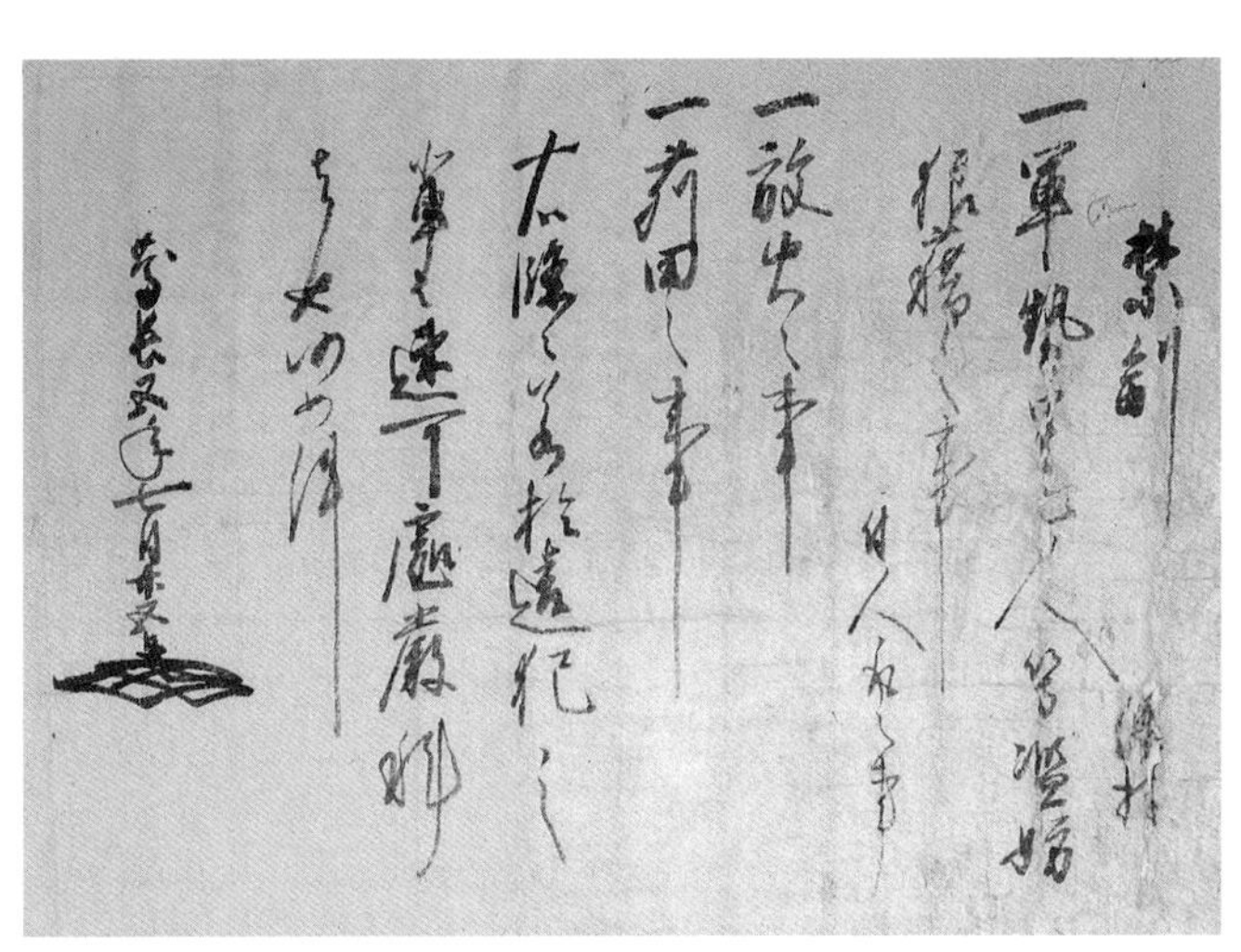

慶長5年7月25日湊村宛前田利長禁制（呉竹文庫蔵）

近世２

一村に多くの給人が知行地持つ 年貢率高く藩には重要な収入源

加賀藩政の石川郡支配

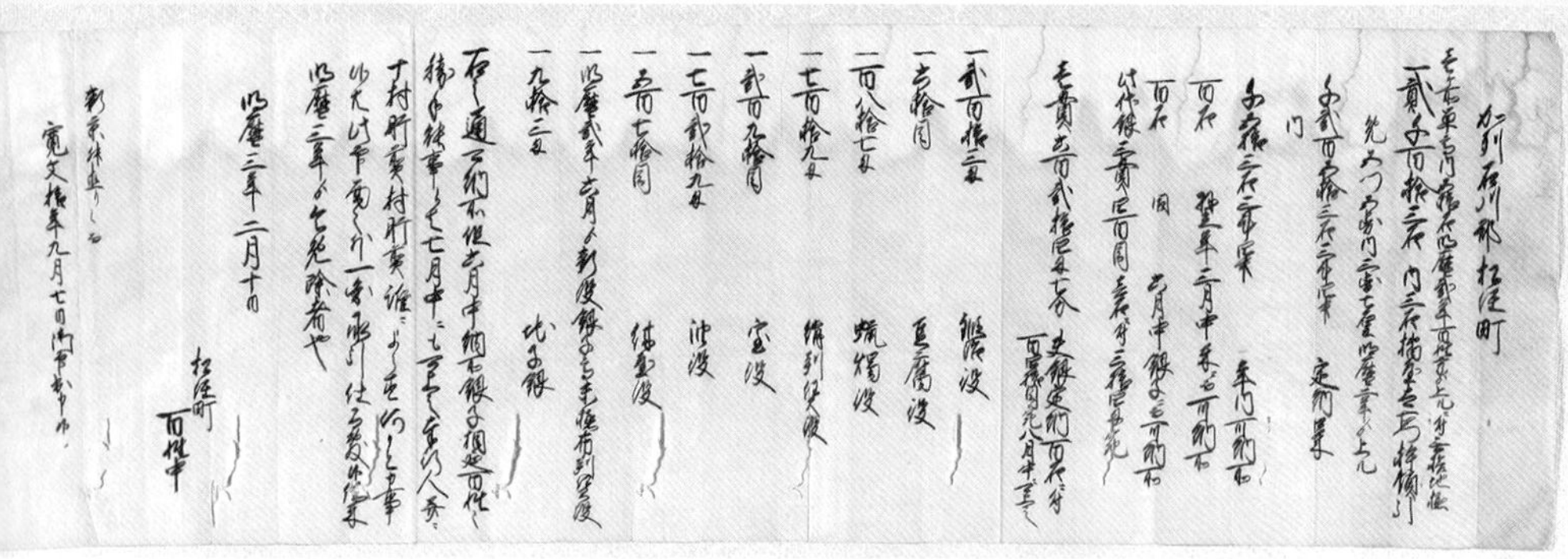

明暦3年に交付された松任町の村御印。一部で年貢の銀納が認められた（青木家文書）

関ヶ原の戦いの後、松任四万石を含む石川郡全域が前田利長領となった。松任城は廃城となり、松任町は北国街道の宿場町であり、石川郡の中心的在郷町となった。

石川郡は、広い石川平野を擁し、平野部では一村の高が大きく、また城下町金沢に近いこともあって、多くの給人が分散相給で知行地を持っていた。その場合、本多氏などいわゆる人持組に属する大身の給地は、５００石を超えるような大村の中で、１００石単位の給地をもち、また、一村全部を給地とすることもあったが、それ以下の家臣の給地はいずれも10石単位で支給されていた。

北国街道沿いは藩主直轄地

分散相給は近世知行制の基本的な姿であるが、村数が限られ、また給地高と村高が一致せず、生産性も村によって大きく異なり、金沢城下との距離が違うことを勘案した必然的な形態であった。寛文10年（１６７０）頃の例では、村井村（２２００石）に20人、徳光村（１９９４石）に18人、相川村（１６５４石）に21人、槻橋村（８２９石）に17人、など多人数の給人が配されていた。その一方で、北国街道沿いや畑作の多い地域、手取川中・上流域の村々は多くが藩主直轄地（蔵入地）であった。

一方、石川郡は、郡全体の平均年貢率が加越能10郡の中で最も高く、53％を記録した。中でも、熱野村庄兵衛組の平均年貢率は59％で、年貢徴収権を藩に収公された給人たちが藩から支給される年貢の平均免は約40％であったから、石川郡は藩の重要な収入源の郡であったといえる。

年貢の銀納が認められた村も

また、これらの村々の中には、年貢の一部または全部の銀納が認められていた（銀成）村もあった。これは、明暦２年（１６５６）の村御印交付時に始まるもので、諸稼ぎによる現銀収入の多い村がその対象であった。当初は

一人の給人の知行地が多数の村に分散し、逆に村では複数の給人が知行地を分け持っていた。これを分散相給という。

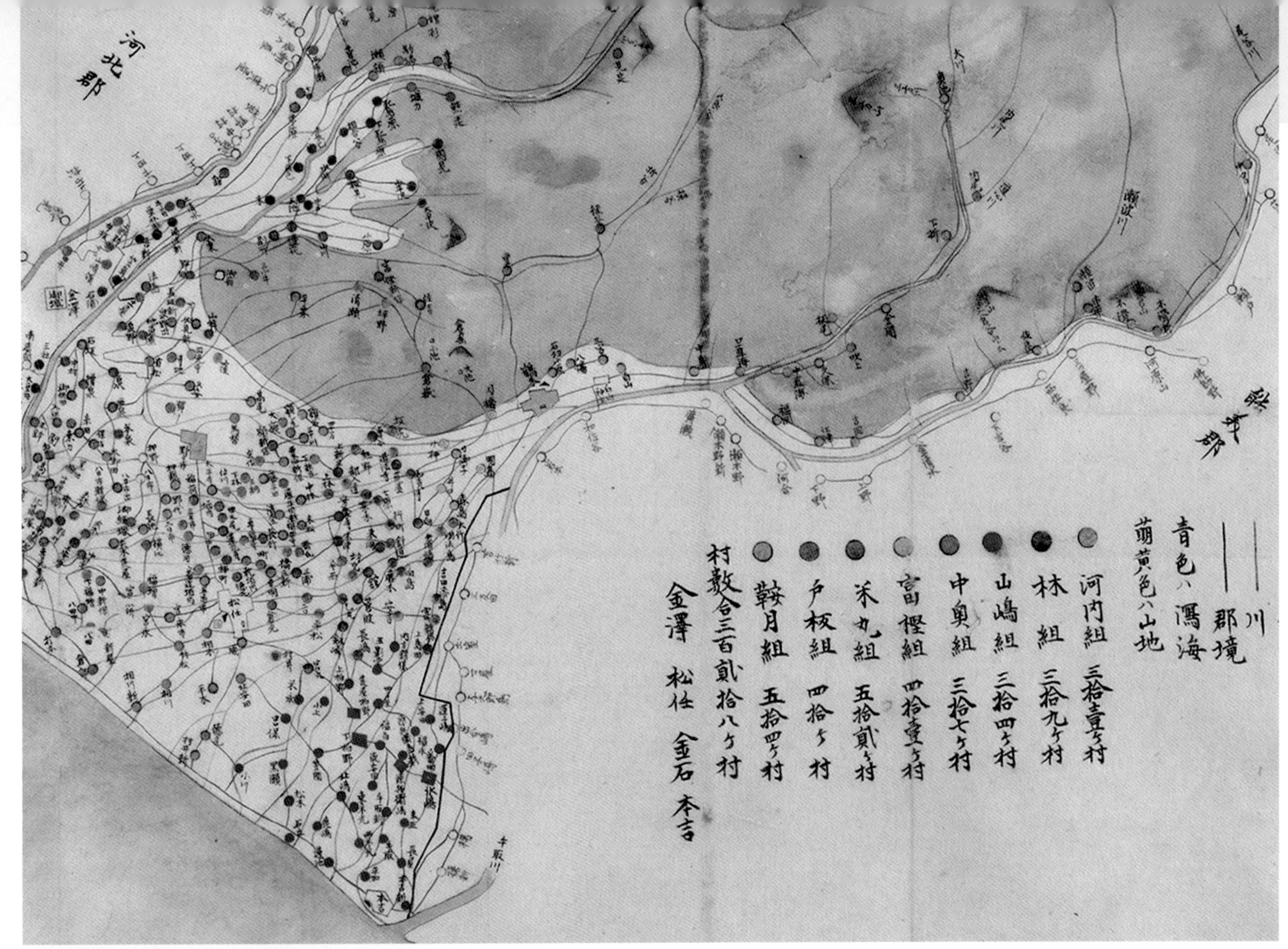

石川郡村々組分絵図（高樹文庫）

米を買い納めしていたが、百姓の負担が重いことから、銀納に換えられた。この銀成の村は、藩の蔵入地が設定された村と重なり、藩は小物成も含めて、貨幣を直接収取できる地は基本的に直接支配していたのである。（見瀬和雄）

白山市湊地区　旧湊村は能美郡に属していた。

寛文10年石川郡高・年貢率・給人集計

十村組名	村数	村高（石）	年貢率	定納高（石）	小物成（匁）	給人数	平均給人数	銀成村数
吉野村藤左衛門組	12	3834.865	37%	1406.374	2,118.00	0	0	10
鶴来村五郎右衛門組	16	3090.865	52%	1617.246	3,971.00	0	0	16
吉野村・鶴来村裁許	4	0	0	0	980.00	0	0	0
熱野村庄兵衛組	38	22061.000	59%	12955.240	7,118.00	222	5.84	0
福留村間兵衛組	40	27949.300	48%	13483.920	1,428.70	76	1.90	4
村井村与三兵衛組	30	29780.440	51%	15246.583	609.00	222	7.40	0
野々市村吉兵衛組	44	24142.940	57%	13644.252	7,083.00	210	4.77	3
押野村太兵衛組	37	24152.500	51%	12198.500	1,852.00	304	8.22	0
渕上村三郎兵衛組	40	22792.600	55%	12527.301	2,503.10	194	4.85	8
田井村喜兵衛組	58	16899.730	59%	10054.754	7,962.50	163	2.81	14
石川郡総計	**319**	**173907.740**	**53%**	**92716.495**	**35,625.30**	**1391**	**4.36**	**55**

後藤家文書「加州三郡高免付御給人帳」をもとに作成した。寛文10年野村御印に記されたとみられる高と年貢率を十村組ごとに集計したものである。給人数は、同一給人の重複がある。また、給人知率は、1村あたりの給人数を示している。石川郡の十村組は概して村数、村高、定納高が大きい。またほとんどの組の平均年貢率が50%を越える。表には現れていないが、多くの給人知が設定されている。白山市域は、熱野村庄兵衛組・村井村与三兵衛組は平均を上回っており、金沢近郊に次いで給人知が多く設定されていたことがわかる。

近世3

社殿造営巡り繰り返された紛争 越前藩や平泉寺との問題にも

牛首・尾添の白山相論

白山山頂の社頭造営に関して牛首・風嵐村と尾添村の言い争いが続いた。加賀藩と越前藩の問題になり、牛首村百姓の頂上立入が制限される事態も。

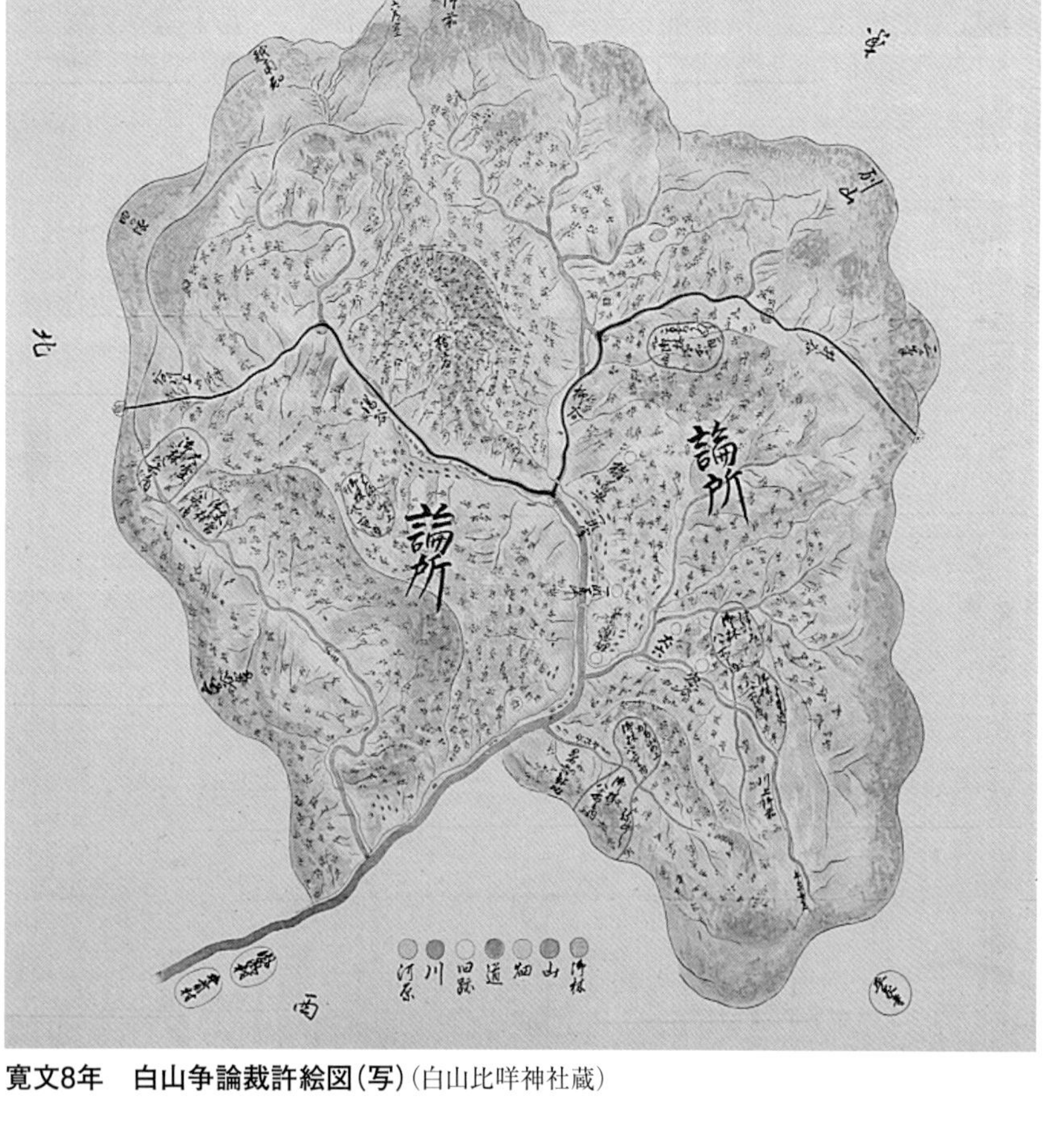

寛文8年　白山争論裁許絵図（写）（白山比咩神社蔵）

明暦元年（1655）、加賀藩4代主前田光高の後室清泰院（大姫・徳川家光養女）の立願により白山禅頂の社頭造営が企てられたが、越前（福井）藩が加賀藩に抗議したことで、白山をめぐる牛首・風嵐村と尾添村の相論は、加賀・越前両藩の国郡堺目問題をもはらむ微妙な問題となった。この時、牛首村の土豪加藤藤兵衛は武装させた百姓を動員して加賀側からの経路を封鎖し、尾添村による造営を実力で阻止した。この件は、寛文6～8年（1666～68）にかけて幕府内で協議され、5代藩主前田綱紀の後見役でもあった会津藩主保科正之らの周旋を得て、牛首・尾添村を含む白山麓十八ヶ村の収公により両藩の対立を回避したものの、牛首・尾添両村間の白山相論そのものは結着しなかった。このとき加賀馬場白山本宮は朝廷から綸旨を得て正統性を主張したが機能せず、以後本宮は相論に関与しなくなった。

牛首村が美濃石徹白村に抗議

元禄元年（1688）、別山室が焼失し美濃馬場石徹白村（岐阜県郡上市）による再興の企てに牛首村が抗議し阻止した。同10年（1697）、尾添村による御前峰・大汝峰の社殿造営願出に対しても牛首村が抗議し、再び相論となった。このときは尾添村による真

加賀禅定道からの登拝路を描いた白山曼荼羅図（能美市蔵）

言僧宝代坊澄隆を擁しての再興が認められた。

平泉寺と百姓が対立

この頃より、牛首・尾添村の百姓は自ら「社家」「社人」「惣神主」を称したため、越前馬場平泉寺と百姓との直接対立・相論が起こるようになった。享保13年（1728）、平泉寺が幕府に訴え、牛首村の百姓が「社家」を称することを禁じ、同17年（1731）、牛首村百姓の禅頂付近への立入が制限された。また元文3年（1738）、平泉寺と尾添村の間で大汝峰の社殿造営をめぐる相論が持ち上がり、平泉寺の主張が全面的に採用され、以後百姓による禅頂社殿の造営・再興活動は途絶えた。

（石田文一）

白山護符版木　種子曼荼羅版木
（個人蔵）

白山護符版木
白山三所権現護符版木
（個人蔵）

白山護符版木
宝珠型白山護符版木
（個人蔵）

近世4

白山ろく天領の成立と領境

紛争解消へ越前加賀の18村天領に 木滑、河原山、阿手などに番所

白山の支配権を巡る村同士の争いは国境問題に発展。幕府は越前の16村、加賀の2村を天領とした。番所は天領を囲むように設定され境界線を形成した。

加越能三箇国絵図(金沢市玉川図書館蔵)

加賀・越前・美濃に跨る白山の支配権を巡る争いは中世以来のものであり、近世に入っては慶長8年(1603)、寛永14、15年(1637、38)、さらには明暦元年(1655)に、越前(藩)領牛首(現白峰村等)・風嵐村と加賀(藩)領尾添村の間で白山嶺上の管理を巡って争論となり、越前・加賀両藩は幕府寺社奉行の裁断を仰ぐ事態となった。

近世に入っての加賀藩領村と越前藩領村との争いは、両藩の国境問題ともなるものであった。

尾添、荒谷村が天領に

明暦の争論から10余年を経て、寛文8年(1668)、幕府の裁定が出された。根本的な解決策として、紛争地域を解消するため、越前領牛首村など手取川上流沿いの東谷11村と、大日川沿いの西谷5村の計16村、これに加賀藩領尾添・荒谷2村、計18ヵ村を幕府が収公し天領とした。

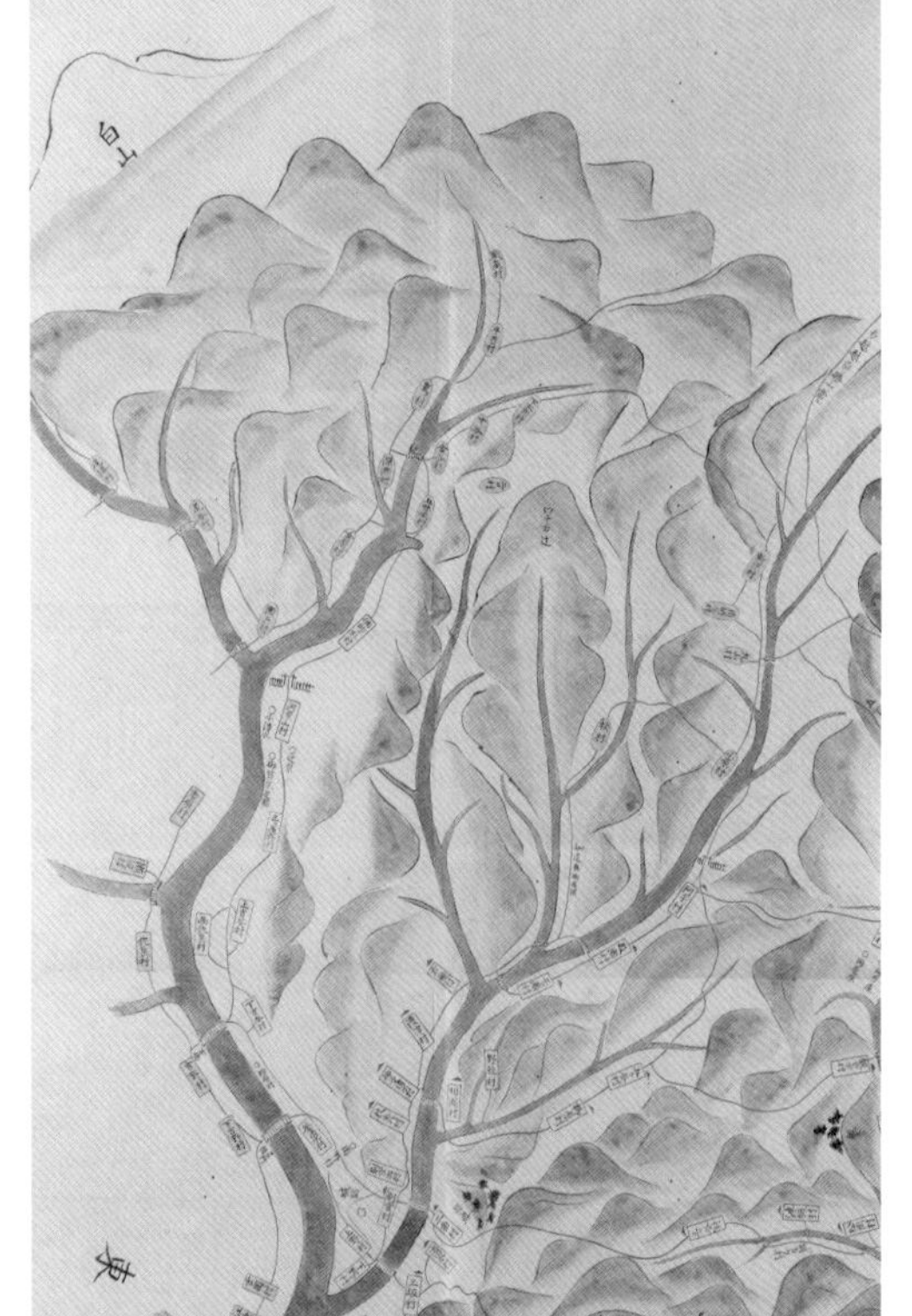

加州能美郡略絵図(金沢市玉川図書館蔵)
黄色で丸く囲んだ村が天領

木滑口留番所跡地（市史跡）　番所は御門と柵で囲まれ、手取川に沿って中宮村に至る道筋に位置した。

加賀藩領であった尾添・荒谷村が天領となったことにより、加賀藩領域は手取川上流の尾添川以南まで後退し、両国は手取川と尾添川を国境とすることになった。

両国の境には、天領化以前より番所が設置されており、寛永7年（1630）に別宮(べっく)村、同17（1640）年に吉野村、寛文元年（1661）に木滑(きなめり)村に番所が置かれている。木滑（口留(くちどめ)）番所は、尾添川と手取川の合流点にあり、白山麓の天領化後は天領村に対する関となる。さらに現白山市域では河原山(かわらやま)・阿手(あて)に、現小松市域では尾小屋・西俣・大杉に番所が置かれ、木滑村から続いて天領域を囲むように番所が設定され、境界線を形成していた。

天領化後も続いた争論

白山麓の天領化後も白山嶺上の管理・支配に対する争論は解消したわけではなく、元禄元年（1688）、別山室に関しての、美濃の石徹白(いとしろ)村と牛首・風嵐村の争論、享保18年（1733）裁定となる越前勝山の平泉寺と牛首・風嵐村の争論などが起きている。

（宇佐美　孝）

前田利常画像（那谷寺蔵）　争論勃発時の加賀藩主、解決は死後となった。

白山手取川ジオパーク・コラム 6

地質の境界

国道157号沿いおよび手取川沿いにおいて、白山麓天領と加賀藩との境界付近は、実は地質的な境界にもなっている。牛首川と尾添川の合流部付近より天領側（上流側）は、白山火山の噴出物が載る白山山頂部周辺を除けば、約6000万年前より古い（およそ恐竜時代やそれより古い）時代の地層が広がり、加賀藩側（下流側）は、約2000万年前より新しい（日本がユーラシア大陸から離れ日本海が広がっていく時代より新しい）時代の地層が分布している。地形的にも、上流側は山の標高が1000mを越える山々となっていき、山と山の間の谷間に平地がほとんどなくなるが、下流側は、手取川本流の両岸に河岸段丘が広がっている。白山手取川ジオパークにおいて、このような様々な境界になっている国道157号にかかる濁澄橋は、山と雪のエリアと川と峡谷のエリアの境界に設定されている。（日比野 剛）

木滑口留番所跡付近にかかる現在の濁澄橋

近世5

松任町の構成と特産

町方と地方に分かれ家数873軒 水車を利用し菜種油製造が盛ん

町奉行が置かれていたが廃止され、町方と地方に分かれそれぞれの役人が町政にあたった。菜種の豊富な生産高を背景に、水車を利用して製油業が盛んに。

藩政初期には町奉行を置く

松任は、明暦3年（1657）の村御印に松任町と記されているように、藩政初期から町として位置づけられており、町奉行も置かれていた。しかし、代官兼町奉行であった木村甚左衛門が、寛文5年（1665）に閉門となったことにより、町奉行は廃止され郡奉行の管轄下に置かれた。それに伴い松任町はもともと一つであったが、松任町方（まちかた）と地方（じかた）とに分かれ、町肝煎（きもいり）（町方組合頭37人）と地方肝煎（地方組合頭6人）がそれぞれ1名置かれ、町年寄も3名から10名に増員された。その後は、3名の町年寄と2名の肝煎が中心となり、横目肝煎・伝馬肝煎・算用聞などの町役人が町政に当たった（「松任町旧記」加越能文庫）。

天明5年（1785）の「松任町絵図」によれば、家数は873軒を数え、上口往還（西口）から下口往還（東口）の間に、茶屋町・安田町・中町・八日市場・四日市場・一番町・東町・八ツ屋町の各町が続き、さらに南側通り西から馬場町・博労町・西後町・東後町が、北側通り西から西新町・東新町などの各町が町場を形成し、中出御蔵や作食御蔵などの施設も置かれている様子がわかる。

菜種生産量の54％が松任油屋

明暦3年（1657）の小物成（こものなり）として、鍛冶役・豆腐役・蝋燭役・絹判賃役・室役・油役・紺屋役・布判賃役が賦課されていることから、松任ではそれらの産業が営まれていたことがわかる。その中でも菜種油製造業は松任を代表する産業の一つであった。製油業は古く、慶長期には三宅家（屋号油屋）がすでに行って

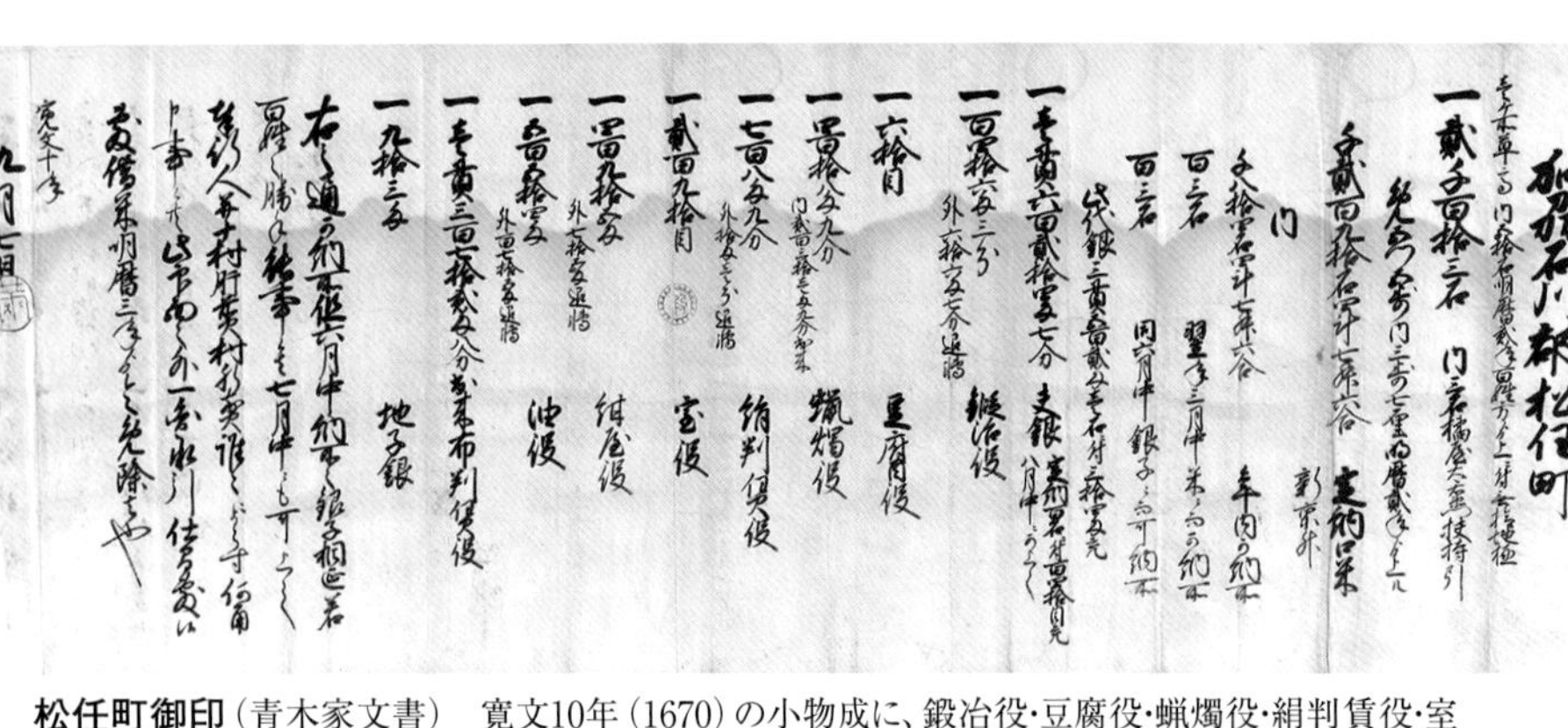

松任町御印（青木家文書）　寛文10年（1670）の小物成に、鍛冶役・豆腐役・蝋燭役・絹判賃役・室役・紺屋役・油役・布判賃役が賦課されており、それらの産業が営まれていたことがわかる。中でも絹布織物や染物などの繊維関係が盛んであったが、油製造業も特色ある産業の一つとなっている。

水車小屋復元図（白山市立博物館蔵）　水車の利用により油製造業は飛躍的に発展した。この水車を導入したのが町年寄油屋与次右衛門の次男又兵衛で、寛永年間に山城国を視察したことによる。

松任町絵図（白山市立博物館蔵）
天明5年（1785）の松任町の様子を描いた絵図。家数は873軒を数え、道筋に沿って形成されている各町の他、寺院・御蔵・用水・水車などが描かれており、当時の松任町の状況が具体的にわかる。

いた（『松任町史』）。松任で製油業が盛んであったのは、菜種の豊富な生産地である石川郡の平野が控えていたこと、藩の奨励もあったが、水車の利用が一早くから行われていたことによる。「松任町絵図」にも中村用水と西川に家並みと共に「水車」と記されていることからも窺える。

享保元年（1716）石川・能美・河北三郡で合計1万3849石余の菜種が生産されたが、その内石川郡の生産高が1万2730石余と実に90%以上にもなっている。また、1万3849石余の内4400石が金沢油屋、890石が小松油屋、7509石余が松任油屋へ引き渡され、菜種生産量の54%が松任油屋であった（「改作所旧記」加越能文庫）。享保11年松任で油臼が80柄あり、油小売役は札数99枚を数えるなど、生産活動は盛んであった。

（袖吉正樹）

白山手取川ジオパーク・コラム　7

手取川扇状地上のまち

松任の町や松任城がある場所は、扇状地上でも尾根にあたるような扇の中心線上にあたり、周辺よりもわずかに高いような場所となっている。この町の発展には、そうした立地とともに水の流れが関わっており、現在でも市街地周辺のいたるところに用水の流れをみることができる。この用水は、手取川扇状地上の農地に手取川から水を引くための七ヶ用水の流れだが、まちなかでは異なる働きをしていた。本文中にもあるように、数多くの水車が回り、動力源として活用され松任町の発展につながっていたのである。昔から用水の流れがまちなかを通っていたことや、松任城の堀にも水が引かれていたことは絵図にも描かれており、本流とは離れていても手取川とつながりの深いことがわかる。

松任町絵図を片手に、用水路や寺社の位置などを比較しながらまちなかを巡れば、当時の通りの賑わいや、水車が回っていた風景が想像される。

（日比野 剛）

西川（中村用水）

近世6

在郷町鶴来の産業と文化

交通の要衝、酒・煙草・炭など商う 俳諧はじめ儒者金子有斐と交流も

白山麓、松任、金沢への交通の要衝として、酒造、炭、煙草など商業経済が浸透。経済活動に裏打ちされ商人は俳諧など活発な文化活動を行った。

四、八のつく日に六斎市

鶴来は、白山麓、松任等へ至る街道、金沢へと続く鶴来往来の起点となる宿駅で、集落中央の本町では四、八の付く日に六斎市が行われていた。天明5年（1785）の「村鑑帳」によれば、六斎市では杉板、栗批板、桐木、桧笠、相滝紙、胡桃、串柿等の「奥山にて出来之品」が取引されていた。

鶴来の商店と六斎市の商品競合は少なかったとされ、天明期（1781〜89）には、酒造、糀室、炭商、古手古金買、米批商、味噌醤油商等の商売が行われていた。特に酒造・煙草・炭は鶴来の主要産業になっていた。

煙草は天明5年には3万9000斤余が製造され、金沢、松任、宮腰、本吉、石動へと販路を拡大していた。煙草関連産業も盛んとなり、「葉たばこ荷負商売」は葉煙草の運搬を担い、「煙草荷宿」は煙草生産者の代理販売を行ったと考えられている。炭は良質を誇り、加賀藩の御用炭に取り立てられ、天明期には炭商85軒を数えた。酒造は加賀の菊酒とも称され、元禄15年（1702）には石川郡内酒屋の半数を占めるまでになっていた。天明6年には6件の酒屋が3487・5石を製造していたという。

商人が活発に活動

鶴来商人の文化活動は俳諧を中心に活発に行われ、秋の坊や金子楚常、碓井梅嶺らの俳人を輩出した。高根社、青雀亭社等の句会が知られ、産土神金劔宮には多数の俳額が奉納されている。この奉納俳額のなかには千代女が奉納者に名を連ねる「寛延奉納俳額」も遺さ

碓井梅嶺旧宅図（個人蔵）

れている。

俳諧以外では「白山遊覧図記」等の著作を遺した鶴来村出身の儒者金子有斐（鶴村）と鶴来村の人々との交流が知られている。金子有斐は書画会や「荘子」等の講釈会、書画の鑑定や画の依頼等にも応じており、鶴来商人の文化的素養を高める一翼を担った。このほか画家村山翠屋や草莽の志士小川幸三・大城戸長兵衛らを生み出した。

これら近世鶴来の文化活動は鶴来商人の経済活動に支えられたものであった。

（村上和生雄）

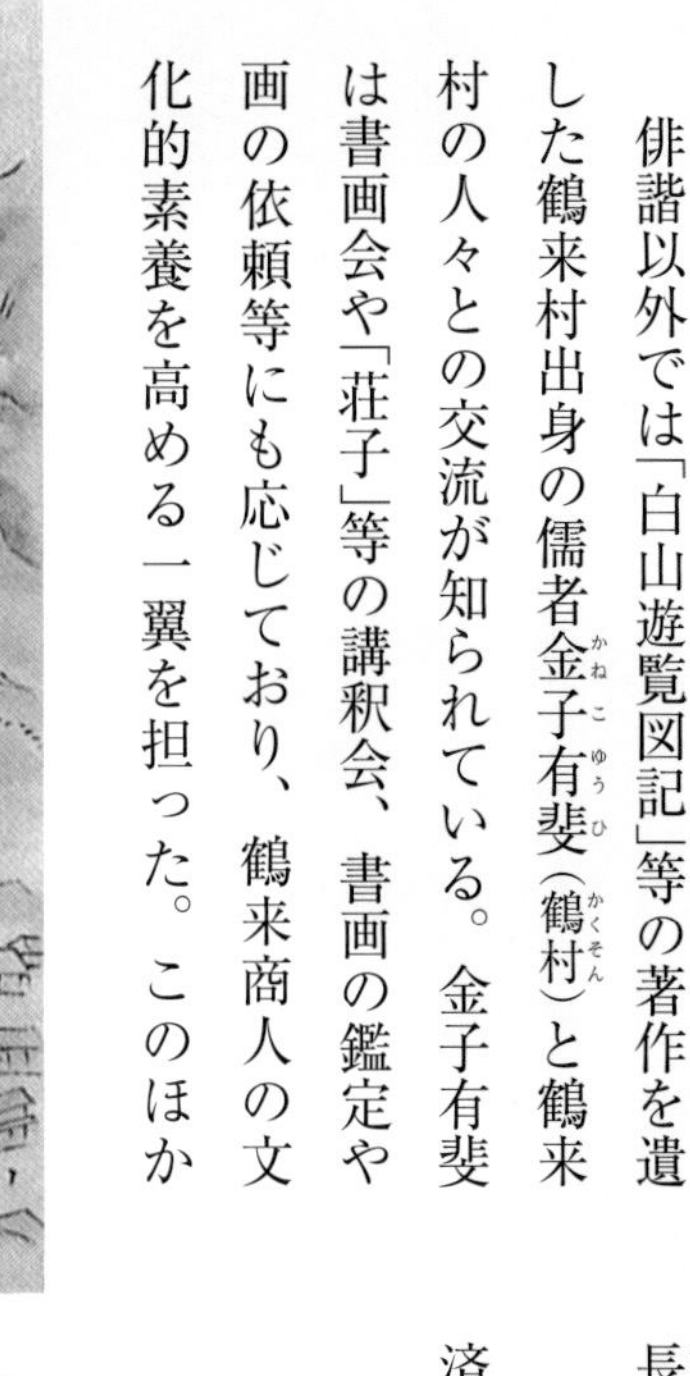

金劔宮と鶴来村の町並み（金子鶴村「白山史図解譜」石川県立図書館蔵）

「元禄奉納俳額」（白山市指定文化財、金劔宮蔵）

白山手取川ジオパーク・コラム 8

扇頂と谷口集落

山地を流れていた河川が平野部に出る場所には、礫が堆積して扇状地が形成される。扇状地の扇の要にあたる部分を扇頂と呼び、扇状地の中心部を扇央、末端部を扇端と呼んでいる。手取川でいえば、鶴来が扇頂、松任が扇央、美川が扇端にあたる。

山と平野の境目にあたる扇頂部は、山と平野部を結ぶ交通網の結節点となり、財やサービス、情報が集積する場所となる。そうした場所には谷口集落と呼ばれる集落が形成され、定期的に市が開かれるようになる。鶴来は典型的な谷口集落であるといえる。（青木賢人）

手取川扇状地の扇頂にある谷口集落の鶴来

近世7

本吉湊の発展と町の整備

御蔵が設置され年貢米の積出港に 船主は紺屋三郎兵衛はじめ23人

本吉は年貢米の積出港、諸物資の集積地として発展。船主の中でも紺屋三郎兵衛や加登屋九兵衛などは有力な海商だった。

本吉は、手取川河口右岸に位置する町場で、寛文10年（1670）の村御印の小物成に、鮭役545匁・鱒役59匁・外海引網役309匁・外海船櫂役3貫18匁・猟船櫂役182匁5分・尻巻網役60匁・六歩口銭75匁・九分三分口銭308匁が賦課されていることから、漁業とともに海運業が盛んであったことがわかる。特に海運業は本吉を代表する産業の一つであった。

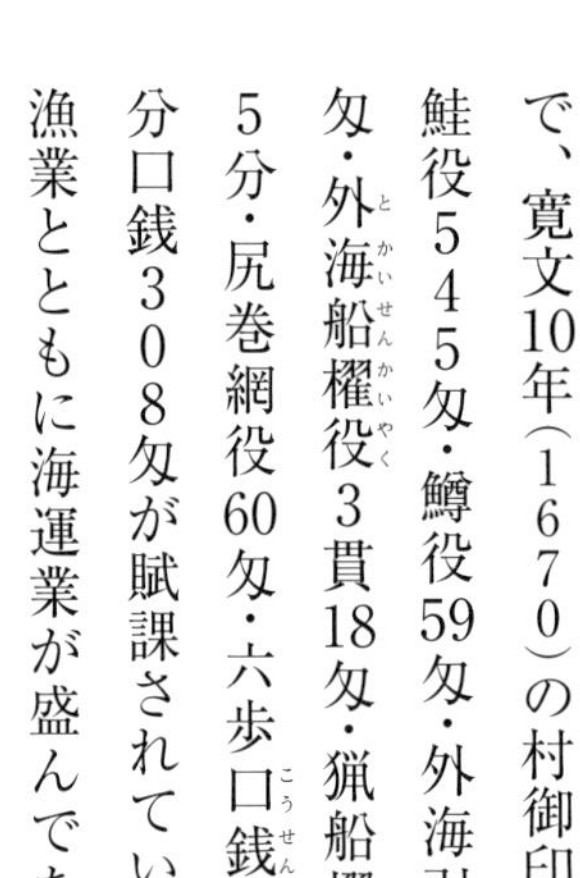

尾山屋奉納絵馬（金沢市小坂神社蔵）

本吉が大きく発展する契機となったのが、慶安元年（1648）に本吉御蔵が設置されてからである。明暦2年（1656）には石川郡分の大坂登米3200石が本吉湊から積み出されるなど、年貢米の積出港として、諸物資の集積地として重要な位置を占めることとなる。さらに藩は、本吉が湊として発展してくると、その機能を強化管理するため、承応元年（1652）に本吉湊裁許として小塚長兵衛を任命し、以後代々湊裁許が支配していくことになる。

諸物資の集積地、発展する本吉

本吉はもともと南町・中町の両町で町場を形成していたが、本吉湊裁許が置かれてから本格的な町の整備が進められ、南町・中町・北町・新町・片町の5町となった。その後も町の整備がなされ、安永6年（1777）や天明2年（1782）の「本吉町絵図」（石川ルーツ交流館所蔵）には、南町・中町・北町・新町・片町・今町・

上空から見た本吉（白山市美川町）

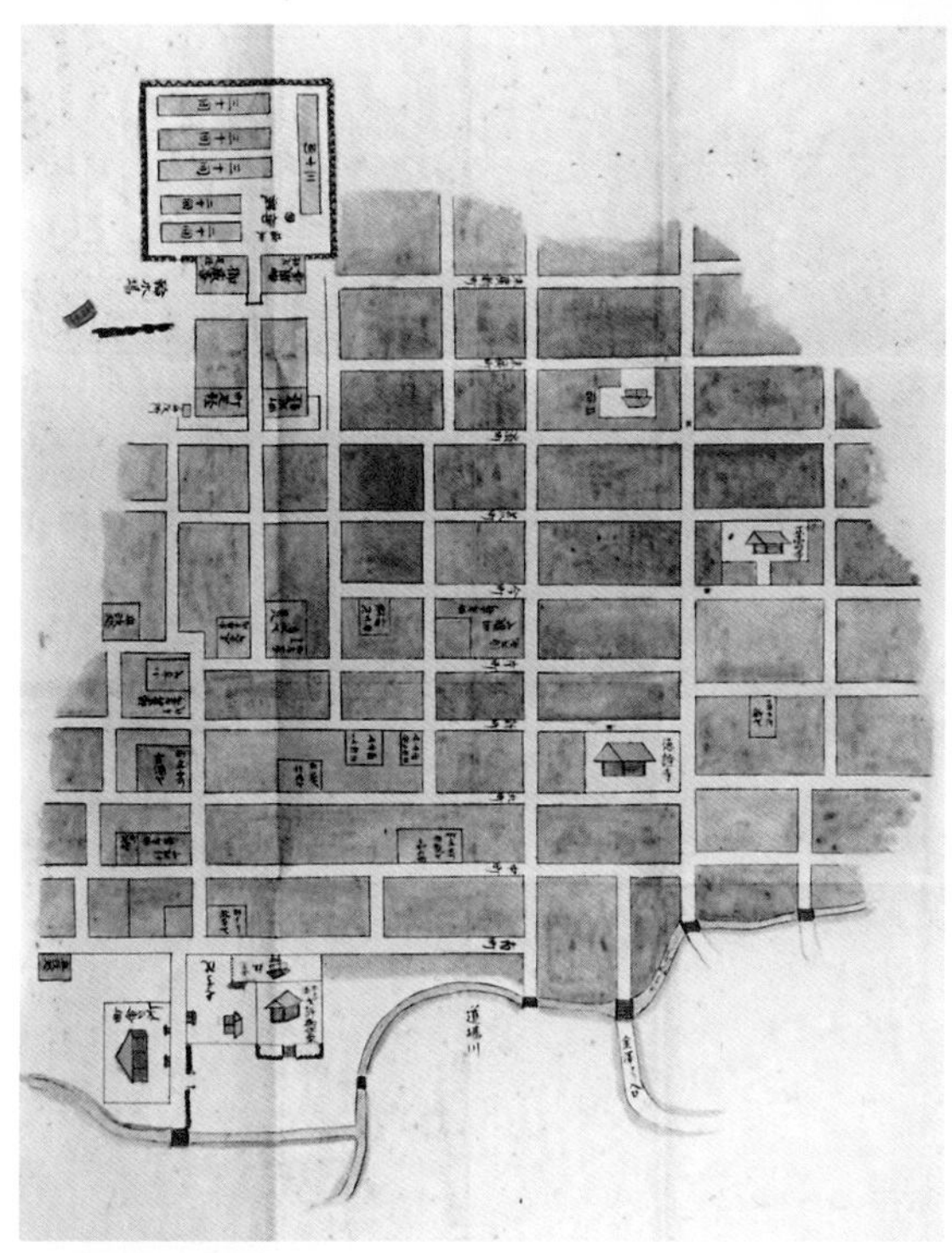

石川郡本吉図（金沢市立玉川図書館蔵）　文政10年（1827）に作成された本吉絵図。南町・中町・北町など10町の他、町年寄などの町役人・寺院・町会所・御蔵などが描かれており、当時の本吉の様子が具体的にわかる。安政5年（1858）の調査によると、御蔵は8棟からなっており、その内訳は、4間×30間が3棟、4間×20間が3棟、4間×15間が1棟、4間×10棟が1棟で、各棟はさらに4間×5間で仕切られ、全体で37部屋からなっていた。

安政5年　本吉廻船所持者一覧

船持人	船規模（石）							合計（艘）
紺屋三郎兵衛	1000	800	700	650	620	580	300	7
加登屋九兵衛	750	650	300	300				4
川原屋四郎右衛門	500	500	300	300				4
尾山屋勘兵衛	500	480	450	290				4
明翫屋伝兵衛	400	200						2
二木屋九郎兵衛	300							1
紺屋益三郎	300							1
紺屋為三郎	400							1
紺屋宗左衛門	400							1
大野屋五左衛門	400							1
藤屋長左衛門	400							1
尾山屋文太郎	400							1
菅波屋庄太郎	400							1
釜屋市郎右衛門	400	300						2
竹内屋千六郎	300							1
福留屋与右衛門	300							1
田中屋市兵衛	300							1
二口屋治郎兵衛	150							1
米光屋重助	150							1
瀬戸屋佐次兵衛	100							1
新保屋市三郎	100							1
明翫屋権右衛門	100							1
北市屋三右衛門	100							1
合　計								40

註　「加越能湊々高数等取調書」（加越能文庫）より作成

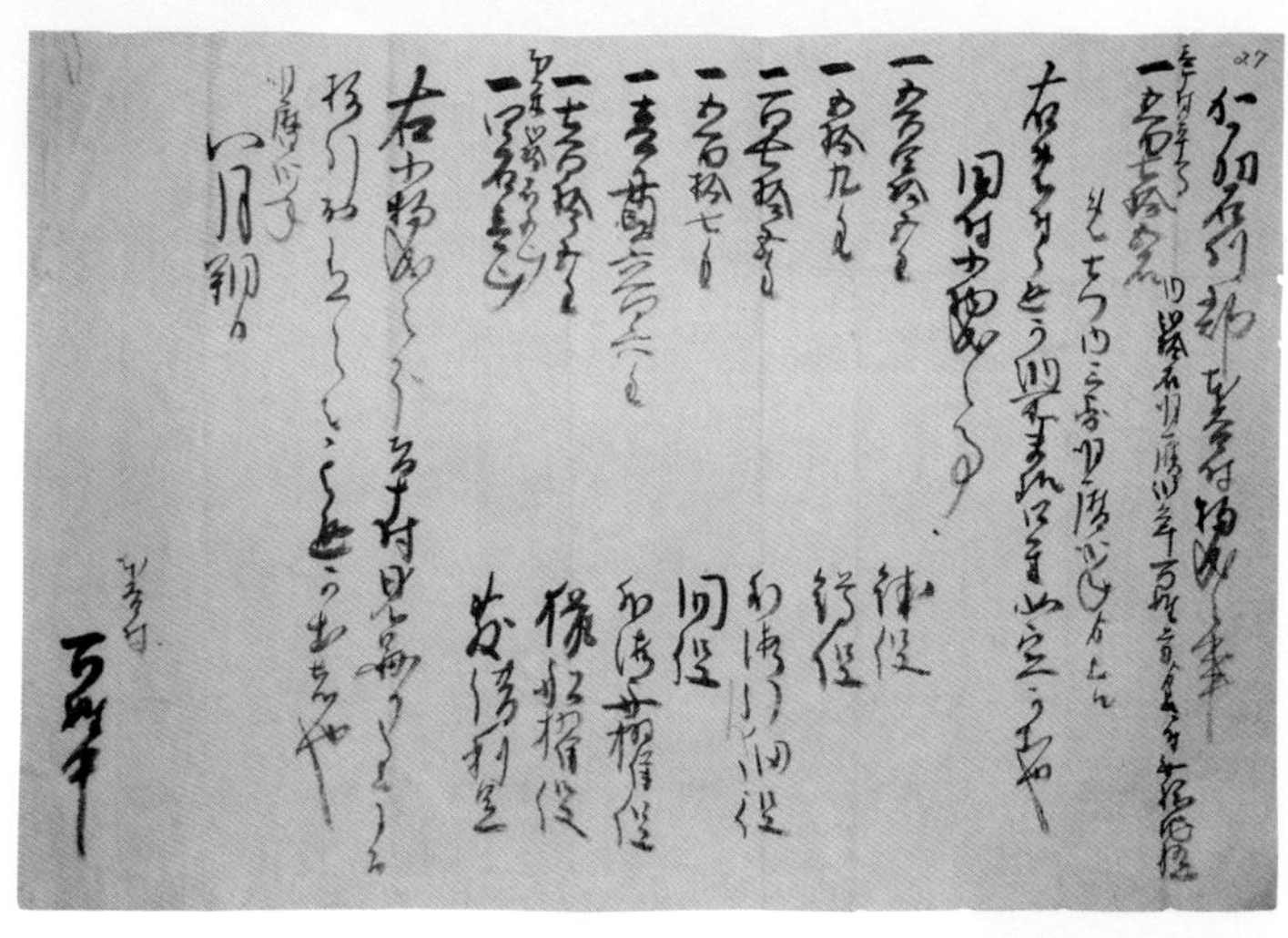

本吉村御印写（「美川町役場文書」石川ルーツ交流館蔵）　明暦2年（1656）の村御印には、小物成として澗役・外海舟櫂役など海運に関わる役銀が賦課されており、海運業が盛んであったことがわかる。

荒町・浜町・末浜町・末広新町の10町が描かれており、この10町が本吉町を構成する基本となった。

安政5年（1858）「加越能湊々高数等取調書」（加越能文庫）により本吉湊の状況を見てみると、本吉町の村高は681石2斗4升5合で、家数1097軒、人数は3950人（男1885人・女2065人）となっている。この時、本吉湊へ他国より入津船数は158艘、逆に本吉湊からの出船数は158艘を数え、諸国取引問屋が9軒であった。他国からの主な入津品は、繰綿・砂糖・蝋・鉄・大豆・糟類・干鰯・鯡類などで、入津品が圧倒的に多かった。

長者番付に載る海商

表は本吉湊の船主を一覧にしたものである。船主は23人を数え、その中でも紺屋三郎兵衛が群を抜いており、300石から1000石積船を7艘所有していた。次に加登屋九兵衛・川原屋四郎右衛門・尾山屋勘兵衛の4艘と続いている。紺屋三郎兵衛や加登屋九兵衛は、本吉はもとより加越能3か国の長者番付に載るほどの有力な海商であり、彼らは領主米（年貢米）の大坂登米の運送を中心に、材木など諸商品の運送により利益を上げたのである。

（袖吉正樹）

近世8

丁寧でキメ細かい焼き畑農業 玉繭で織られた丈夫な牛首紬

出作りと養蚕の山村生活

雑木を伐採して焼く薙畑は、稗、粟、大豆、小豆などを5年栽培し、その後は放置し林を再生。明治期、白峰村では90％以上が養蚕業に従事。

出作り小屋の前で行われるカマシ（四国ビエ）の定植作業（白山市白峰の県立白山ろく民俗資料館の畑での再現）

焼き畑耕作

高地の緩斜面を耕作

海抜2702mの霊峰白山は周辺の4県にまたがる平野部に水を供給する水分（みくまり）の山であった。かつてこの山麓は材木や木炭などを生産する山樵業や、海抜500～700mの高地の緩斜面を耕作する薙畑（なぎはた）（むつし）と呼ぶ焼き畑農業と養蚕業の出作り生活が営まれてきた。

したがって中世以来、この材木資源をめぐる杣取（そまどり）権の争いが絶えず、江戸時代には越前と加賀が接する牛首（うしくび）村（白峰村）をはじめ18カ村を幕府直轄の天領とした歴史が

白山市下田原の山林で行われた焼き畑作業

ある。

出作りには地主と50年以上の長期の借地契約を結び、年中合掌造りのヤマノイエで生活する永久出作りと、春に山入りしやや小型の合掌家ヤマノコヤに住み、秋にジゲ（本村）に戻る季節出作りの2形態がある。ちなみに近世の文久3年（1863）に牛首村480戸のうち180戸が永久出作り、200戸が季節出作り、ジゲにのみ居住する100戸の記録がある。また明治末期の出作り戸数でも約360戸を数えていた。

薙畑は雪解けの5月以降にナラやクヌギなどの雑木を伐採し、それを束ねたヤキシロを斜面の横に幾重にも並べ、よく乾燥したヤキシロに点火し、男たちが一斉に長い柄のT字形のイブリで干し茅を補充しながら燃えるヤキシロを下方へかき下ろす。こうしてできたアラハタの表面を軽く耕し、1年目に稗、2年目は粟、3年目は大豆か小豆、4年目は2度目の粟か稗、大豆か小豆、5年目は小豆、ソバ、カマシ（シコクビエ）、エゴマ（アブラエ）を撒き、その後はナゲ（放置）て40年後に雑木林が復活するまで待つ。

薙畑は山の北向きで朝夕に少し日が差す斜

昭和30年ころの出作り分布

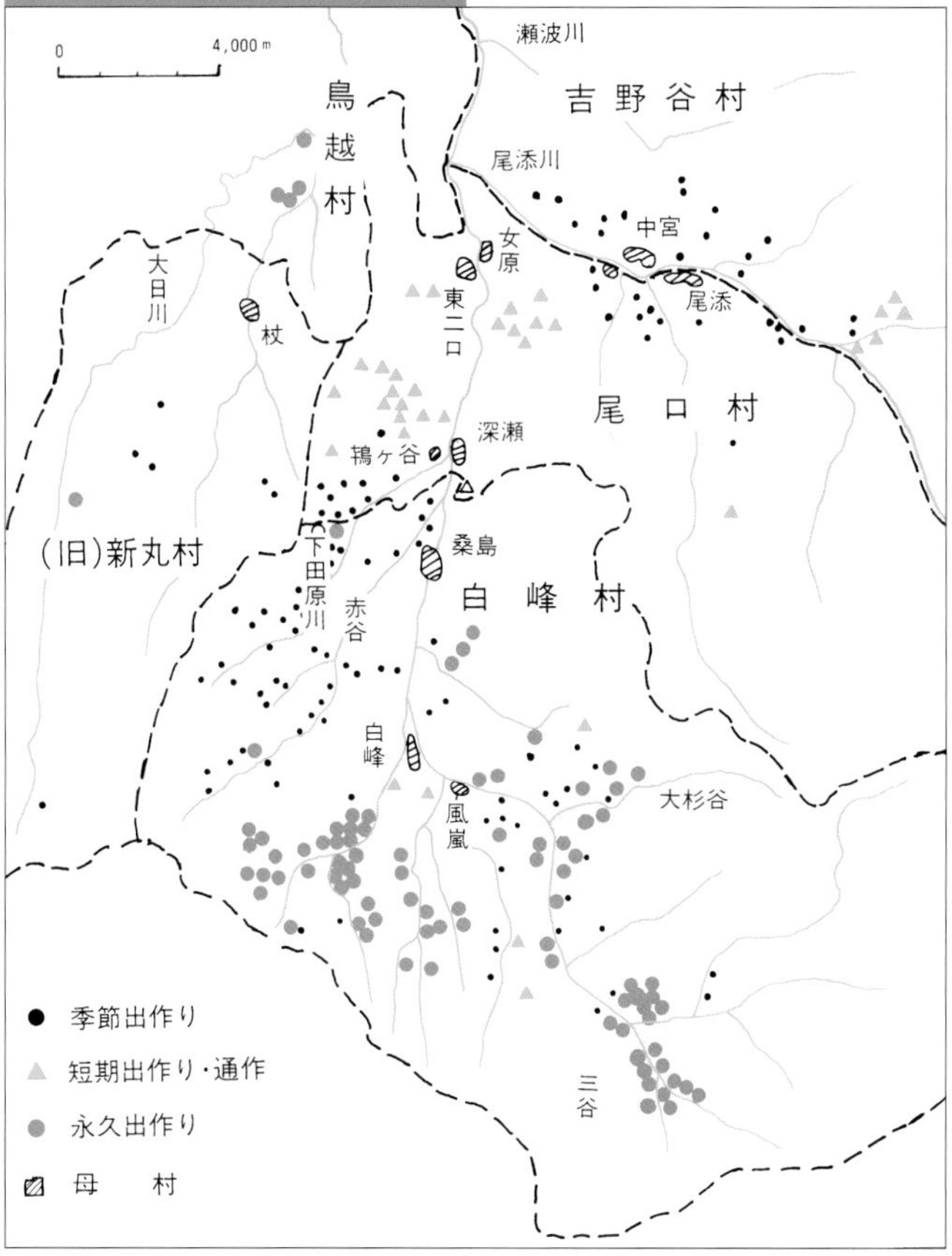

（幸田・1956より作成）
（「白山の自然誌7　白山の出作り」石川県白山自然保護センター刊より）

ナギ畑の輪作体系

(ムツシ)	1年目	2年目	3年目	4年目	5年目	6年目	7年目	8年目	9年目	
A	ヒエ	アワ	マメ	ヒエ	アズキ	(休閑地)				(20〜30年間放棄)
B		ヒエ	アワ	マメ	ヒエ	アズキ	(休閑地)			
C			ヒエ	アワ	マメ	ヒエ	アズキ	(休閑地)		
D				ヒエ	アワ	マメ	ヒエ	アズキ	(休閑地)	
E					ヒエ	アワ	マメ	ヒエ	アズキ	(休閑地)

1年目にはAのムツシで火入れをしてヒエを作る。
2年目にはAにはアワ、Bのムツシでは火入れをしてヒエを作る。
（「白山の自然誌7　白山の出作り」石川県白山自然保護センター刊より作成）

出作り生活の一年

12月	11月	10月	9月	8月	7月	6月	5月	4月	3月	2月	1月
地家※雪囲い・雑用	萱刈・出作家修理・出山 薪・穀物運搬	穀物収穫・炭焼	炭焼・雑用	養蚕・炭焼・畑草刈	養蚕・草刈・畑除草・炭焼	養蚕・畑耕・桑原刈・ヒエとカマシの植付	入山準備・出作家手入・畑耕起播種・焼畑火入	男 薪伐採・地家※修理　女 同前月	男 薪の伐採と収集・出作地にて蚕具手入　女 紬織・麻織	（1月と同じ）	男 除雪・藁細工・蚕具製作　女 繰糸（座繰）

（※地下にある家のこと）
（加藤、1935より）
（「白山の自然誌7　白山の出作り」石川県白山自然保護センター刊より作成）

面が良く、途中2、3度雑草を取るもので、実った稗や粟はホトリガマ（穂採り鎌）という刃先の小さな鎌で穂先だけを採る。天日干し後さらにエンナカ（囲炉裏）の上に木製の縦横高が各2mほどの柱や板を組んだアマボシと呼ぶ乾燥器を置いて干し、ホガチウスにて粒子を取り出しカマスに詰める。

有数の高い収穫量

他の作物もほぼ同様の耕作形態だが、ナナギ大根はその味を好む人たちによって近年まで行われてきた。さらに出作りコヤの周辺にはキャーチという畑があり、唐黍やカボチャ、人参、ナスビ、牛蒡などをつくり自給自足の生活形態であった。このように白山麓の焼き畑は丁寧でキメの細かい栽培と処理が行われ、日本でも有数の高い収穫量を誇ってきた。

出作りは、太平洋戦争後は一気に衰退した。

繭糸曳之図（『民家検労図』石川県立図書館蔵）

桑之葉こく図（『民家検労図』石川県立図書館蔵）

養蚕業

繭の生産高1万9800貫

加賀の絹織物は既に天平3年（731）には江沼郡のつむぎの文字があり、10世紀の『延喜式』では加賀は絹の産出国と記されている。この古くから知られた加賀絹は、近世以降に白山麓の養蚕業の進展とともに生産量を増した。なかでも平家の落人が機織りを教えたと伝える牛首紬は玉繭（2匹の蚕による繭）で織られた絹で、丈夫なため「釘抜紬」と呼び、京や大坂の商家の番頭さんの羽織として有名だった。牛首村では明治25年（1892）の統計では当時白峰村576戸の内90%以上が養蚕業に従事し、繭の生産高は1万9800貫で明治40年（1907）までは1万貫を超えていたが、その後は減少している。

出作り地ではヤマノイエの2階のアマや別棟の専用のコゴヤにイメダツ（蚕棚）を組み、

桑の葉を食べる蚕（石川県立白山ろく民俗資料館）

蚕のオリやアミ、ムシロ、コブタや簾などの道具を使いながら、5月下旬から9月上旬の間に春蚕・夏蚕の2回飼われた。蚕種は近江蚕か姫蚕を勝山から買い入れるが、値段が高いことから、出作りコヤではタナコと呼ぶ自家製の蚕種を飼うことが多かった。また蚕は種がかえって繭をつくるまで春蚕は33～36日、夏蚕は24日間を要する。この間山桑（野桑）を桑こき（桑摘み）し、クワキリナガタで細かく刻み、手やフルイで昼夜を問わずまんべんよく給桑した。特に4眠を過ぎて繭をつくる上蔟（じょうぞく）までの数日間は多忙をきわめ、大量の枝付き桑を給桑した。やがて藁で編んだマブシにあがり繭をつくり、できた繭をもいで問屋に納めた。収穫量は平均30貫とされたが、旧白峰村桑島の民謡「おおつえくずし」には「牛首蚕飼に大蚕飼」の歌詞があるように100貫（375kg）以上を生産するオヤッサマの家もあったという。

（小林忠雄）

生育が進む蚕（石川県立白山ろく民俗資料館）

かつて養蚕をしていた山岸家の3階の部屋（写真提供:石川県立白山ろく民俗資料館）

白山手取川ジオパーク・コラム 9

白山周辺の地すべり

白山の山頂部は活発な地すべりが分布する地域となっている。白山の基盤をなす手取層群は、石川県側に向けて流れ盤をなしており、層理面をすべり面とする地すべりが発生しやすい構造となっている。そのため、手取川上流域は活発に土砂が生産される山域となっている。

一方、平坦地が少ない山間地にあって、地すべりによって形成された平坦面は農耕地としての利用価値が高い。出作り地となっていた場所には、地すべりが形成した平坦地が多く含まれている。土砂災害の原因ともなる地すべりは、山麓の伝統的な生活を支える基盤ともなっていた。（青木賢人）

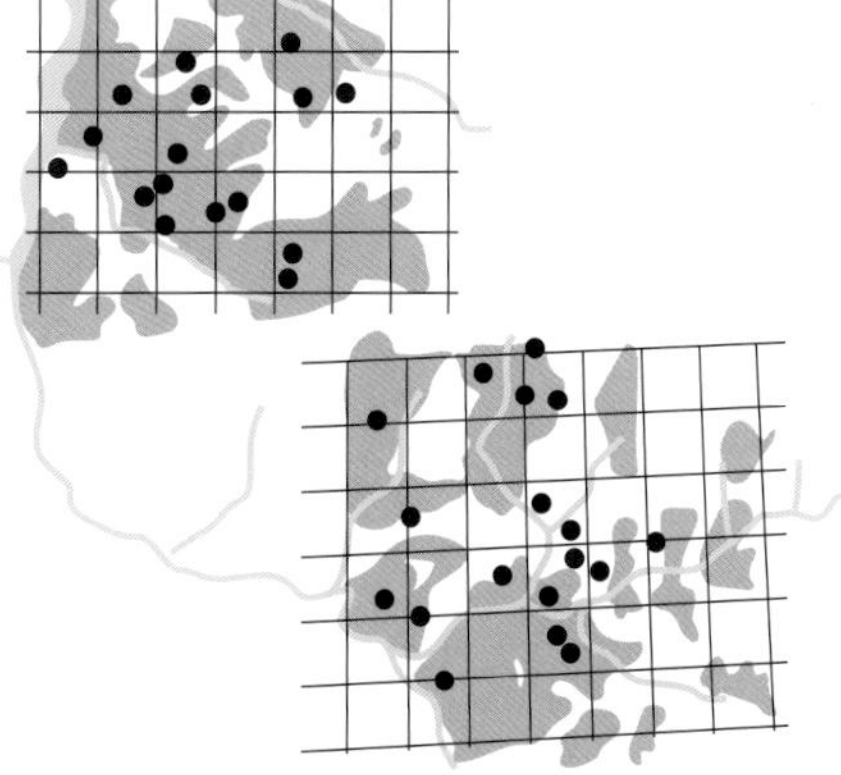

白峰地区の地すべり地と出作り小屋
平成28年ライン賞優秀賞受賞作品 白峰小学校 下くん、杉浦くんの研究。多くの出作り小屋（丸数字）が、地すべり地（オレンジ色）の上に位置していることがわかる。

近世9

手次寺が金沢・能美の門徒多く村に道場建立、本山から影像も

真宗門徒と町・村の道場

藩が寺檀関係を確定し、石川郡内では金沢・能美の寺を手次とする多くの門徒が、日常の法務を行う道場を村に建てた。近世後期には94道場を数えた。

近世になると真宗門徒は、町・村に寺院・道場を成立させた。寺院には東西の本願寺より、寺号のほか木仏本尊・親鸞御影に聖徳太子・七高僧・本願寺前住の各影像からなる五尊が許可・授与された。いっぽう加賀藩では、貞享2年（1685）、寺社に命じて、由緒書を寺社奉行まで提出させ、その身分を確定・固定化した。石川郡では真宗東方は22カ寺をかぞえた。

寺檀関係確立によって、石川郡では郡内寺院のほか、多数の門徒が金沢・能美郡等の寺院を手次としていた。それにより日常の法務を執り行なう道場が村々に建てられたのである。近世後期には94道場を数え、道場主は法名や俗名で表現された。

達如より三幅の授与

道場の動きについて、本吉（美川南町）の〝浄願〟道場をみてみよう。道場の建立は未詳ながら、本吉と周辺に居住する金沢長徳寺門徒が設立したようだ。おそらく有力門徒の内道場に大幅の絵像本尊を奉懸したことに始まるのであろう。文化6年（1809）に道場主浄

本願寺乗如影像（浄願寺蔵）

美川南町の浄願寺

願は、東本願寺20代達如より、聖徳太子・七高僧・東本願寺前住乗如の各影像を授与された。同時に三幅の授与には多額の礼金を必要とし、本吉門徒の財力を示すものであろう。この前後に親鸞影像も許可され、さらに本尊を絵像から木仏に成替、五尊を具備できたようだ。

鶴来村の惣道場

ところで寺檀関係が確立する以前に成立した道場に注目したい。在郷町である鶴来村の真宗門徒の総意によって営まれた惣道場である。元和9年（1623）に早くも木仏安置が許された。寺檀関係が確立した後も存続、寺号を獲得せず、寺院化することはなかった。仏事は多数の門徒を有し、隠居所を持つ金沢専光寺が主導した。その仏堂は大きく、「大御坊」と呼ばれていたようだ。

石川郡の道場は近世中期以降に寺号を得て寺院化を志向し、近代になると多くが寺院となった。これは、地域に密着した姿が門徒に認められたからにほかならない。

（木越祐馨）

真宗大谷派鶴来別院本堂　かつては「大御堂」と呼ばれる惣道場だった。

近世10

伝馬所で人馬入れ替えて宿継ぎ藩の御旅屋、本陣が設置される

北国街道と松任本陣

北国街道の金沢から2番目の宿駅。伝馬所が置かれ旅客や荷物を宿ごとに人馬を入れ替えながら順に送った。藩主などが宿泊する御旅屋、本陣も設置。

従武州至金沢中仙道山川馬大路之図（金沢市立玉川図書館蔵）　下柏野と荒屋柏野、源兵衛嶋と水島は交替で伝馬を担当した。また粟生（あお）で舟渡しができないときは湊廻り往来に迂回し、手取川河口付近で舟渡しをした。

松任町は、北国街道（上街道）の金沢から2番目の宿駅にあたり、鶴来・宮腰などからの街道が集まる要衝の地であった。北国街道沿いの東側町端には一里塚、西側の町外れには並松木があったといわれている。

40疋超す駅馬数

松任町の伝馬所（問屋場）は八日市町にあり、伝馬肝煎（転馬肝煎）の統括のもと宿継ぎが行われた。駅馬数は、寛文6年（1666）が46疋、延宝9年（1681）は40疋であった。天保7年（1836）の松任から水島までの公定駄賃は本馬41文、軽尻25文、人足20文5歩となっていた。天明2年（1782）頃には、23疋で伝馬を勤め、馬給銀4貫目ほどで毎年、身上のよいものを馬借に取り立てていたという。

「松任御伝馬所之跡碑」　文久3年（1863）「宿絵図」（『青木家文書　下巻』）には「馬継所」と記されている。

松任町では笠間屋（青木家）と米屋（山本家）が本陣を勤めていたことが知られている。松任町に本陣が設置される以前は、加賀藩営の宿泊・休憩施設にあたる御旅屋があった。御旅屋は、加賀藩領内に11か所が設置され、加賀

では松任と津幡にあった。

松任町の御旅屋は、寛永20年（1643）、前田光高が小松訪問の途次、橘屋で休息したとき、御旅屋を建設して橘屋に預けることにしたのが始まりとされ、御旅屋の管理は御旅屋守が勤めた。寛永21年、橘屋が御旅屋守に任命され、寛文10年（1670）以降は角屋が勤めた。建物の老朽化等を理由に宝永7年（1710）、松任御旅屋は廃止されている。

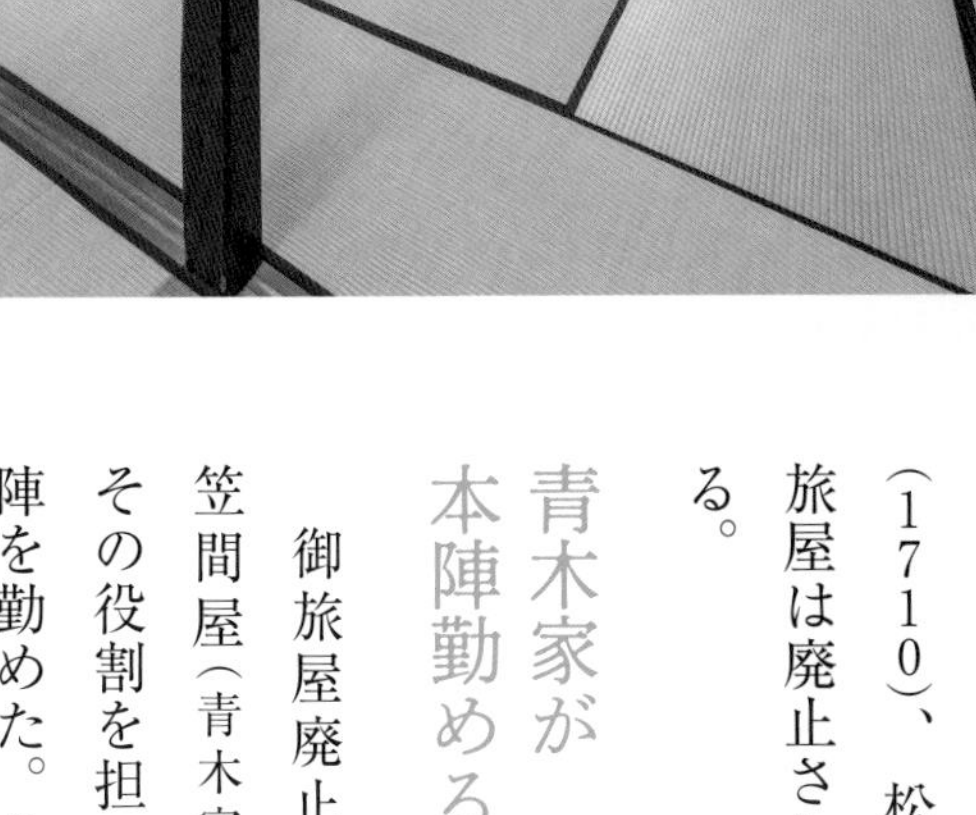

臨川書屋（㈱クスリのアオキ協力）

青木家が本陣勤める

御旅屋廃止後は、笠間屋（青木家）が、その役割を担い、本陣を勤めた。それに対して、米屋は大聖寺藩の本陣を勤めたといわれている。青木家は、代々松任町年寄役を務めた家柄で、青木家の「由緒書」には前田利長、前田利常や歴代加賀藩主等が宿泊・小休した記録がある。寛保元年（1741）には、松任旅館御用を勤めている。青木家の本陣建物は、「臨川書屋」と呼ばれ、当時の面影を伝えている。

（村上和生雄）

加州松任絵図（金沢市立玉川図書館蔵）

市原村中折紙上納申付状（市原区有文書）　慶長18年（1613）加賀藩3代藩主前田利常より市原村の役屋19軒に対し、国役免除の代わりに中折紙200束の上納を申し付けたもの。

近世11

市原紙と相滝紙の生産

中折紙や朱染紙を漉いた市原村 厚紙の相滝紙を産した神子清水村

古くから紙の産地だった市原村では中折紙を産し、藩に上納していた。神子清水村では、厚紙や塵紙などを漉いていた。

朱染紙（「百工比照―加州一之原朱染寺紙―」前田育徳会蔵）「百工比照」の中に、市原村で漉かれた朱染紙が収録されているように特殊な紙であり、技術的にも優れていたことを示すものである。

藩に中折紙を上納

市原村（手取川と瀬波川の合流点に近い）で漉かれた紙は市原紙と呼ばれ、古くから紙の産地であった。室町時代の公家である山科言継が記した「言継卿記」大永7年（1527）2月23日条に、京都の言継邸を訪れた白山惣長吏がお土産として市原紙一束を持参したとの記述が見える。

江戸時代に入っても紙の生産は行われている。慶長18年（1613）加賀藩主3代前田利常が、市原村に対し国役免除の代わりに上包用中折紙200束の上納を申し付けていることからも窺える。さらに、寛文10年（1670）の村御印の小物成として中折紙150束が賦課され、明治4年（1871）まで紙の上納は続けられていた。このように中折紙の上納を申し付けられていることからも、市原村で漉かれた紙は中折紙であった。

元禄期の産物調査をまとめた「農隙所作村々寄帳」（加越能文庫）では、「一、中折かみ・朱染かみ漉出申候」とあるように、市原村では朱染紙という紙も漉いていた。朱染紙は文字通り薄紅色をした紙で、寛永期に新たに鋳造された銀貨を包む紙として利用された特別な紙であった。

農隙所作村々寄帳（金沢市立玉川図書館蔵）　元禄期に産物調査が行われるが、相滝村・神子清水村で厚紙・塵紙を、市原村で中折紙・朱染紙が漉かれていたことがわかる。

対岸の相滝村から移住

大日川の中流に位置する神子清水村は、相滝紙の産地として知られるが、元々の産地はその名の通り対岸に位置する相滝村であった。相滝村の人々が神子清水村に移住し、そこで紙漉をおこなったため、神子清水村で漉かれた紙が相滝紙と呼ばれるようになったのである。

文政元年（1818）「諸産物盛衰書上申帳」には、「一、相滝紙但、当時可也ニ出来仕申候」とあり、神子清水村で相滝紙の生産が盛んであったことがわかる。また、「一、百姓之内五七人宛冬春厚かみ漉申候、塵紙少々仕候」（「農隙所作村々寄帳」）とあるように、厚紙や塵紙などを漉いており、特に厚紙は相滝紙と呼ばれていた。

明治9年（1876）ころに調査した『皇国地誌』によると、神子清水村の家数は56軒、人数は335人（男193人・女142人）で、農業を営んでいる者が54軒、その内紙漉業を兼ねる者が43軒あり、さらに女で紙漉に携わるものが112人となっている。このように明治になっても村民の多くが紙漉に関わっており主要な産業であった。

（袖吉正樹）

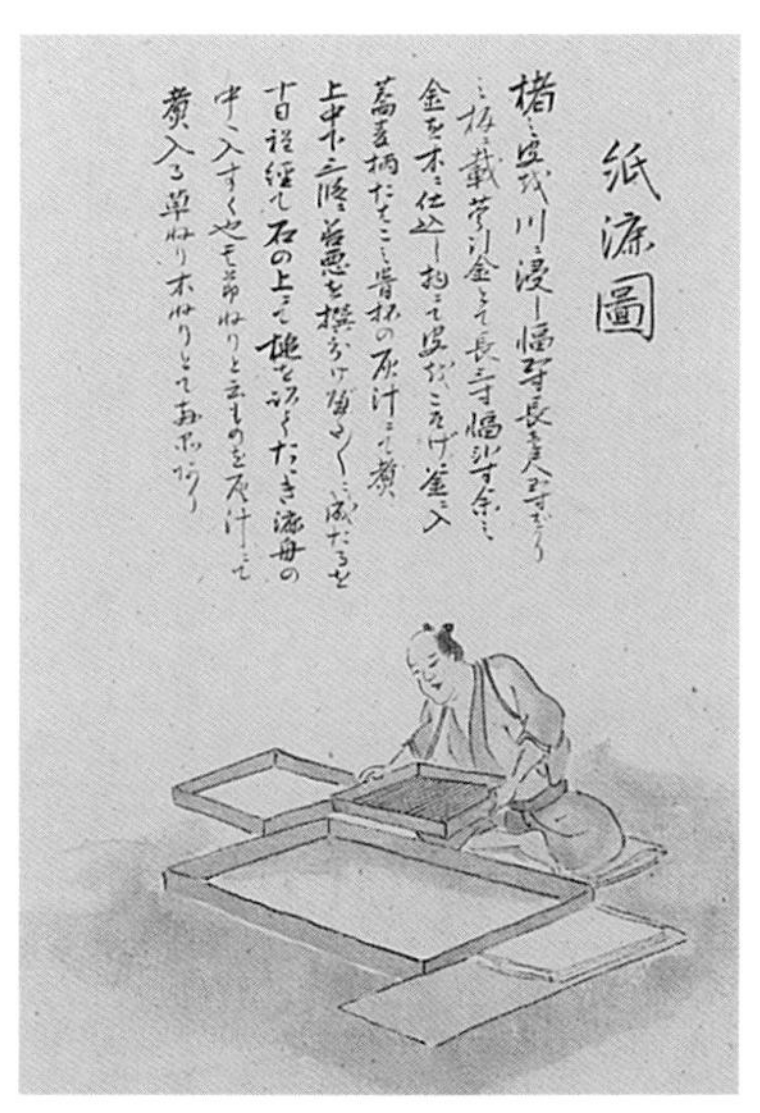

紙漉図・漉揚たる紙を板ニ張干図（「民家検労図」石川県立図書館蔵）

17歳で支考に認められた千代 みずみずしい感性で全国に名声

松任・本吉の俳壇と千代女

俳諧活動が盛んな松任に生まれた千代は、本吉俳壇の半睡に学び、伊勢で乙由の門に入る。享保12年には里紅らと松任短歌行を巻いている。

松任俳壇は、草分け的存在で約50年の俳生活を送った長谷川薫烟を中心に、湖舟・為郷・一舟・琴水らが俳諧活動をして、後に千代尼を生む素地をなしていた。一方、本吉俳壇は卯尾若推（?～1740）や岸弥左衛門（1684～1775、俳号半睡・のち大睡）、千詩（二ツ木屋そよ女）・文酔らが俳諧活動をしている。

「あたまからふしぎの名人」

たおやかな美しさとみずみずしい感性で全国的に知られた女性俳人千代は、別号ちよ・千代女・剃髪して素園・千代尼などといわれた。元禄16年（1703）2月、加賀国松任の表具屋福増屋六兵衛の娘として生まれた。支考・乙由門。12歳頃から俳諧（発句）を本吉（旧美川町）の半睡に学び、享保4年（1719）8月、17歳の千代の家を訪ねた支考に「あたまからふしぎの名人」とその才能を認められた。23歳頃に京へ上り、さらに足を延ばして、伊勢へ赴いて乙由の門に入った。

また、享保12年4月、支考門の重鎮盧元坊里紅の来遊を迎え、半睡らと「松任短歌行」（『桃の首途』）を巻いている。

昼顔の行儀に夜は痩にけり　千代女
瓜の盛を兒の里をり　里紅
綴りも大工の下手に長びきて　若推

前半は千代女・里紅・若推の三吟で、後半から半睡が加わっている。

宝暦4年（1754）10月、剃髪。明和元年（1764）2月、第11次朝鮮通信使が徳川10代将軍家治就任祝賀のため来朝し、千代尼は自選句を記した唐物の懸物6幅と扇子15本を制作した。このような品が贈り物として海を渡った例は稀有といってよい。さらに明和8年夏、病中の千代尼（69歳）を訪れた新進気鋭

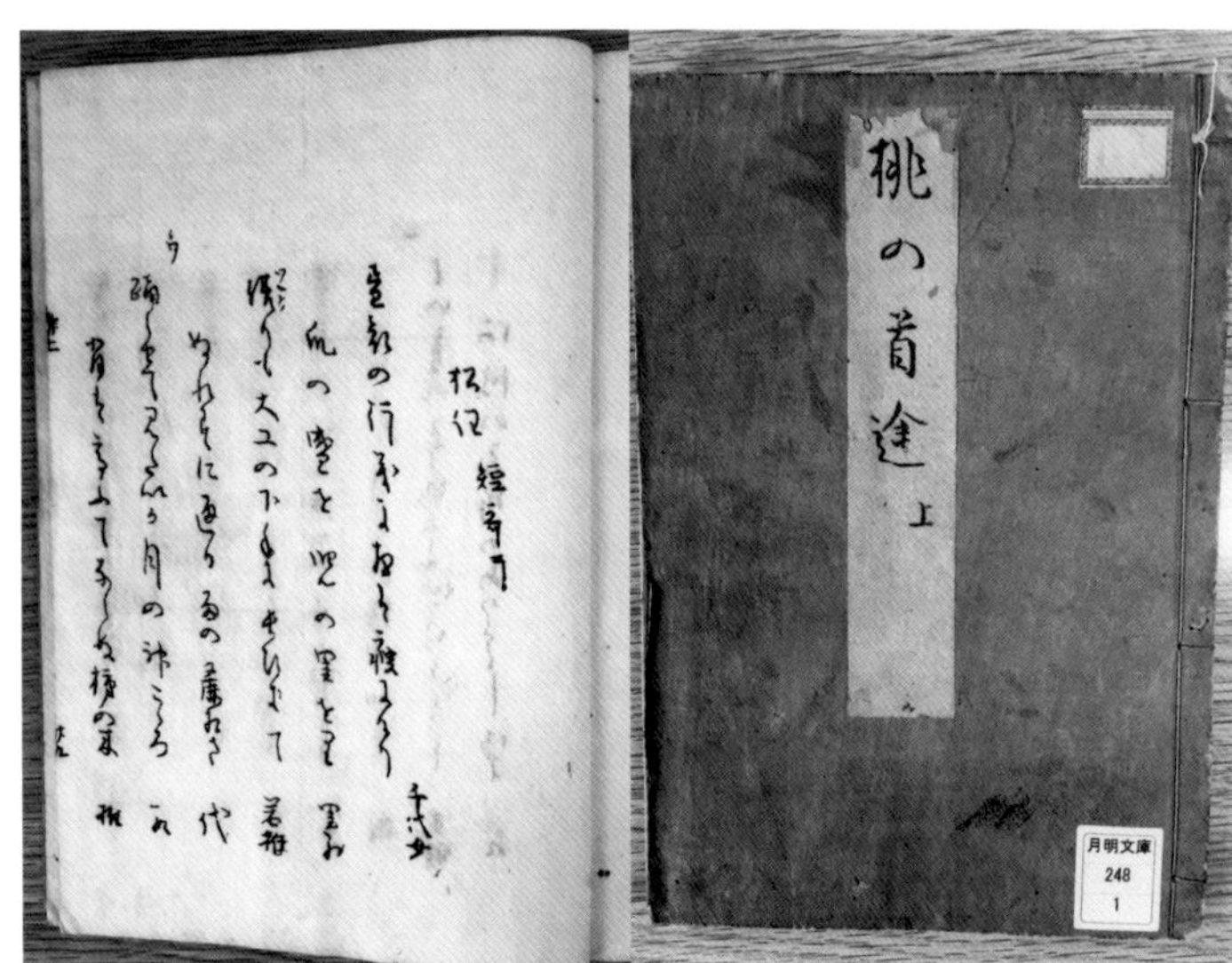

『桃の首途』

千代女の里俳句館　千代女をはじめ多くの俳人達について、映像や作品、寄贈された句集などで紹介。俳句大会の開催も　殿町310番地　☎076-276-8190

千代自画賛「百なりや」句竪幅
（画像写真　白山市立千代女の里俳句館蔵）

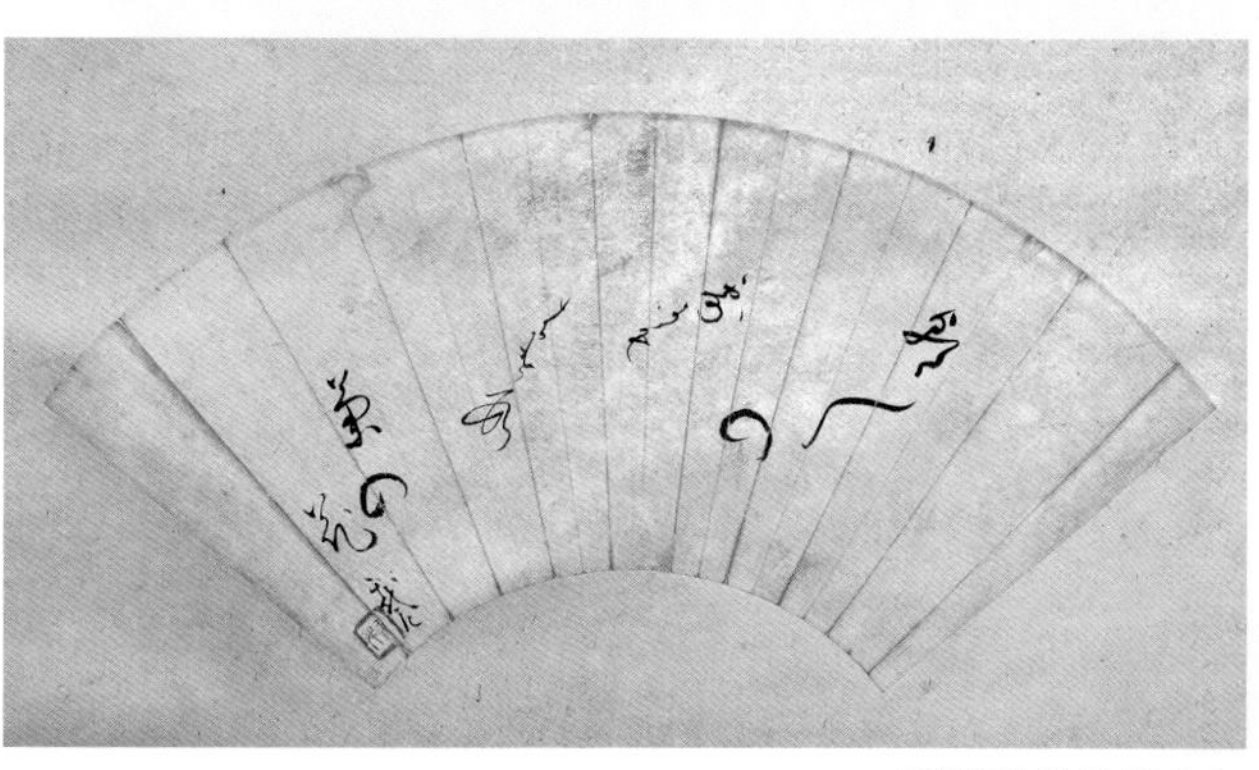

朝鮮通信使献上句

若い頃の千代

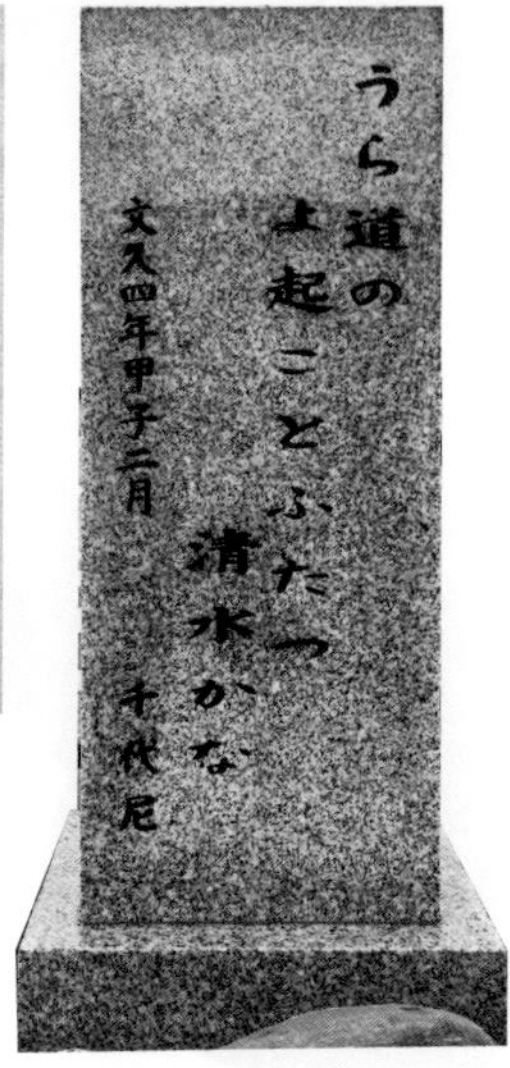

千代女の句牌

の革新俳人というべき加舎白雄に、強い感銘を与えた。

生涯に1899句を残す

生前の句集には『千代尼句集』（62歳）『はいかい松の声』（69歳）があり、『うづら立』（麦水編）や『たまも集』（蕪村編）にも序文を寄せている。安永4年（1775）9月8日没、73歳。千代尼が生涯に残した発句は現在1899句といわれている。

（山根　公）

白山手取川ジオパーク・コラム 10

俳句とジオ　季語と風景

季節と風景を17文字に読み込む俳句は、その土地のジオを読み込んでいるともいえる。

日本列島は中緯度にあり、気温の年変動が大きく季節がはっきりとしている。季節変化が少ない気候環境であれば季語という概念すら成立しなかったであろう。大陸的な地形環境であれば、見渡す限りの大平原や行けども尽きぬ山並みが続く。こうした地域では風景の機微は読み取れないであろう。

「子どもらに　山拝ませて　氷室餅」という千代女の句も、冬季に大量の積雪があり、夏季にはその雪が解けて恵みの水となる気候と、平野から間近に山を仰ぎ見ることができる急峻な地形であるという、加賀地方が有するジオを見事に読み込んでいる。残雪をいただく堂々たる孤立峰の山容が目に浮かぶ句である。

大気も大地も、目まぐるしく移り行く日本列島だからこそ、その一瞬を切り取る俳句が発達したのかもしれない。（青木賢人）

小川町から望む残雪の白山

近世13

遠山奥十二日講と任誓

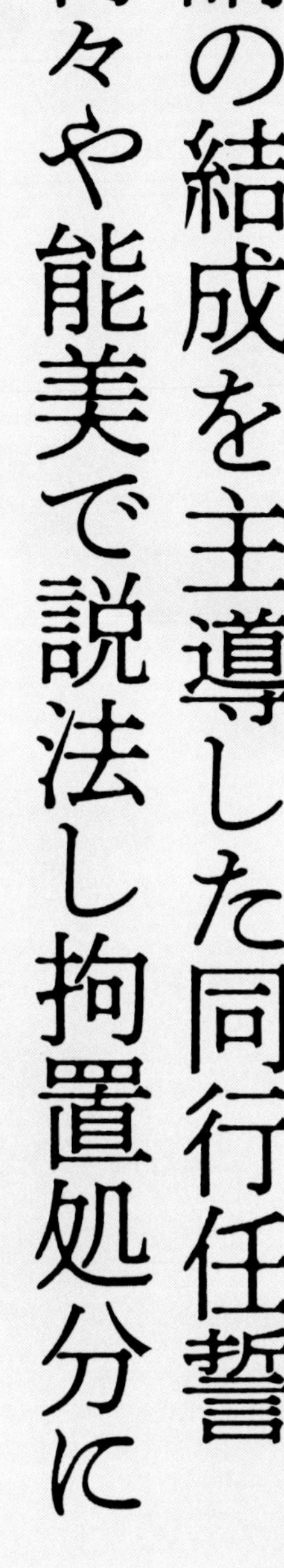

講の結成を主導した同行任誓 村々や能美で説法し拘置処分に

二曲村の任誓は東本願寺で修学、近在の村人に法談を行ない、手取川上流域で十二日講を結成したが、勧化が能美にまで及び藩から拘置処分を受けた。

任誓の碑 上出合

正徳4年（1714）、手取川上流域の下吉谷村・相滝村・上野村・渡津村・上吉野村・神子清水村・二曲村（現在の出合）・別宮村・清水村（現在の出合）・野地村・左礫村を遠山奥十一カ村と総称し、相滝村松岡寺・吉野村願慶寺、別宮村妙観寺の三カ寺を加えて、十二日講が結ばれた。

手取川上流の11ケ村で講結ぶ

講の結成を主導した人物は同行の任誓（1657〜1724）であった。『十一ケ村講衆中之帳』によれば、任誓は惣代として4月19日に上洛、東本願寺十七代真如より御消息を得て、5月22日にこれを携えて帰国した。6月2日、下吉谷村で御消息の御紐解を行い、十二日講が始まった。

任誓は二曲村与兵衛家の〝おぢ〟で、剃髪し

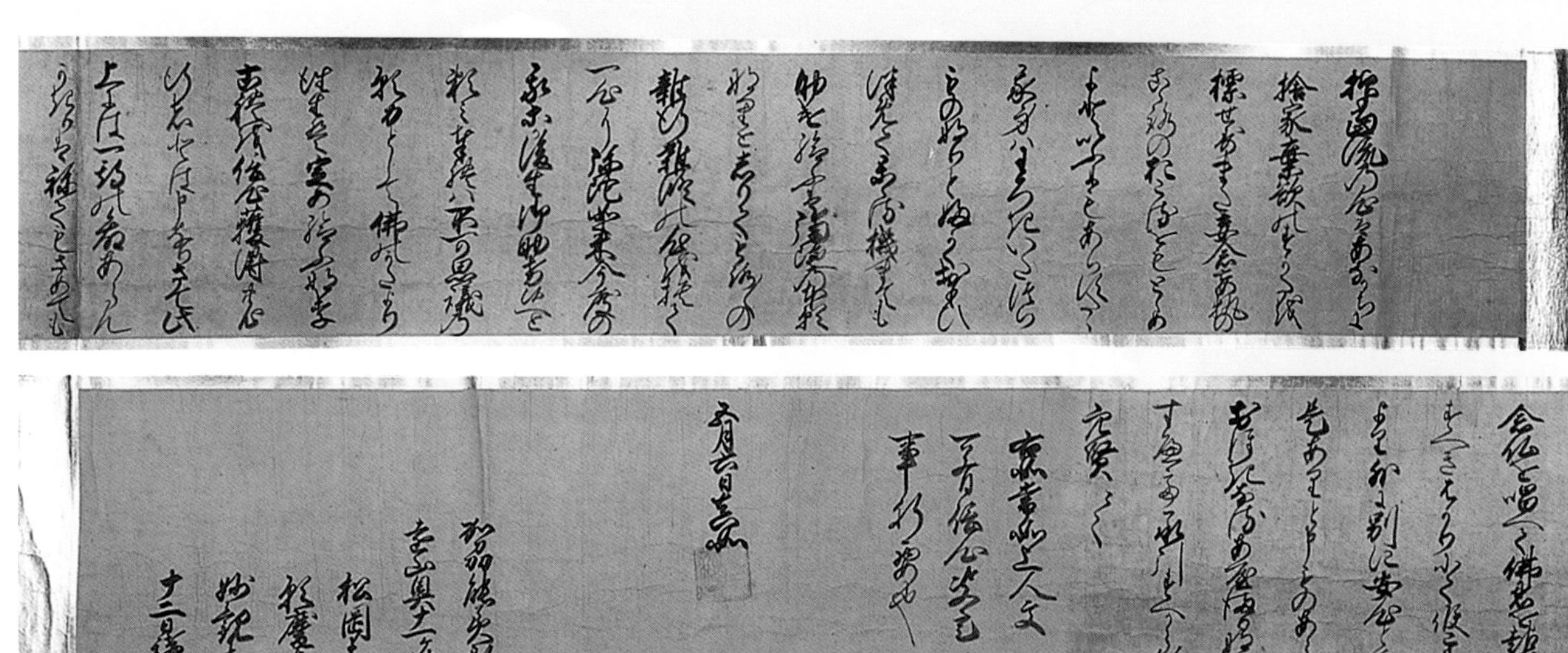

東本願寺真如消息（十一ヶ村十二日講蔵）

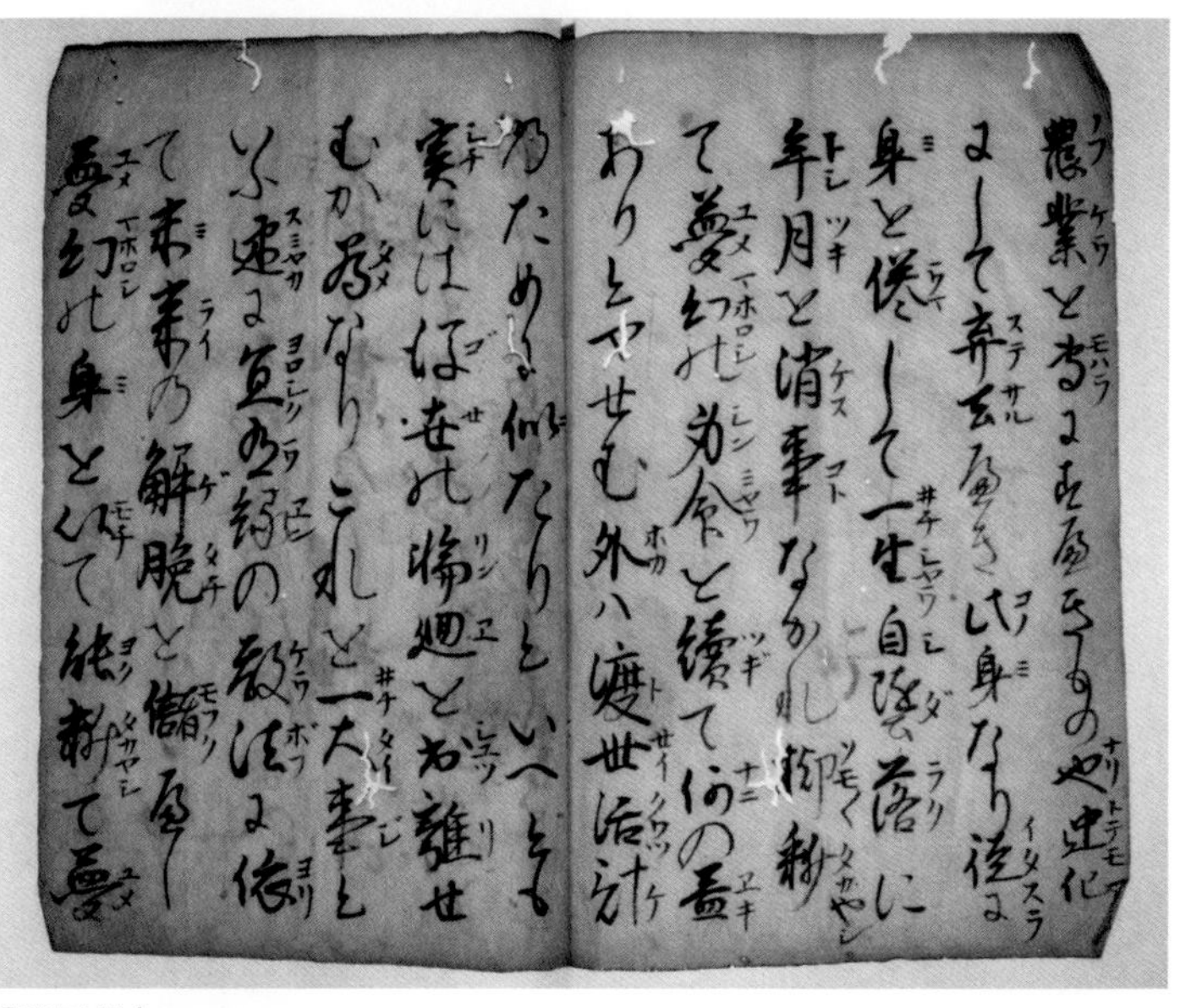

「農民鑑」

て同方に居住していたようだ。若年に東本願寺で修学したと伝え、天和年間（1681〜83）頃より近在の村人に法談を行い、念仏を勧めた。家業と倹約を基本に、法義相続を説いたのであった。

藩が廻村の指止め命じる

任誓の勧化は遠山奥十一カ村とその周辺にとどまらず、能美郡一円に及び、多数の門徒が集まるようになった。この状況を藩は黙止できず、「改作方之御法」（「加州郡方旧記」）に違反するとして廻村の指止めを命じた。しかし任誓は密かに金沢などで説法するなど、やむことはなかった。ついに藩は「沙汰之限之仕合」と処断を決し、享保8年（1723）、河北郡御扶持人・十村中に身柄を預け、同郡能瀬村肝煎屋敷内に拘置されることとなった。処分は任誓一人にとどまらず、実家与兵衛が十村を解任され、御扶持人十村犬丸村太右衛門以下も身柄を預けられるほどであった。

翌9年に没した後も任誓は人々の記憶に残り、十二日講は存続することとなった。中川一富士氏によって紹介された（『加賀の傑僧任誓』）、任誓の著作と推定される『農民鑑』『十一ケ村講衆中之帳』『掟之御文和解』『山彦』『聞名歓喜讃』『任師法談』が伝存することからも知れる。

（木越祐馨）

中川一富士著『加賀の傑僧　任誓』の表紙

近世14

描かれた吉野十景

大智禅師の選定と伝わる名所地 矢田四如軒が探訪し紀行画に

月渓沢、雲流山など、大智禅師選定と伝わる吉野十景は、前田土佐守家家老の矢田四如軒が訪れ、紀行画に残している。

吉野谷については、江戸時代から明治時代にかけて数多く著された地誌や紀行文に取り上げられ、それらの殆どが吉野十景や三度桜、太鼓野などについて触れている。しかし、絵を交えた紀行画として、加賀藩の年寄衆・前田土佐守家の家老で絵もよくした矢田四如軒（本名広貫）が、寛政4年（1792）の75歳の晩年に吉野十景を紀行し著していることが知られる。その際の紀行画の原本には接していないが、数種の写本が伝わり、その一つが『吉野邨領十景記行』（金沢市立玉川図書館蔵）である。また、別に岸井静斎の筆になる『吉野十景之巻』なども知られている。

鉢峯山を正面に望む（矢田四如軒画『吉野邨領十景記行』金沢市立玉川図書館蔵）

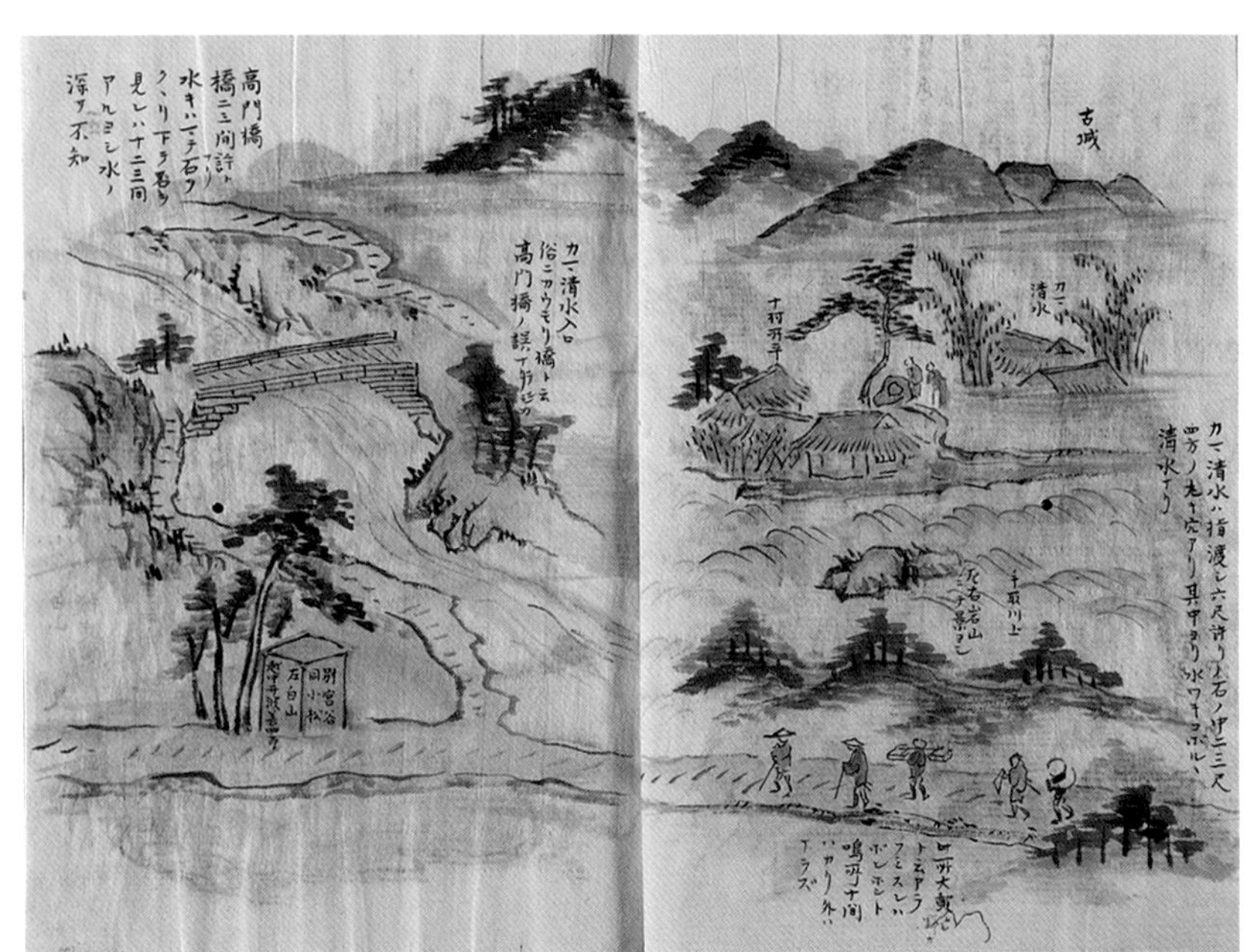

太鼓野付近の道標と高門橋のようす

十景を探勝し金沢に帰還

さて、矢田四如軒の『吉野郡領十景記行』は、四如軒の序文の後に安永7年(1778)の野之市村少左衛門と南森下村藤右衛門の書上が引用され、それによれば吉野村領の十景として月渓沢、雲流山、高門橋、鉢峯山、泰白山、飛龍巌、白布滝、高月池、虎狼山、仙雲峯を、外に名所として太鼓野と三度桜を挙げている。鶴来街道から白山禅定道へ入り、吉野十景を探勝し、吉谷村の十右衛門宅を訪ね、金沢に帰還している。途中、名所旧跡を巡り、名の由来や特長、いくつかある橋などには寸法を記し、ときには句や歌を添えている。

獅子山十境と呼ばれていたか

そもそも吉野十景は、吉野谷にかつてあった祇陀寺を開いた南北朝時代に活躍した肥後国(現熊本県)出身の大智禅師が周辺の名所地を選定したといわれている。祇陀寺は獅子山、あるいは鳳凰山と号したとされ、吉野十景は本来、獅子山十境、あるいは獅子山吉野十境、吉野十境と呼ばれていたかもしれない。

各々の十景の名称にはバリエーションがあり、月渓沢は月影沢、雲流山は雲竜山・瓜生山・雨流山、高門橋は黄門橋、鉢峯山は鉢頭峰、泰白山は太白山、飛龍巌は飛竜岸、白布滝は白布瀑、高月池は江月池・皎月井、仙雲峯は僊雲峰などと呼ばれ書かれたりもしている。

(北　春千代)

吉野三度桜と御仏供杉、対岸の虎狼山

仙雲峯・泰白山・鉢峯山のようす

高月池・飛龍巌・白布滝のようす

近世15

枝権兵衛と富樫用水

安久涛淵から隧道、運河の新水路用水再開発で39カ村の田畑潤す

坂尻村の肝煎枝権兵衛は富樫用水の通水を効果的にするため、白山村の安久涛淵から隧道、運河の新水路を建設した。

枝権兵衛は石川郡坂尻村（現白山市坂尻町）の人で、父の代まで坂尻村の南の小柳村に住み、屋号も小柳屋を称している。

文化6年（1809）の生まれで、文政9年（1826）には17歳で坂尻村の組合頭に、嘉永7年（1854）には肝煎に就任した。

この頃の枝家は、坂尻村の村高約400石に対し70石を有し、村内一の高持ちであると共に商・産業にも進出し財をなしていた。

取入口水門普請方主附に

権兵衛と富樫用水との関わりは、安政5年（1858）、富樫用水取入口水門普請方主附就任に始まる。

富樫用水は手取川右岸より用水を取入れている通称七ヵ用水（上流から富樫・郷・中村・山島・大慶寺・中嶌・新砂川の7用水）の最上流部に位置する。

枝権兵衛の肖像画（白山市立博物館提供）

慶応元年（1865）より、中世以来の手取川十八河原の取入口に対して、灌漑の通水を効果的にするため、新たに白山村の安久涛淵から隧道170間（約210ｍ）、運河400間（約725ｍ）の工事に着工した。

隧道の幅は2間～10尺（約3.6ｍ～3ｍ）、高さは7尺～9尺（約2.1ｍ～2.7ｍ）、運河の幅は

明治後期の七ケ用水大水門。大水門左横の穴が枝権兵衛が掘った富樫用水の取水口跡（手取川七ケ用水土地改良区提供）

平均して4間（約7.3ｍ）であった。

　総工費は銭6万貫（換算するとおよそ7～10億円）と伝えられ、藩は半分を補助し、残りは村々で負担することになった。

七ケ用水の変遷

明治36年前
富樫用水
郷用水
天狗橋
中村用水
山島用水
手取川
宮竹用水
大慶寺用水
中島用水
新砂川用水

明治36年後
大水門
富樫用水
宮竹用水
天狗橋
郷用水
中村用水
山島用水
手取川
大慶寺用水
中島用水
新砂川用水

昭和37年より
白山ダム
白山発電所
鶴来発電所
旧富樫
（高橋川）
富樫用水
天狗橋
郷用水
宮竹用水
中村用水
山島用水
手取川
大慶寺用水
中島用水
新砂川用水

　この期、藩は産業振興を推進しており、富樫用水の再開発は、下流域の灌漑用水としての役割ばかりでなく、舟運のための運河化や手取川上流域の資源開発をも期待できるものであった。

　明治2年（1869）、新水路を用水に接続させ工事は竣工した。これにより、用水沿岸の39ヵ村、1800余町歩の田畑が潤された。

紀功碑が建立される

　権兵衛は明治13年（1880）、72歳をもって没した。流域村々は用水工事の推進者としての功を讃え、大正15年（1926）、手取川七ヵ用水普通水利組合によって「権兵衛紀功碑」が建立された。

（宇佐美孝）

枝・小山二君紀功碑（白山町古宮公園内）

白山手取川ジオパーク・コラム 11

七ヶ用水取水口付近の地形と地質

　枝権兵衛の工事した取水口が安久涛淵であったことには、地形的にも地質的にも意味がある。まず、富樫用水についてはもともとではあるが、手取川扇状地の扇頂（扇の要にあたる扇状地で最も高い場所）に位置していることである。取り入れた水は、低い方向に向かって流れるため、水路を枝分かれさせていけば、広い範囲に水を運ぶことができる。また、安久涛淵は、カーブした川の外側に位置しており、内側に比べ流れが速く侵食力もあり、崖状の地形になりやすく川底も深くなる。そして、そのカーブの外側あたりに分布していた大地を形成する岩が、固い流紋岩であった。鶴来地域より下流側は扇状地であり、石や砂が分厚くたまっているため岩盤が地表には出ておらず、安久涛淵周辺は、手取川沿いで、岩盤が出ている最も下流側になる。この岩に穴を掘ることで、手取川の洪水により取水場所を壊されることなく安定的に水を取り入れられるようになったのである。

（日比野 剛）

道の駅しらやまさんより望む安久涛淵

近世16

港を有する利便と堆黒で独自性 高い技法を伝承した湊屋村次郎

真宗信仰と美川仏壇

高い技量を示した塗師湊屋村次郎は美川仏壇の発展に貢献。門徒が仏壇を必要とし、運送に便利な港があることと堆黒は、他の産地にはない特徴に。

御開山御厨子（徳證寺蔵）

昭和63年（1988）、石川県伝統工芸品に指定された美川仏壇は、堆黒仕様を特色とする。1㎜の厚さをもつニカワと漆からなる生地を、模様を彫刻した原版に敷き、素足で踏みながら圧力を加えて起こした型を、仏壇各部分の白木に張り付け、上塗りの後に金箔を押して仕上げられる。

湊屋村次郎筆 漆絵釈迦三尊像（正壽寺蔵）

精緻な御厨子で職人育成

漆芸に特色をみせる美川仏壇にとって重要な人物は、近世後期に活躍した湊屋村次郎（1796〜1859）である。村次郎は、早くも文政10年（1827）、本吉北町の台車鏡板に塗りと蒔絵を施している。塗師としての技量を示す遺品に、徳證寺（美川町）の親鸞影像を奉懸する御厨子（御開山御厨子）がある。安政6年（1859）に完成し、村次郎と門人久志郎・吉蔵が携わった、堆黒の技法を用いる精緻な作品である。完成が村次郎の死没直前であり、最後の仕事となったようである。この作品によって技法の伝承と職人の育成がなされていたことが分かり、美川仏壇の製作・発展の基盤をうかがうことができる。

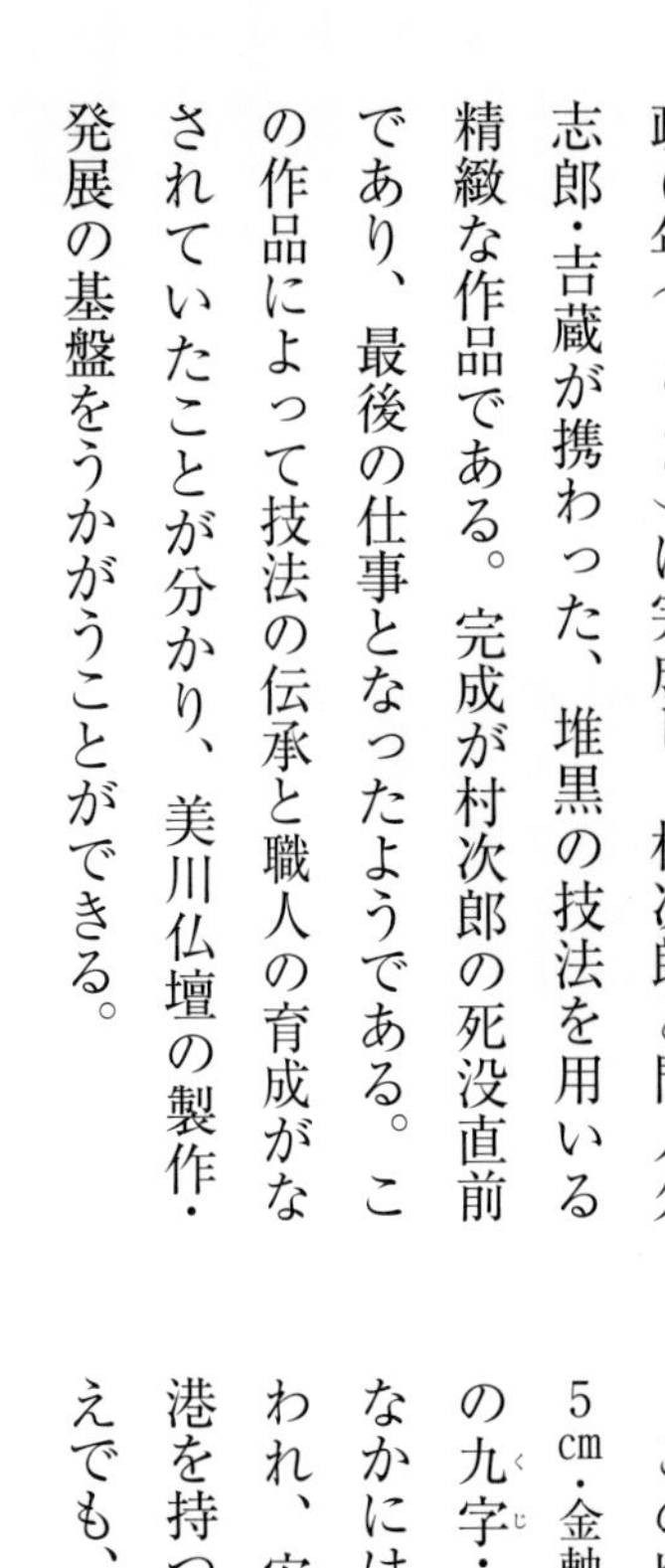

美川仏壇

金具の使用を減らせる

この頃、真宗門徒は大きさ二百代（高さ80・5cm・金軸を含む幅33・5cm）等の絵像本尊や脇掛の九字・十字名号両幅を東本願寺から受け、なかには木仏本尊を求める富裕な門徒もあらわれ、安置・奉懸する御内仏を必要とした。港を持つ本吉は重量のある仏壇を運送するうえでも、利便性のある土地であったことも重要である。また堆黒仕様の技法の獲得は、金具の質感が表現できることから、錆のくる金具の使用を減らせるなどの合理性を持ち合わせている点も、他の産地にない特徴として受け入れられたのであろう。

村次郎の人物像を知るうえで、漆絵の釈迦三尊像（正壽寺蔵）がある。技量の高さが漆絵へと筆を運ばせたのであろう。この技量と幅の広さが門人や職人を統率する力を発揮させたといえよう。

（木越祐馨）

白山手取川ジオパーク・コラム 12

白山美川伏流水群

手取川扇状地の扇端にあたる美川では、扇状地の砂礫層の中を通ってきた地下水が地上に湧き出す湧水群が見られる。石川県立大学の研究によって，地下水のうち浅いところを流れているものは手取川や周辺の水田からしみこんだ水であるのに対し、深いところの水はより上流から流れてきた水で、50年程度の時間がたっていることがわかっている。手取川は勾配が急なため扇状地の地下水には圧力がかかっていて、美川付近で井戸を掘ると、動力を使わずに自然の力で水が湧き出してくる「自噴井」になるのも特徴である。自宅に自噴井を有している家庭も多く「水道料金を払ったことがない」という話を聞くことができる。湧き水は年間を通して水温が安定し、水質が良好なので希少種のハリンコ（トゲウオ科のトミヨ）が繁殖している。また、この良質で豊富な地下水を利用して、伝統的なフグの子の糠漬けや、現代では豆腐を作る食品産業などが立地している。

（青木賢人）

近世17

藩に上程の建白書が認められる 藩主退却時に復帰進言で死刑に

加賀藩勤王攘夷派と小川幸三

藩政改革訴え建白書を上程。前田慶寧が京の警備から退却した際に復帰を促すべく急遽海津に赴き進言したが、却下され、処刑された。

小川幸三は、天保8年（1837）鶴来村の医師小川一方の子として生まれた。14歳で医術修行のため京に上ったが、嘉永6年（1853）、17歳の年にペリーが来航し、妥協策に終始した幕府の対応に憤激し、「防海策」を著して攘夷論を唱えた。

小川幸三肖像（個人蔵）

藩政の改革の必要性を痛感

医術よりも政治に目覚めた幸三は、安政2年（1855）江戸に留学し、世界の大勢を知った。その後、郷里に帰ったが、安政5年（1858）、通商条約の調印、領内の米騒動、安政の大獄、桜田門外の変といった事件が相次ぎ、国内外が大いに動揺する中で、幸三は加賀藩政における改革の必要性を痛感し、万延元年（1860）、加賀藩に「建白書」を差し出した。「強兵」・「給食」・「育民」を主要テーマとするこの建白書は、攘夷問題、米騒動、農村の貧窮化に対応した改革案であり、幸三はこれらの問題の根本的解決策を模索した。

このころ、幸三の考えに同調する藩士や町人たちとの交流も活発になり、藩内に勤王攘夷を求める改革派の政治集団ができた。また幸三は度々京に上って志士たちと交流し、情報を集めた。

一方、加賀藩では、文久2年（1862）8月、将軍上洛の供奉を控え、京都の情報を求めていた時、幸三は京都の政治情勢や上洛時の心得などを記した建白書を上程した。この

小川幸三の墓（白山市八幡町）

建白書は評判を呼び、幸三は士分である定番御徒並切米35俵に取り立てられた。

藩の勤王改革派が一掃される

攘夷決行、八月一八日の政変ののち幕府と長州藩の対立が激化し、長州藩の京都奪回を阻止するため、薩摩・会津などの諸藩が御所の警備に就いたが、加賀藩も斉泰嫡男慶寧が当たった。慶寧は長州藩と幕府の関係修復を図ったが、かなわず、元治元年（1864）7月禁門の変の際、病気を理由に警備の場から離れ、近江国海津に退いた。この報せを金沢で聞いた幸三は、慶寧に京都復帰を勧めるため急遽海津に赴き進言したが、却下され、金沢に帰る途中、越前府中で藩吏に捕縛された。奥村栄通を中心とした藩の守旧派は、これを機に改革派を一掃にしようと考え、改革派を一斉に捕縛した。いわゆる加賀藩元治の変である。この時、6人の死刑を含む多くの処罰者が出た。これによって、加賀藩の勤王改革派は一掃され、戊辰戦争の開始までは、幕府支持の大名として存在することになる。

（見瀬和雄）

小川幸三先生像（白山市立朝日小学校内）

伝福岡惣助辞世書状（白山市立博物館蔵）

加賀藩勤王派・元治の変処分者（元治元年）

志士名	身分・役職	年齢	処分日	処分内容
不破　富太郎	御付大小将（150石）	42歳	10月18日	切腹
千秋　順之助	明倫堂教授（100石）	50歳	〃	〃
大野木　仲三郎	人持組大野木将人弟	22歳	10月19日	〃
青木　新三郎	御料理人（7人扶持）	32歳	〃	〃
堀　四郎左衛門			〃	能登島流刑
大野木　源蔵			〃	〃
久徳　伝兵衛			〃	〃
福岡　惣助	青山将監与力（170石）	34歳	10月26日	生胴
小川　幸三	定番御徒並（35人扶持）	29歳	〃	刎首
高木　守衛	人持組大野木将人家臣	43歳	〃	永牢
駒井　躋庵	医師	54歳	〃	〃
野口　斧吉	横山隆平家臣	34歳	〃	主人へ永預
浅野屋　佐平	金沢町人塩屋次左衛門次男	51歳	〃	永牢
谷村　直	医師	37歳	〃	〃
石黒　圭三郎	御儒者明倫堂訓導	25歳	〃	公事場縮所入
岡野　外亀四郎	岡野判兵衛3男		〃	〃
福岡　文平	青山将監与力	37歳	〃	閉門
岡野　判兵衛	大小将組（210石）		〃	〃
行山　康左衛門	御徒横目（50俵）		〃	逼塞
永原　恒太郎				
広瀬　政敏	大小将組	28歳		
逸見　文九郎	高岡町肝煎			
村山　三郎兵衛				
桜井　太郎二				

『加賀藩史料』藩末篇上・下、『加能郷土辞彙』、『しのぶ草』などをもとに作成した。

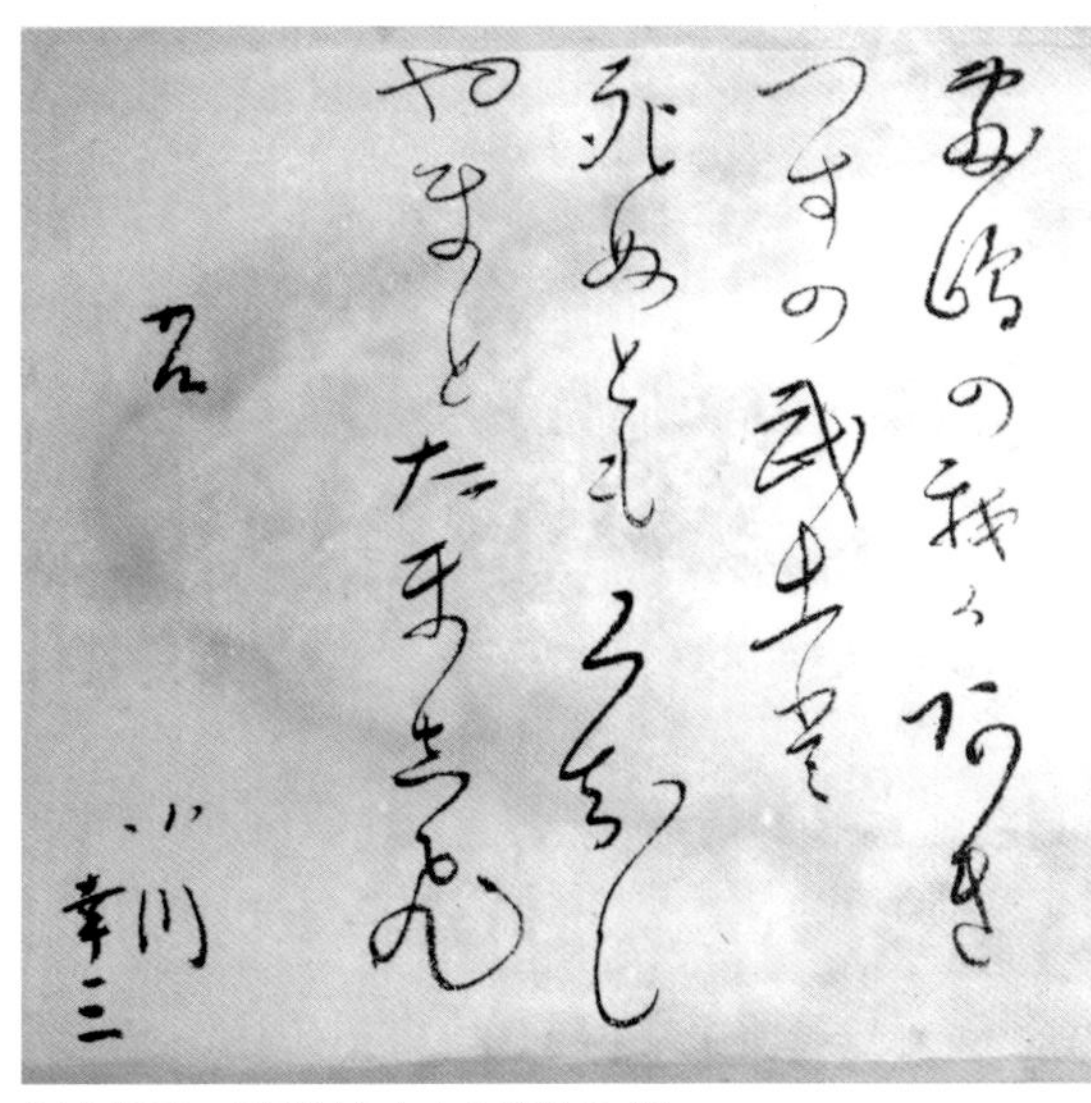

伝小川幸三辞世（白山市立博物館蔵）

近代1 神仏分離と白山下山仏

政府の命令による破壊を恐れ山麓の村が山頂から仏像下ろす

神仏判然令により白山山頂から仏像が撤去されることになり、破壊を恐れた白山麓十八ケ村の出願により仏像類が下ろされ、林西寺と尾添村に奉られた。

白山山頂は、江戸時代の寛文8年（1668）以降、越前馬場平泉寺の支配下に置かれていたが、明治5年（1872）、石川県能美郡（現白山市）に帰属となった。その翌々年の同7年（1874）、石川県令内田政風は、明治政府の神仏判然令（神仏混淆禁止）により、山頂一帯の堂舎に安置されていた仏像・仏具類を撤去するにおよんだ。このとき仏像の破壊をおそれた白山麓十八ケ村の総代の出願により、山頂から下ろされた仏像類は牛首（白峰）林西寺と尾添村に下げ渡され、「白山下山仏」の名で今日に至っている。

銅造十一面観音立像（林西寺蔵、国指定重要文化財）　平安後期の作で、明治7年（1874）白山山頂より下山した。

林西寺の白山本地堂に奉安

林西寺境内の白山本地堂に奉安されているのは、山上三社や室堂などに安置されていたものである。

（◎＝重要文化財、昭和46年6月22日
□＝石川県指定文化財（歴史史料）、昭和54年12月19日指定）

□銅造十一面観音坐像　大御前峰奥宮、文政7年（1824）、芝原住藤原家次をはじめ、□銅造阿弥陀如来坐像　大汝峰奥之院、文政5年（1822）、松岡住藤兵衛藤原朝臣家次、□銅造聖観音坐像　別山山頂、寛政10年（1798）、渡部藤兵衛、□銅造地蔵菩薩坐像（六道辻地蔵堂本尊）、□木造薬師如来坐像市之瀬湯本薬師堂、正徳2年（1712）、河瀬庄三郎、□木造如来坐像、□銅造雨宝童子

林西寺の白山下山仏（県指定有形文化財）

立像、□木造泰澄坐像（弥陀ケ原御前室堂）、◎銅造十一面観音立像（慶松室本尊）などである。

檜新宮から尾添白山社に

また、「高の神さん」と呼ばれる尾添白山社に伝えられているのは、檜新宮（ひのしんぐう）などに奉納されていたもので、□木造阿弥陀如来立像　建保4年（1216）をはじめ、□木造地蔵菩薩立像（2軀）、□銅造観音菩薩坐像（安正観音）、□木造十一面観音坐像　寛永13年（1636）、□銅造地蔵菩薩立像　台座　元禄13年（1700）、金城住高宮長左衛門忠一、□銅打出不動明王立像　元禄15年（1702）、大久保長右衛門、□銅打出金剛童子立像、□木造地蔵菩薩立像（5軀）、□銅鐘　宝永3年（1706）、平井与四兵衛尉家次などで、ほか陶製役行者（えんのぎょうじゃ）坐像と伝わる像がある。

これらの下山仏は、白山の本地仏の実態を伝える遺品として重要であり、明治初年の神仏分離の歴史的事実を物語っているのである。

（北　春千代）

尾添白山社白山下山仏の一軀「木造阿弥陀如来立像」（県指定有形文化財）

近代2

廃藩置県と石川県庁

県庁が美川に移転「石川県」に1年に満たず金沢に戻る

明治5年、金沢県庁が美川に移転。新県名は「石川県」になる。翌6年に県庁は再び金沢に戻った。現在美川には「石川ルーツ交流館」が開設されている。

美川にあった県庁の写真とされてきた金沢広坂の石川県庁舎写真

明治4年（1871）、廃藩置県により加賀藩前田家の時代は終焉。幾多の変遷をへて、明治16年、現在の石川県域が定まる。こうしたなか、5年2月、金沢県大参事の内田政風(うちだまさかぜ)は県庁を旧城下町の金沢から日本海岸の港町美川に移してしまう。県庁移転の公式的な説明は、能登の大半が「七尾県」として分離したため、県都が金沢では県域の北に片寄りすぎて、通信・交通など行政上不便だから、というものであった。薩摩藩出身の士族、内田はこの際県名も「美川県」に変更するよう申請している。

内田政風

金沢の人々は激怒

言うまでもなく、県庁移転断行は金沢の人々を極度に驚かせ、怒らせた。士族らの中には内田邸を襲撃しようと企てる者もあったが、警戒を厳重にしたため事なきを得たという。

美川は藩政期より北前船の寄港地として賑う港町ではあった。とはいえ、かならずしも政治的

石川ルーツ交流館　石川県発祥の地である美川の当時の様子や、おかえり祭り、北前船、手取川の自然などを紹介　美川南町ヌ138-1　☎076-278-7111

な拠点ではなく、町名自体、移転直前に合併した手取川両岸の町村（石川郡本吉町・能美郡湊村）の属するそれぞれの郡名から一字をとってつけられたものであった。県庁移転に伴い、新県名は県庁所在地の「石川郡」（石川は手取川の別称）からとった「石川県」となる。以後、現在に至るまで「金沢県」には戻らなかったのである。

「美川県一の町」

いずれにせよ、猛烈な復帰運動もあって、翌6年1月には県庁は再び金沢へ戻り、「美川県時代」は1年にも満たなかったのである。とはいえ、県下で太陽暦を最初に使った町、遊廓の免許地第1号、郵便局、学校の開設も早いなど、地元では「美川県一の町」を誇る逸話も少なくない。

昭和37年（1904）には県政90周年を記念して、「石川県庁趾」の記念碑（田谷充実知事揮毫）が建立され、平成14年（2002）には「石川ルーツ交流館」も開設されている。

（本康宏史）

石川ルーツ交流館

石川県庁趾の石碑

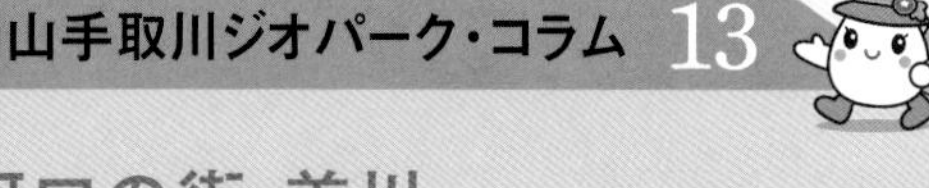
白山手取川ジオパーク・コラム 13

河口の街 美川

砂浜海岸が発達し、湾入が少ない日本海沿岸において、規模が大きく安定した港を建設する場所として選ばれたのが河口である。三津七湊と呼ばれる北前船時代までの国内主要港の内、本吉湊を含む日本海側に位置する七湊すべてが河口に位置していることから、港の立地箇所としての河口の重要性が理解できる。

一方、河口付近は標高が低く、川と海に面していることから、水害や高潮、津波など、水に起因する災害に対して非常に脆弱な土地である。美川の街は、河口に接した場所に手取川が運搬してきた砂によって形成された砂丘がなす高台に位置している。港という利便性を得ながら災害のリスクが小さいという恵まれた立地が、美川の街の発展の土台となっている。（青木賢人）

扇状地
氾濫平野
扇状地氾濫平野 旧河道（明瞭）
扇状地氾濫平野 旧河道（不明瞭）
砂州・砂丘

治水地形分類図でみた美川
街の場所が砂丘に分類されていることがわかる

近代3

白山ろく旧天領の石川県帰属問題

「18カ村は往古より加賀の地」森田平次の精緻な調査で石川県に

白山麓旧天領18カ村は一括して足羽県入りを請願したが、国は2県に実地調査を命じ、郷土史家森田平次の尽力もあり全て石川県の管下に入った。

白山ろくの天領(旧幕府領)村々は、明治3年(1870)、越前における旧天領を所轄する本保県の管轄となる。

これは、白山ろくと越前の天領は、江戸時代中期より越前国丹生郡の本保に置かれた陣屋による支配を受けたことによるものであった。

森田平次(号柿園　1823~1908)

白山ろく天領18ヵ村は、天領化以前は牛首村(のち白峰村)など16ヵ村が越前国大野郡に属し、荒谷・尾添の2ヵ村は加賀国能美郡に属し、越前・加賀の国境上に位置していた。

管轄した本保県が廃止に

この後、越前では本保県の廃止と足羽県の成立(白山ろく村々所属)、加賀では廃藩置県により、金沢藩が廃止され、金沢県が成立した。

明治4年(1871)、金沢県には大参事として鹿児島県士族内田政風が派遣され、同5年県庁を移し、県名を石川県に改称し、同6年内田は石川県令となる。

このような中で同5年、旧天領18ヵ村は分割帰属を危惧し、一括して越前の足羽県管下に入ることを請願した。足羽県は国に処置・決定を求めた。ここに白山ろく旧天領村々を越前国足羽県、あるいは石川県とするかとの帰属問題が発生した。

国は2県の立会実地調査を命じ、石川県は大属職と県出仕の森田平次(柿園)を派遣した。

村々の帰属希望は足羽県・石川県半々であること、18ヵ村は往古より加賀の地であったことなどを主張し、実地検査報告書の精緻さが有利に働き、18ヵ村は全て石川県管下に入り、能美郡に組み入れられた。

歴史考証などに尽力した郷土史研究家である森田平次の功績は大であろう。

また、足羽県は明治6年(1873)、敦賀県に併合され、交通上の利便性を失い白山ろく村々の管轄を自然放棄する形となった。

旧牛首村が分県を具申、却下

この帰属問題は、明治22年(1889)の町

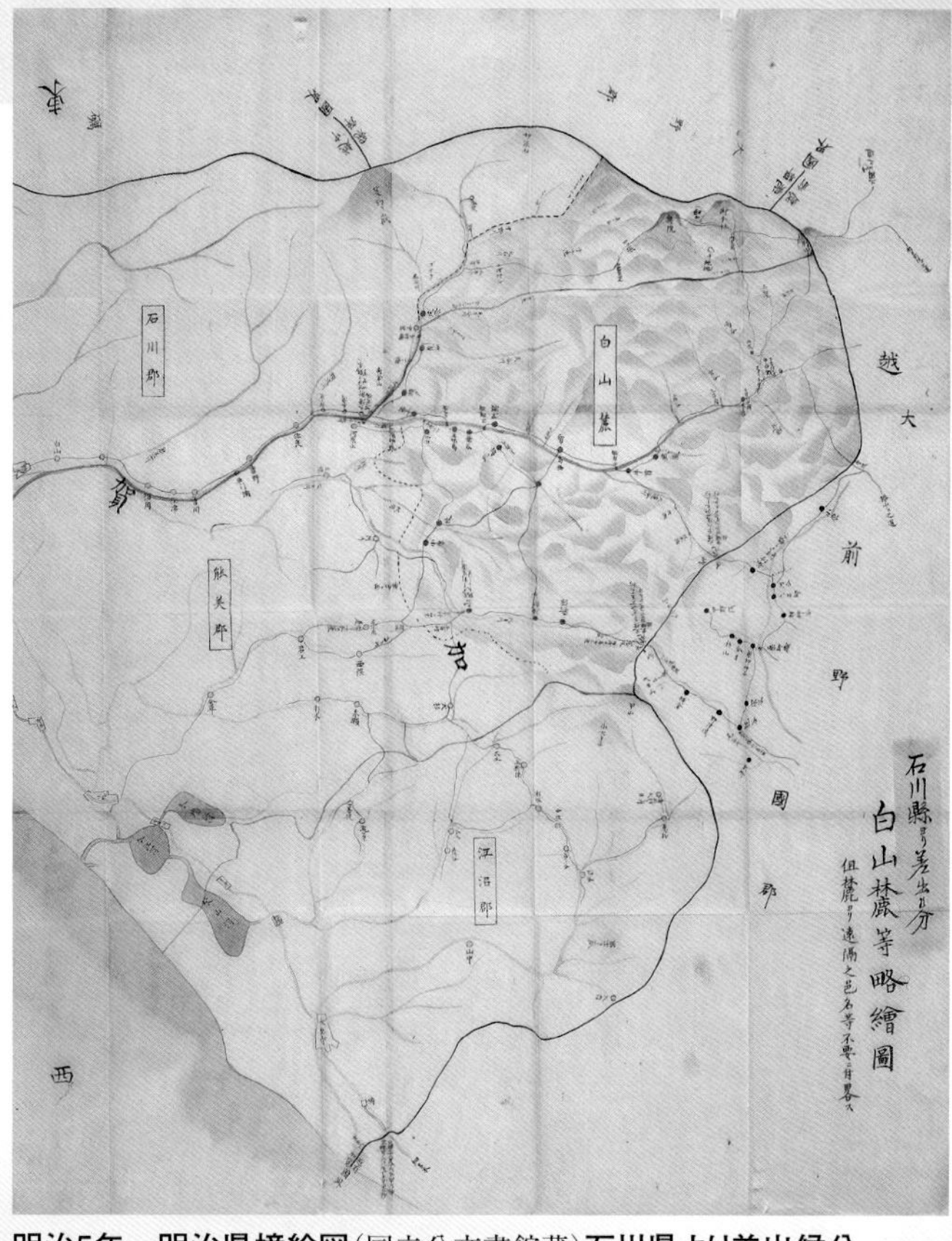

明治5年　明治県境絵図（国立公文書館蔵）石川県より差出候分

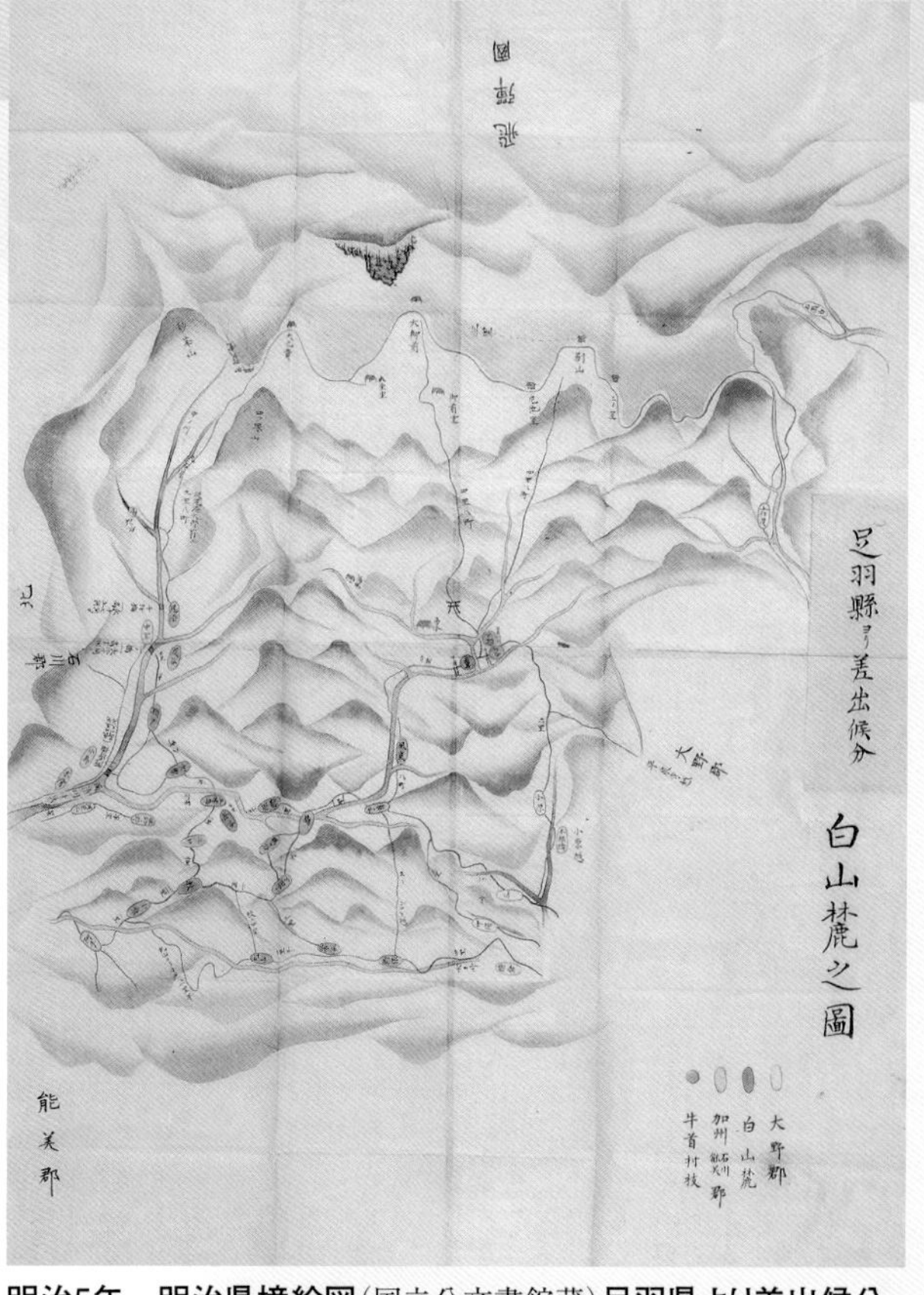

明治5年　明治県境絵図（国立公文書館蔵）足羽県より差出候分

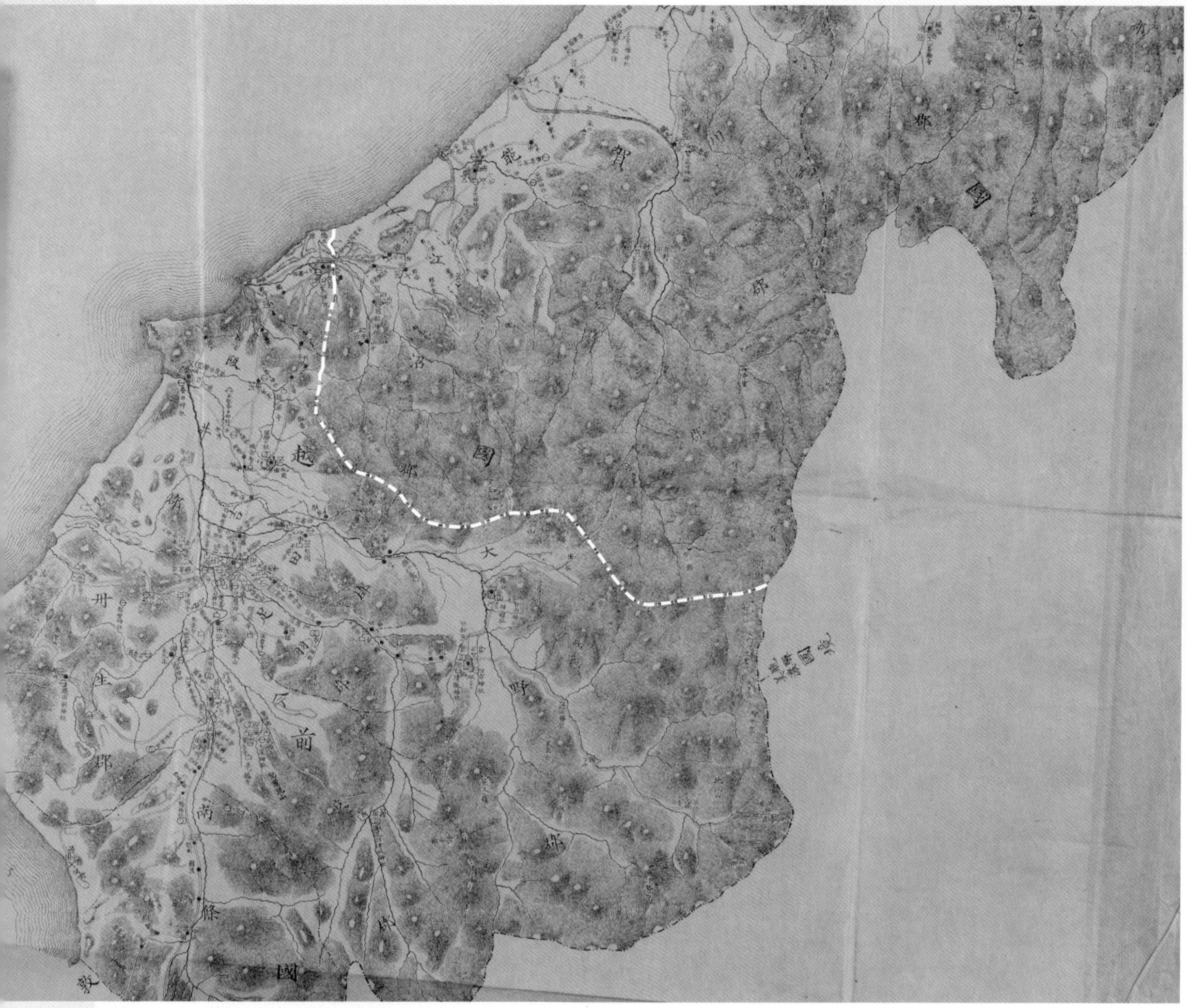

明治11年石川県管内図（金沢市立玉川図書館近世史料館蔵、一部加工）石川県の南の県境は現在と同じになっている

村制施行後、白峰村となった旧牛首村より、再び交通上の理由などから福井県大野郡への帰属、分県が具申され、同35年（1902）に却下されるまで尾を引いた。

（宇佐美　孝）

近代4

ライン博士と桑島化石壁

日本初、化石で地質時代を確定 昭和には肉食恐竜の歯の化石も

1億3000万年前の地層からライン博士が植物化石を採取し、わが国で初めて化石で地質時代が確かめられた。昭和には肉食恐竜の歯の化石も見つかった。

桑島化石壁遠望 化石壁の裏側にトンネルが掘られ、ライン博士にちなんでライントンネルの名称がつけられている。

手取川右岸にある桑島化石壁は、国道157号沿いから対岸に見ることができる。裏側にトンネルが掘られ、道路として利用されているが、手取川ダムが建設されるまでは、その下のダム帯水域にある道路が使われた。当時は、その道路沿いの崖を桑島化石壁と呼んでいた。これら桑島化石壁は、中生代白亜紀前期の約1億3000万年前の泥岩と砂岩の互層からなり、植物化石が多数産出することで古くから知られていた。

化石壁から植物化石を採集

桑島化石壁の学術研究は、明治までさかのぼる。プロイセン政府から派遣されていたドイツ人のライン博士が、明治7年(1874)7月に白山に登山した。帰路この地を訪れ、かつての桑島化石壁あたりで植物化石を採集した。

ライン博士(J.J.Rein、1835-1918) 明治6(1873)年12月に来日し、明治8年9月に離日。

帰国後、化石は友人のガイラー博士に送られ、ガイラー博士はそれらの化石を調べ、明治10年に「日本のジュラ紀層からの植物化石」と題した論文を発表した。ライン博士の名前をとったポドザミーテス ライニイ等、15種の植物化石が記載され、時代がジュラ紀中期(現在、白亜紀前期とされている)とされた。我が国で初めて化石によって地質時代が確かめられたことで、地質学研究上の特筆すべき重要

白山恐竜パーク白峰 手取層群の化石調査の経緯や最先端の情報の発信する。発掘体験できる化石発見広場もある 桑島4-99-1番地 ☎076-259-2724

なことだった。

この研究の後も、調査が行われ、立木のまま珪化木になった化石が発見され、日本で最も古い化石林があるということで、昭和32年（1957）に湯の谷川の珪化木産地と共に「手取川流域の珪化木産地」として国の天然記念物に指定された。

ガイラー博士の論文に新種として記載されたポドザミーテス ライニイ

貴重な動物化石が多数

桑島化石壁が、一般にも注目されるようになったのは、恐竜化石の発見である。昭和57年に家族とこの地を訪れた女学生の拾った転石に、肉食恐竜の歯が確認され、昭和61年に報道された。平成9年（1997）からは、桑島化石壁のトンネル工事が開始され、それに伴い掘削された岩石の調査が始まった。その結果、世界的にも貴重な動物化石が多数発見され、新たに学名がつけられた化石が16種になる。現在も調査が続けられており、今後もその成果が期待される。

（東野外志男）

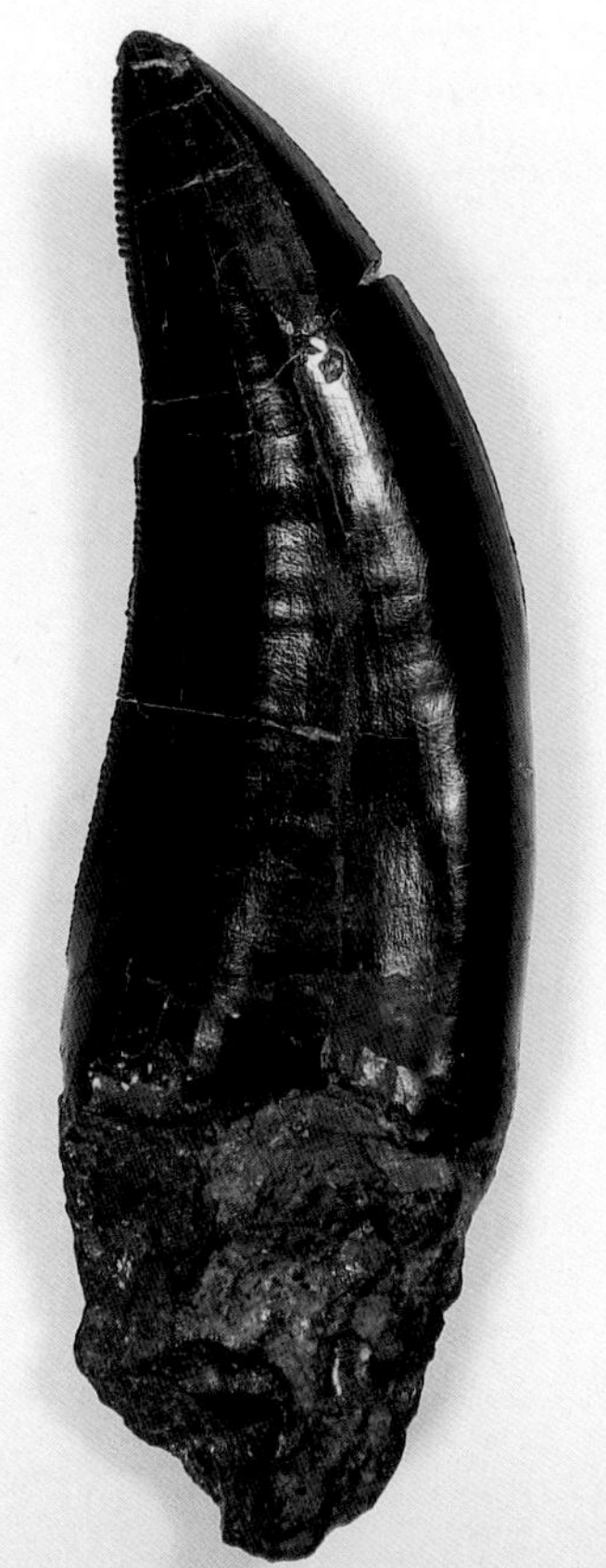

桑島化石壁で見つかった肉食恐竜の歯の化石
恐竜の種類は不明で、“加賀竜”と愛称されている。長さ約40mm

白山手取川ジオパーク・コラム 14

桑島化石壁

桑島化石壁は、手取層群桑島層と呼ばれる地層が露出した崖である。手取層群が堆積した当時、現在の日本はアジア大陸の縁辺にあったと考えられている。桑島層が堆積していた場所には、湖や河川があり、内陸の山間部から流れてきた膨大な量の泥や砂がたまっていった。このような現象は、現在の手取川でも生じている。これが白山手取川ジオパークのキーワード「水の旅」と「石の旅」である。

泥や砂といった堆積物には、時として生物の遺骸が挟まれることがある。桑島化石壁は、特に“化石の宝庫”で、含まれる植物化石の豊富さから、明治期より多くの地質学者が研究を行った。日本の地質学がまだ黎明期であった頃から、研究が盛んに行われた場所であるので、日本地質学発祥の地とも呼ばれる。1982年に肉食恐竜化石が発見された後には、脊椎動物化石の発見が相次いだ。1998年に発見された化石は、2009年に日本で4例目となる新種恐竜「アルバロフォサウルス・ヤマグチオロウム」となっている。

（大塚健斗）

アルバロフォサウルス・ヤマグチオロウムの復元イラスト（ヒサクニヒコ）

近代5

松任町会所に新築の玉座で御昼休 野々市、下柏野でも御小休

明治天皇の北陸巡幸と行在所

明治天皇は明治11年10月3日午前9時半過ぎに松任町に到着。町会所内に新築された行在所に入り御昼休後11時半に出立。岩倉具視は聖興寺に寄宿した。

明治天皇の六大巡幸は、明治初年から10年代にかけて実施され、範囲も北海道から九州までほぼ全国に及んだ。明治の前半はまさに巡幸また巡幸の時代であった。一行を迎える民衆は、目の当たりにした「若き天皇」を通じて新しい時代を実感したのであった。

金沢を出発し小松へ

明治11年（1878）、この一環として北陸巡幸が実施された。天皇一行は、県都金沢で3日間過ごしたのち、10月3日の朝出発。途中野々市で「御小休」後、午前9時半過ぎには松任町に到着、松任町会所（役所）内に新築された行在所に入った。「御昼休」後の11時半前には行在所を出立。町民の大奉送のなかを小松に向け進んだ。途中下柏野で「御小休」、午後5時前に小松の行在所に到着した。

行在所は8月下旬より建設着工。玉座新築には大工藤岡宗四郎ほか地元職人たちが腕を振るった。行在所の御膳水は鍛冶町の共有井戸の浄水を供し、掛け軸・香炉などの調度品は区務所より調達、天皇は千代尼の遺品もご覧になったという。

松任町入り口で児童が奉迎

この日、町内では家ごとに竹矢来を設け、幕を張り、簾をかけ、国旗を掲げて一行を総出で迎えた。天皇の馬車は、とくに松任の町場に入る際、徐行して応えたという。松任町入り口の街道には、町内各小学校の児童が並んで奉迎した。「御着輦」ならびに供奉員の宿は、何れも街道筋の町屋が

北陸東海御巡幸石川県下越中黒部川図錦絵（石川県立歴史博物館蔵）

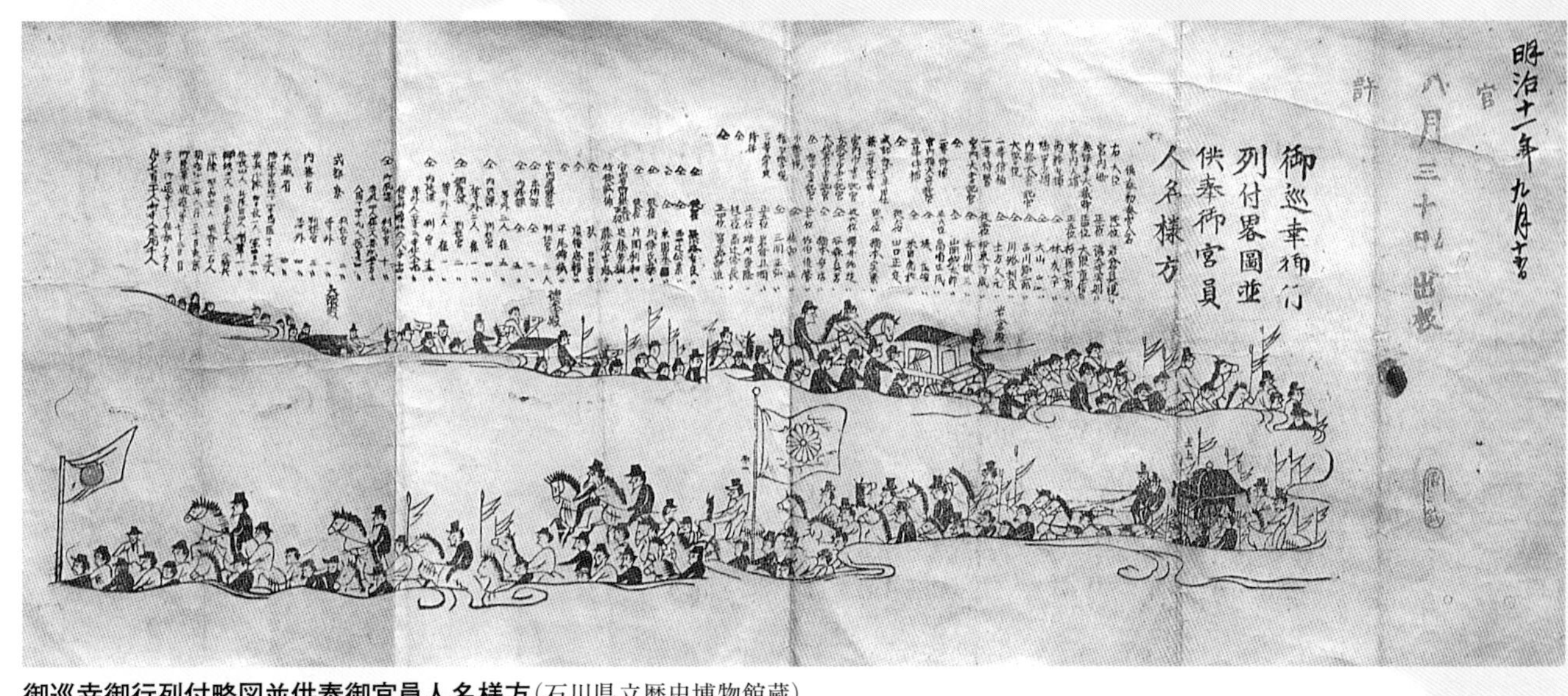

御巡幸御行列付略図並供奉御官員人名様方（石川県立歴史博物館蔵）

充てられた。ちなみに、右大臣岩倉具視は中町の聖興寺に、内務大書記官の品川弥二郎は東一番町の青木篤太郎宅、参議・大蔵卿の大隈重信は安田町の闕嘉平宅に寄宿している。なお、行幸に際して、町内では「義僕」として布町の田中嘉兵衛、並びに長寿者15名等が褒賞目録に載せられ、栄誉に浴した。

大正7年（1918）2月、行在所を含む町公会堂の取り壊しが決議された。これには記念標設置の希望が付せられ、12年（1923）の役場新築に際して聖蹟記念碑が建設されている。さらに、内国通運会社支店（並びに駅の人馬継立所）を営業していた芳岡家の「駐輦」址にも、県知事熊谷喜一郎が揮毫した「明治天皇御駐輦記念碑」が建立されている。

（本康宏史）

明治天皇御駐輦記念碑（白山市下柏野）

松任町役場と明治天皇御駐輦記念碑（『石川郡誌』より）

近代6

白山比咩神社の国幣社昇格

明治4年に国幣小社に列せられ大正3年には国幣中社に昇格

白山比咩神社は地方費、官費でまかなわれる国幣社となり、本社を嶺上三社とし「奥宮」と名付けられた。

白山比咩神社 加賀國石川郡三宮村鎮座
國幣小社列自
今官祭被
仰出候事
辛未六月
太政官

（明治4年）辛未6月 **白山比咩神社国幣小社列格之太政官達書**（白山比咩神社蔵）

白山比咩神社
國幣小社列
別紙之通相
達候事
但
御改正向追々
御沙汰有之候迄ハ
先従前之通相心
得可申候尤爵位
有之分ハ早々返上
可致候事
辛未六月
神祇官

（明治4年）辛未6月 **国幣小社列格伝達ニ付神祇官達書**（白山比咩神社蔵）

明治4年（1871）5月の太政官布告により、神社は「国家の宗祀」とされ、神官・官国幣社以下の経費定額及び神官の職制が定められた。これにより同年6月、白山比咩神社は国幣小社に列せられた。

祈年祭の幣帛、祭典（官祭）公事の入費は、地方費から支出され、造営と年分の営繕等の費用は、官費（大蔵省支出）でまかなわれることになり、同年11月24日の大嘗祭には、奉幣使として石川県令内田政風が参向した。

白山麓18村の神社を末社に

明治5年（1872）11月、太政官指令により、白山嶺上及び山麓十八ヵ村が足羽県から石川県に転属となったため、翌年5月、石川県参事桐山純孝は、白山比咩神社宮司狩谷竹鞆に対し、嶺上の三社をその「本社」とし、室堂とともに管理するよう命じ、白山麓十八ヵ村の神社を白山比咩神社の末社とした。

狩谷宮司は「本社」の呼称が、白山比咩神社をその末社と曲解させる可能性があるとして、本社の2字の削除を求めた結果、明治7年（1874）8月になって、内務卿大久保利通より嶺上の本社の名称を「奥宮」と改められた。また同14年（1881）5月には、内務省により、嶺上の大己貴神社と別山神社が、同社の摂社と改められた。

祭神は菊理媛神など3柱

白山比咩神社は国幣社となり、祭神を菊理（くくり）媛神（ひめのかみ）・伊弉諾尊（いざなぎのみこと）・伊弉冉尊（いざなみのみこと）の三柱と定め、例祭日を5月6日に一新し、境内地も3818坪と固まった。

明治20年（1887）3月の内務省訓令で、白山比咩神社には官国幣社保存金（国幣小社は800円代）を15年間給付され、各県庁においてその出納を査察した。しかし同39年（1906）に保存金の制度は廃止され、官国幣社国庫共進金制度が新たに設けられ、翌年から国庫支給となった。これ以降、昭和21年（1946）の神社国家管理の廃止に至るまでの間、国庫共進金と一社の収入で経営維持がはかられた。

明治42年（1909）7月、御鎮座二千年大祭が6日間にわたり執行され、大正3年（1914）3月3日、白山比咩神社は国幣中社に昇格した。この年には白山会が組織され、境内の拡張や拝殿の改築が始まり、社頭も一新され、旧藩時代の面影が薄れていった。

（伊藤克江）

白山比咩神社の社号標

白山比咩神社之景（白山比咩神社蔵）

近代7

町村制の成立と白山市域

松任町、鶴来町、美川町のほか25村 旧村は生活共同体の区として機能

「名望家による自治」としての町村制が始まり、県主導のもと短期間で町村合併が実施され、現白山市域には3町25村が誕生。旧村も区として機能が残った。

明治22年（１８８９）、町村制が施行された。これにより、町村が、財産を持ち予算を公選町村会で審議する「自治体」と認められた。なお、町村長は町村会で選出されたが、無給の名誉職であり、実際には町村の有力者から選ばれた。町村制は「名望家による自治」といわれる。

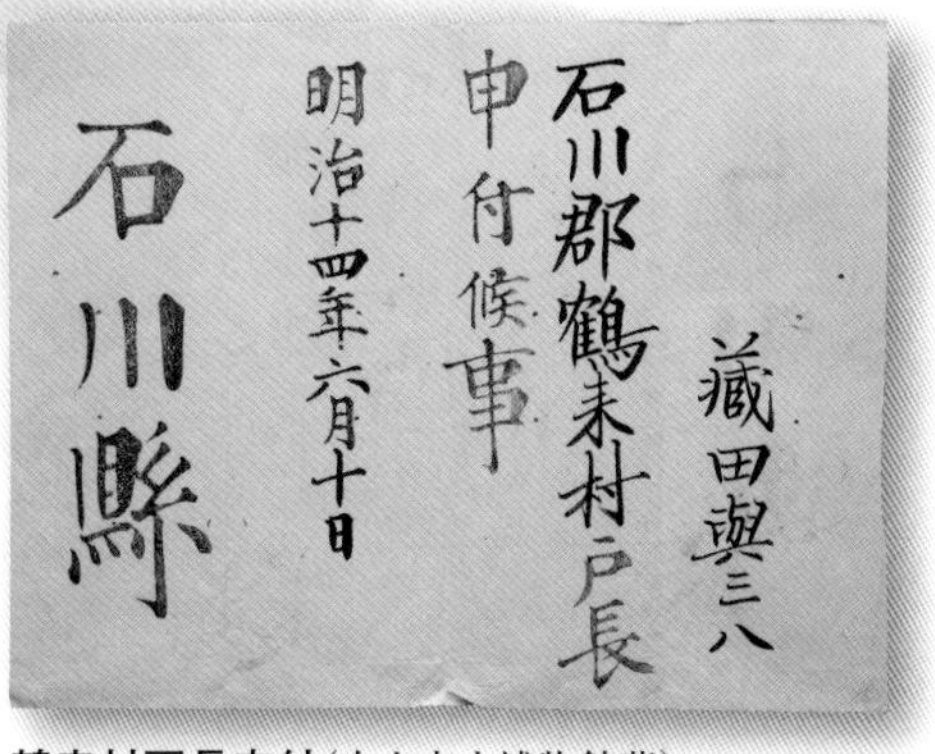

鶴来村戸長申付（白山市立博物館蔵）

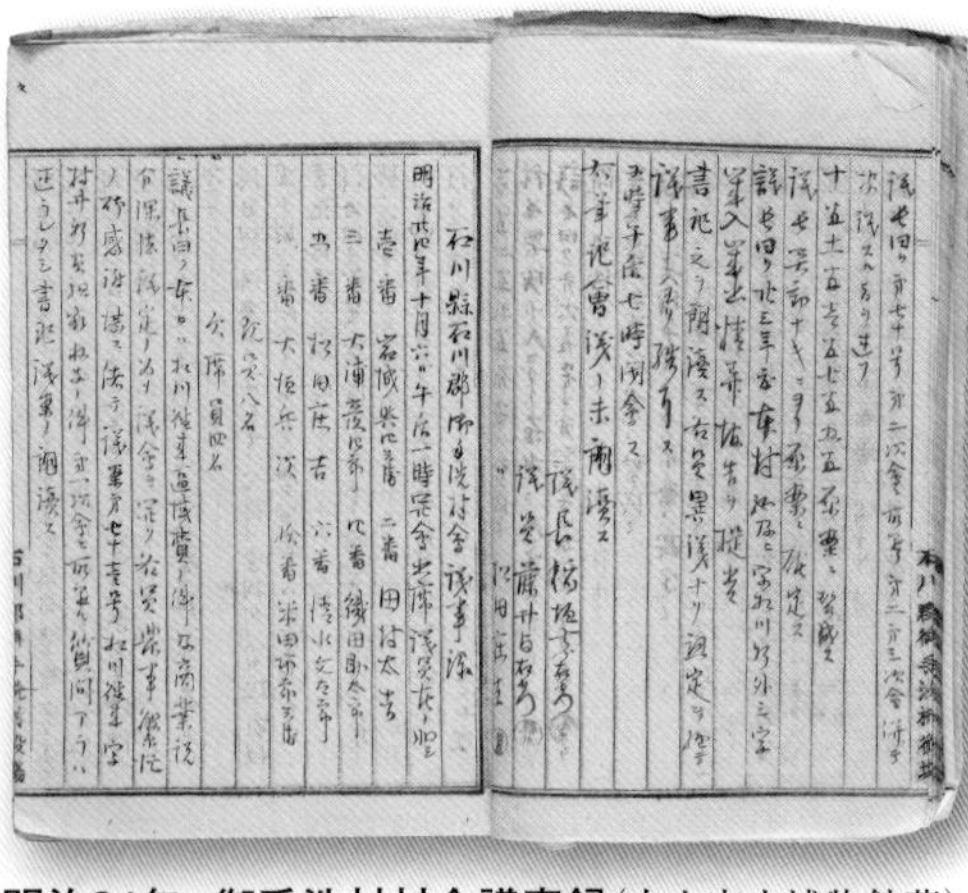

明治24年　御手洗村村会議事録（白山市立博物館蔵）

戸数３００以上を基準に合併

一方、町村には、徴兵・徴税・戸籍作成などの国家委任事務の遂行や、尋常小学校の経営に対応できる行政能力と財政能力が求められた。そのため町村制では戸数３００以上を基準として、江戸時代以来の旧町村が合併して、新しい町村を設置した。この合併で、現白山市域には松任町、鶴来町、美川町のほかに25村が誕生した。

町村合併は県の主導のもとに短期間で実施された。したがって合併は必ずしも村民の同意を得たものではなかった。例えば、出城（でじろ）村新設では北安田総代は竹松を除く合併を求めたが、県は「村民の望みを容れず」として、当初予定の合併を強行した。また、河内村新設に対しては、直海谷9カ村での合併新村設置の要求があったが、資力不足を理由に却下した。

逆に旧村民の要求が入れられた場合もあった。県は当初、流安田、福留、四ツ屋、源兵衛島新、下柏野、荒屋柏野、上柏野、小上で1村を新設する計画を立てた。しかし、流安田、福留、四ツ屋総代が源兵衛島新を含めて4カ村独立を求めた。結局、県は「石川郡中、上位を占める資力」があるとして、戸数３００に満たないにも関わらず、福留村と柏野村の分離新設を認めた。

しかし、旧村の機能が町村制で消滅したわけではなかった。旧村は区と呼ばれ、区長が置かれ、区有財産を持つとともに区費を徴収

し、用水の管理、道路・橋梁の維持、神社の管理、祭礼の運営などを担った。区は生活共同体としての機能を残したのである。

日露戦後、合併で鳥越村成立

石川県では日露戦後、大規模な町村合併が実施された。行政の効率化を求めたからである。石川郡でも4町40村を、4町15村とする案が策定されたが、これは実行されなかった。これに対して能美郡では2町42村を2町23村とする合併が実行された。現白山市域では、明治40年（1907）、別宮村、河野村、吉原村が合併して鳥越村が成立した。

（山本吉次）

白山市域の町村変遷

郡	町村制以前の町村	町村制による町村		昭和戦後合併
石川郡	松任町			松任町（松任市）
	水島　源兵衛島　福永　上安田　番田　運上島	比楽島村	石川村※4	
	流安田　源兵衛島新　福留　四ツ屋	福留村		
	下柏野　荒屋柏野　上柏野　小上村	柏野村		
	笠間　松本　石立　北島　東米光	笠間村		
	宮保　黒瀬　小川	笠島村	宮保村※5	
	村井　宮丸　米永	一木村		
	成　北安田　平木　竹松	出城村		
	相川　相川新　村井新　徳光	御手洗村		
	八田新屋　八田　八田中　中新保　倉部　宮永　宮永市　宮永新　福増　相木	旭村		
	徳丸　乾垣内　町　長竹　幸明　橋爪　橋爪新　三浦　倉光　福正寺　五歩市	中奥村		
	菅波　乙丸　坊丸　田地　今西　木津　上二口　平松　剱先	林中村		
	吉田漆島　矢頃島　向島　藤木　寄新保　上島田　安吉　内方新保　五影堂　長島	山島村		
	横江　番匠垣内　専福寺　田中※2	郷村		
	柳町　長池　二日市　三日市　徳用　田尻　堀内　蓮花寺			野々市町
	鶴来町			鶴来町
	行町　針道　日向　井口　来同　明法寺　大竹　柴木　安養寺　七原	舘畑村		
	道法寺　荒屋　坂尻　知気寺　曽谷　熱野　部入道	林村		
	月橋　小柳　明島　日御子　森島	蔵山村		
	中島　白山　三宮　八幡　石切小原	河内村	一ノ宮村※6	
	中直海　福岡　江津　口直海　吉岡　久保　吹上　坂尾　金間　下折　内尾　奥池		河内村	
	吉野　佐良　瀬波　木滑　市原　中宮　木滑新	吉野谷村		
	美川町			美川町
	西米光　蓮池　平加　手取　手取新　長屋　本吉新　末正　鹿島	蝶屋村		
能美郡※1	湊　吉原※3	湊村		
	東二口　女原　瀬戸　東荒谷　五味島　尾添　釜谷　〇ケ谷　深瀬	尾口村		
	白峰　桑島　下田原	白峰村		
	別宮　別宮出　杉森　相滝　柳原　五十谷　野地　渡津　左礫　三ツ瀬　数瀬　阿手　神子清水	別宮村	鳥越村※7	
	広瀬　瀬木野　河合　若原　下野　上野　三坂　出合	河野村		
	釜清水　下吉谷　上吉谷　西佐良　三ツ屋野　河原山　仏師ケ野	吉原村		

※1 尾口村、白峰村、鳥越村は昭和24年（1949）石川郡に編入
※2 田中は昭和31年の町村合併で一部松任町、一部野々市町となる
※3 吉原は明治24年（1891）、分離し新設吉田村の区域となる
※4 昭和9年（1934）、比楽島村と福留村が合併して石川村となる
※5 明治32年（1899）、宮保村に改称
※6 昭和26年（1951）、中島、白山、三宮、八幡、石切小原が分離して一ノ宮村となる
※7 明治40年（1907）、別宮村、河野村、吉原村が合併して鳥越村となる
『石川県町村合併誌』（上巻・下巻）より作成

旧鶴来町役場の模型（白山市立博物館蔵）

山島村役場

松任町役場

近代8　石川郡の代議士誕生

主戦場の農村部で苛烈な選挙戦 運動員が刺し殺される事件も

明治25年の第2回衆院議員選挙で石川郡は金沢市と合わせて第1区。有権者の多い農村部での選挙戦は運動員同士が刃物で襲いあう激しいものとなった。

大日本帝国憲法に基づき、明治23年（1890）7月、第1回衆議院議員選挙が行われた。この時の有権者は、直接国税15円以上納税する25歳以上男子に限られ、全国民の約1・1％に過ぎなかった。石川県は4つの選挙区に分かれ、石川郡は金沢市と合わせて第1区、定数2となった。第1区で当選したのは、石川郡の松田吉三郎と金沢市の遠藤秀景で、共に大同倶楽部に所属していた。大同倶楽部は自由民権運動の自由党の流れを汲む政社である。選挙後、大同倶楽部は他の自由党系の政社と合同し、立憲自由党（翌年自由党と改称）を結成した。

松田吉三郎（個人蔵）

「壬辰の大選挙干渉」

石川郡で激しい政治闘争が繰り広げられたのは、明治25年の第2回衆議院議員選挙の時であった。予算案を巡り、藩閥政府と自由党・立憲改進党が激しく対立し、首相松方正義が衆議院を解散したのである。この選挙に際して政府は県庁・警察をあげての激しい選挙干渉を展開した。「壬辰の大選挙干渉」と呼ばれる。この時期、自由党・改進党など政府野党の立場をとる者たちは民党、政府支持を標榜する者たちは吏党と呼ばれた。

石川県第1区では、民党からは自由党の松田吉三郎、改進党の河瀬貫一郎が出馬した。一方、大垣兵次、神保小太郎は吏党として出馬した。おもな直接国税が地租である時代、有権者は金沢市には少なく、主戦場は農村部

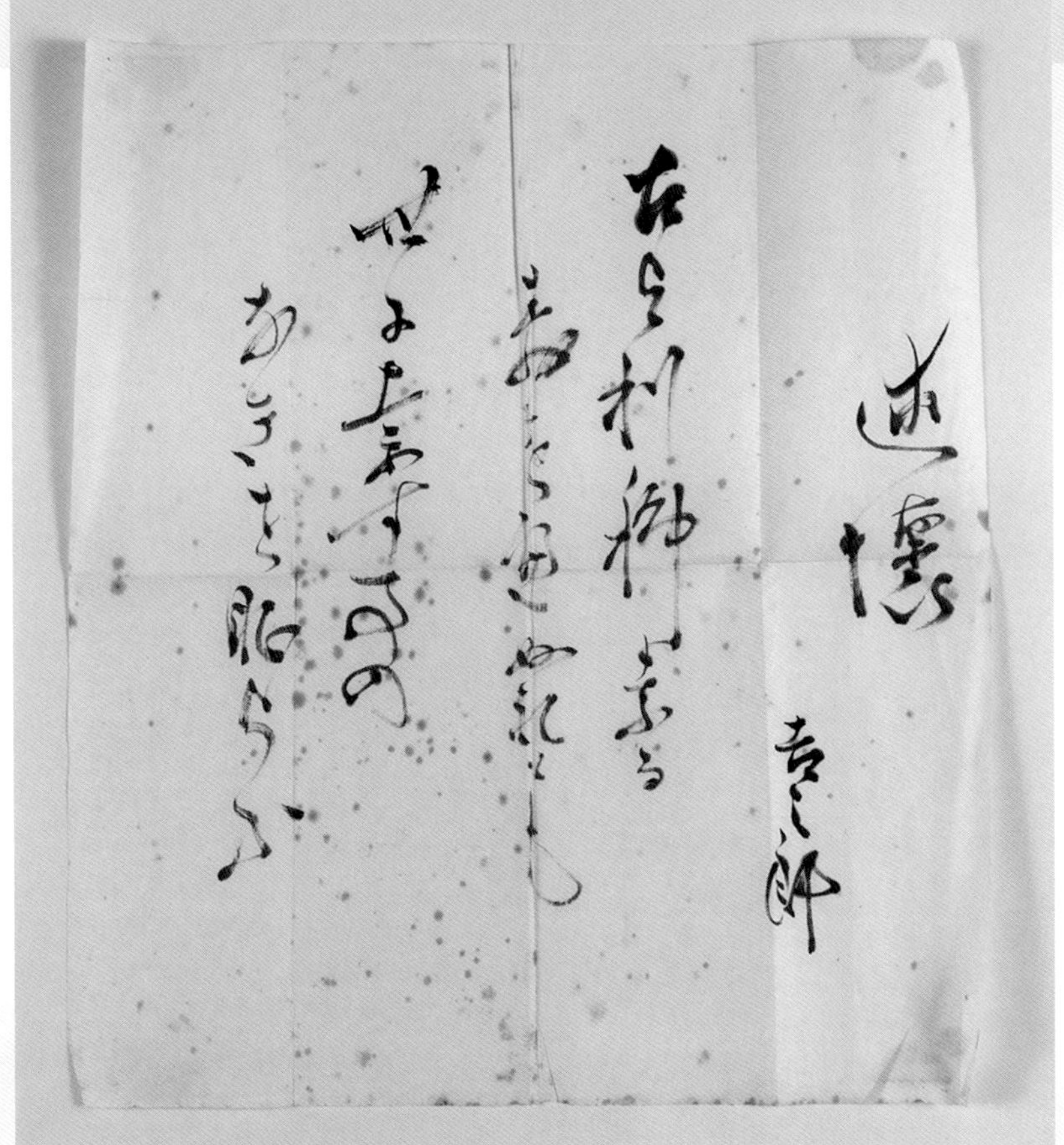

松田吉三郎の墨跡「述懐」（個人蔵）

の石川郡であった。定数2をめぐる選挙戦は苛烈を極めた。とくに自由党とたもとを分かった遠藤派は吏党を支持し、杖刀・太刀を携えて石川平野を闊歩した。民党側も武装してこれに対抗した。

候補者が銭湯で襲われ負傷

このような中、松任町の銭湯で松田吉三郎が吏党壮士に襲撃されて負傷を負った。選挙当日の2月15日には各地で両派が衝突した。そして、北安田（きたやすだ）では吏党壮士が民党支持者に刺し殺され、林中（はやしなか）村では民党運動員が刀傷を受けて死亡した。結果、第1区では吏党派2名が勝利し、石川県全体でも吏党派が議席を独占した。

なお、松田吉三郎は明治27年の第3回衆議院議員選挙で復活当選し、不出馬であった第6回選挙を除き、明治45年の第11回選挙まで通算9期衆議院議員を務めた。この間、明治33年の立憲政友会創設に際しては石川県支部幹事にも就任した。

（山本吉次）

義捐金募集廣告

嗚呼今回代議士ノ選擧タル如何ノ悪縁ナカ
ヤ其選擧ニ際シ陰雲天ヲ覆ヒ腥風野ヲ拂フ者
地ノ闘爭酸鼻ヲ極ムル[illegible]テ本郡下石川郡ノ慘
憺モ亦名状ス可ラズ遂ニ民黨正義ノ士ヲシテ
吏黨ノ刃ニ掛ラシメ[illegible] 林源吾君
ハ死ニ到リ其他重傷ヲ負ヒシ者數多ニ及ヒタ
リ生等之ヲ聞テ痛哀措ク能ハズ仍テ有正義ノ
士ニ謀リ多少ニ關セズ義捐金ヲ募集シ 死
者ノ靈魂ヲ吊シ負傷者
ノ義氣ニ酬ン コトヲ本郡有志諸
君ニ切望ス
但募集金ハ便宜發起人ノ内ヘ御遣ハシ被下度候
明治廿五年二月十九日

江沼郡
發起人
梅田五月
西園彦平
永井源二
鹿野虎作
大武少次郎
黒瀬喜三郎
惣代

北陸新報　明治25年2月26日付の義援金募集広告　代議士選挙当日の衝突による死傷者への義援金を募っている（石川県立図書館蔵のマイクロフィルムより作成）

石川郡関係衆議院議員

松田吉三郎	（1858～1943）	石川郡村井村出身	明治23年衆院石川1区から出馬し当選、9期務める（自由党、憲政党、立憲政友会）
米田　穣	（1864～1921）	石川郡松任町出身	明治41年衆院石川1区から出馬し当選、4期務める（立憲政友会）
西村正則	（1866～1924）	石川郡出城村出身	大正4年石川2区から出馬し当選、以後3回当選（立憲政友会、政友本党）
堀　喜幸	（1868～1931）	石川郡鶴来町出身	大正13年石川2区から出馬し当選（政友本党）
梨木作次郎	（1907～1993）	石川郡蝶屋村出身	昭和24年石川1区から出馬し当選、1期務める（日本共産党）
奥田敬和	（1927～1998）	石川郡美川町生まれ	昭和42年石川1区から出馬し当選、10期勤める（自由民主党、新生党、新進党、太陽党、民政党、民主党）

耕地整理の様子（白山市立博物館展示より）

近代9

石川平野の耕地整理

上安原の地主高多久兵衛を説得 模範となった集落全耕地区画整理

田地区画の狭さを解消するため、石川郡長は高多氏を説得。妨害を乗り越えて完遂した集落全耕地を対象とする事業は全国で奨励された。

石川県は明治17年（1884）から19年までの2年間に福岡県の篤農家林遠里を4回招き、福岡農法と呼ばれた当時の先進稲作技術を伝授させた。その結果、選種・施肥法など土地生産性を高める技術改良は一定の効果をあげたが、労働生産性を効率化する牛馬耕の導入は困難をきわめた。最大の理由は田地区画が狭いためで、零細錯圃と言われる一筆一畝（1アール）余の複雑な田地の形状が牛馬を用いた耕耘を阻害していた。稲作農法の近代化のために耕地整理が急務となっていた。

県知事の要請を受けて

明治20年に開催された地方官会議に出席した県知事岩村高俊は、欧米農業事情の視察報告を聴いて区画整理の必要性を強く感じ、帰県後ただちに郡長に整理事業の着手を懇請した。これにいち早く応じたのが石川郡長安達敬之である。石川郡では郡立模範農場（19年創設）が欧米農法の研究・導入をすすめており、場内2町5反歩余の田地に実験的に耕地整理を実施して8％余の増反歩を得ていた。

安達郡長は村内の「名望資産相伴う有力者」に着工を勧誘した。しかし、費用がかさむうえに縄延び（地積の過少申告）の益を失って地租増徴につながるため、誰一人として求めに応ずる者がいなかった。そこで郡長は安原村上安原（現金沢市）の地主高多久兵衛を説得、県郡の支援を条件に集落全耕地60町歩余を対象

高多久兵衛

に、区画の拡大・整形化と排水改良による乾田化・牛馬耕の導入や畦畔整理による耕地の増歩を目的に整理事業の着工にこぎつけた。

反対する地主から妨害や脅迫

高多家は血族3家で集落過半の田地を所有し、久兵衛家は20町歩の最大地主であった。20年12月、久兵衛は①増歩地は各自の所有反別に応じて分配するとしたうえで、②事業費を無利息で立替えし、事業不成功ならば自弁する、③植付期遅延で収穫減少の場合は自償する、④地券書換費は自弁するという定約証を交わしてようやく地主の賛成を得た。事業は21年3月初めに着工、6月末に完了した。

この間、なおも事業に反対する地主から妨害・中傷・脅迫をうけた久兵衛は、死を覚悟して下着の下に白帯を巻いて工事にあたり、夜は巡査の護衛で床に就く日々をおくった。また、農業雇用賃金の5～7割の低労賃で従事する集落民の不満をなだめ、説得して事業完遂をめざした。

粒々辛苦のすえに九兵衛の耕地整理事業は完了した。2419筆の水田は1083筆に45%減した。水田の区画（畦畔で囲まれた1枚の水田）はいずれも支線道路と用排水路に接し、1筆当たりの面積6～8畝の長方形に整形化された。地主定約証の①増歩2町6反歩余は所有面積に応じて分配した。②事業費も所有面積に比例して割り当てた。③田植え時期の遅れは、郡長のはからいで模範農場の生徒と牛馬全部を無償使役することができ、ほとんど影響はなかった。④地券書換費も県のはからいで自弁を免れた。

集落全耕地を対象とした九兵衛の耕地整理方式は石川式「田区改正」とよばれ、区画改良の模範として全国各地で奨励され、32年の耕地整理法の制定に影響をあたえた。

（太多　誠）

耕地整理前の図（横江町蔵）

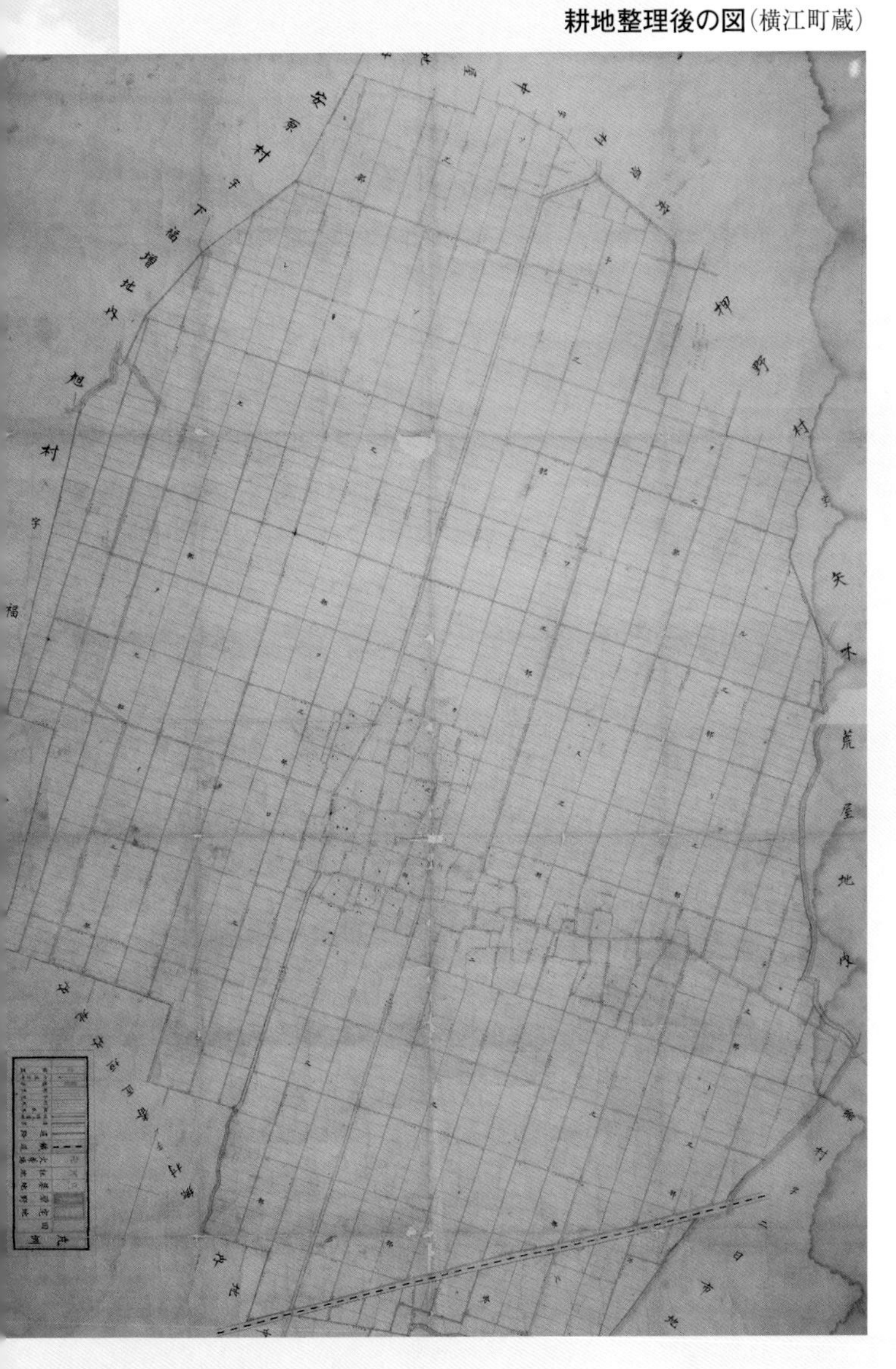

耕地整理後の図（横江町蔵）

近代10

県立松任農業学校の開設

明治35年に小松から移転 大学並みの施設・設備を誇る

明治35年（1902）3月、石川県は能美郡小松町の県農学校を「石川県立農学校」として、石川郡松任町に新築移転せしめた。これは実業学校令の公布と第四中学が小松に設置されたことや、松任のほうが金沢第九師団の疫馬を獣医学科の臨床材料に提供する際に近くて都合が良かったこと、さらに松任町が約4377坪（1万4444㎡）の校舎敷地を無償提供したことなどによる。

「穀倉地帯の松任に」と県の意向

この農学校は、明治9年、金沢区（現金沢市）に置かれた県勧業試験場農業科をルーツとし、士族や豪農の子弟を対象に欧米の近代農学を教授することを眼目として全国に先駆けて開設された。その後、明治10年に県農業講習所として独立し、羽咋郡東土田村（現志賀町）に県農学校として移転、さらに、明治20年には既述のように小松に移った。これは当時、小松が養蚕事業の先進地で、近代農業の教育・研究に都合が良いと誘致活動を展開したためであった。

ところが、県としては七ケ用水のある穀倉地帯の松任のほうが、農業立県のシンボルにはふさわしいと考えたようである。

当然、能美郡は猛反対したが、当時県会では梯川の洪水対策改修工事の予算削減が議論され、農学校を松任に移転することを交換条件に、石川郡選出議員が改修工事案の賛成に回り、梯川改修工事はようやく実現した。

ところで、県立農学校開設時の生徒の出身地を見ると、農学科は殆どが地元石川県（能登地区も含む）であるのに対し、獣医学科は約3分の1が他県出身者であり、移転当時の校舎には寄宿舎はもちろん養蚕室、調剤室、手術室、解剖場等が整備されて、まさに大学並みの施設・設備を誇った。

現在は県立翠星高校に

県立農学校は、その後、県立松任農学校となり、戦後、昭和23年（1948）の学制改革で松任高等女学校と合併し、県立松任高校に改変されたが、「六星同窓会」の強い要望もあ

明治9年、金沢に置かれた県の農学校は志賀、小松に移転後、梯川の改修工事を交換条件に松任に移された。寄宿舎や養蚕室、手術室も整備されていた。

松任農学校実習風景（昭和10年、石川県立翠星高校提供）

明治30年代後半の農学校生徒の出身地

年　度	36		37		38		39	
科	農	獣	農	獣	農	獣	農	獣
江　沼	2	1	1	1	4	2	1	1
能　美	9	2	7	4	6	7	8	9
石　川	57	27	63	31	68	35	72	32
金　沢	1	3	1	6	4	12	3	16
河　北		2	2		5	4	8	6
羽　咋	21	5	29	5	26	2	18	1
鹿　島	5	2	9	4	16	4	15	3
鳳　至	21	3	17	2	22	6	20	12
珠　洲	5	2	8	1	13	1	12	1
他府県	6	22	9	30	7	28	13	26
計	127	69	146	84	171	101	170	107

県立松任農学校本館正面（石川県立翠星高校提供）

白山市立博物館内に展示されている松任農業学校の門柱の模型。右には「石川県立松任農学校」左には「石川県立青年学校教員養成所」とある

り、同28年に松任農業高校の名称で再出発し、平成12年（2000）、総合グリーン科学科を置く県立翠星高校に改称され、21世紀の新たな食と農、環境と福祉の教育を展開している。

（平野　優）

近代11

手取川の電力開発

河内村福岡を皮切りに吉野谷や鳥越、尾口に発電所建設

明治後期、金沢電気が福岡発電所を建設。大正以降、白山水力は吉野谷、鳥越、尾口発電所を建設。発電用の水で農業用水が確保され水田開墾が進んだ。

福岡第一発電所

明治30年（1897）、金沢電気㈱が設立され犀川水系で発電事業を開始した（41年に金沢電気瓦斯㈱に社名変更）。同社は産業革命に伴い電動力・電灯需要が高まるなか、県下最大の手取川水系での水力発電を構想し、同44年に河内村福岡発電所が建設された。大正3〜7年（1914〜18）におこった第1次世界大戦は空前の経済成長を生み、電力需要は一気に高まり電力不足が深刻化した。同社は大正9、10年に吉野谷村市原発電所・吉野第一発電所を相次いで完成させるなど活発に開発を進めたが、大正10年に金沢市に買収され、経営は金沢市電気局に継承された。

福岡桃介が白山水力㈱設立

名古屋電灯㈱の経営者として木曽川開発を進めていた福沢桃介（諭吉養子）は、北陸でも発電候補地を模索し、大正元年、東京在住の実業家と、石川県内と関西方面への電力供給を目的に手取川上・中流部6カ所での河水引用を願い出、うち3カ所の許可を得た。しかし電気事業経営許可はなかなか下りず、着工は遅れた。大戦を通じて電力不足が深刻化するなか福沢は資金調達を進め、大正8年に大都市部への送電を目的に資本金1000万円の白山水力㈱を設立した。九頭龍川・手取川開発を目指す同社は福井県西勝原と吉野谷（木滑新）発電所建設を進めたが、大戦後の不況や関東大震災などの影響で吉野谷発電所の建設は遅れ、同15年に完成した。県内最大の同発電所の電力は、大半が名古屋を中心に活動する東邦電力に供給された。白山水力㈱は昭和3年（1928）に鳥越発電所を建設、さらに矢作水力㈱合併後の同13年には支流の尾

添川に尾口発電所が建設された。

住民の生活は激変

発電所建設事業を契機に住民の生活は激変した。農業用水が確保できず稲作が困難だった集落では発電用水路余水を受け水田開墾が進み、耕地整理が実施された。また巨大発電所建設工事によって地域住民が雇用機会を得ただけでなく、外部から労働者が移入し山村人口が増加した。道路・鉄道など交通手段の改善や電灯の設置も着実に進められた。（新本欣悟）

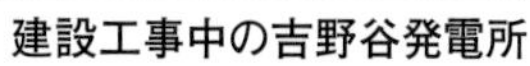
建設工事中の吉野谷発電所

吉野谷発電所敷地内にある福沢桃介の胸像（木滑新）

白山手取川ジオパーク・コラム 15

水力発電における手取川の利点

手取川流域で、古くから電力開発が行われてきた理由としては、時代的背景と石川県内最大の河川であることが大きいが、水力発電には手取川の特徴やこの地域の自然環境が関係している。手取川の水は白山を源流としており、冬に大量にもたらされる雪がその源となっている。白山周辺は、世界でも最も赤道に近い多雪地帯と言え、積もった雪が凍ってしまわないくらいの適度な気温ゆえに、積雪量もより多くなり水資源が豊富になる。雪の降るシステムには、地球のなかでの大陸の配置や日本の位置、暖流の流れ込む日本海があることや白山などの高い山があることなど、大地の成り立ちが深く関わっている（コラム17参照）また、水力発電においては落差が重要な要素になるが、手取川は日本有数の急流河川であるため、水を引き込む距離が短くても比較的高低差が生まれ、段差を得やすい。手取川の水力発電システムは、地形をはじめとした自然環境をうまく利用しているのである。（日比野 剛）

白山ろくテーマパーク吉岡園地内を通る発電用の用水路。水力発電で使われた水は次の発電所へと運ばれまた利用される

近代12

明治31年開業の松任駅から鶴来へ乗合馬車、金沢へ軌道馬車

北陸本線の開通と松任駅

北陸線延伸に伴い開業した松任駅。周辺には工場なども多く貨物駅の色彩も。駅前からは鶴来まで乗合馬車が、金沢まで松金馬車鉄道が通っていた。

大正初期の北陸線を走る列車

北陸線の建設工事は明治26年（1893）に鉄道庁の手によって着手された。工事は敦賀から富山に向かって行われ、29年7月にいたってようやく敦賀―福井間が開通した。その後は、路線も順当に伸び、30年9月には福井―小松間が開通。松任駅は小松駅―金沢駅間の延伸に伴って31年4月に開業した。開通時は1日5本で汽車賃は金沢から松任まで7銭であったという。同年には美川駅も開業した。

大正12年に加賀笠間駅新設

明治31年11月には金沢―津幡―高岡間が、32年（1899）3月には高岡―富山間がそれぞれ開通。36年には海水浴期の臨時駅として小舞子仮停車場が設置された（小舞子駅となったのは昭和39年）。ちなみに、最後の区間、青海―糸魚川間が開通して、米原―直江津間の北陸本線の全通をみるのは大正2年（1913）4月のことになる。

北陸本線は松任町内の横江町地内から米光町地内を横断。延長は10・17kmに及び、大正12年（1923）8月には、松任駅と美川駅との中間地点に加賀笠間駅が新設されている。両駅とも乗降客並びに貨物輸送の利用度は高く、とくに松任駅は地域の拠点駅でもあり、貨物輸送に関しては、のちに国鉄の名古屋鉄道局松任工場が立地すると車両類の輸送が群を抜いた。明治期の積出貨物は米穀を第一とし、縄、蓆等。到着貨物は肥料、木石材が主要な貨物であった。

松任ふるさと館　戦前期に金融や物流などに活躍した吉田茂平氏の私邸を移築し開館。主屋、門などが国登録有形文化財　殿町312番地　☎076-276-5614

駅の北側に松任工場

木造平屋の松任駅舎は、昭和38年（1963）には鉄筋コンクリート造に改築され、駅構内の北側には、金沢鉄道管理局松任工場が広がっていた。昭和62年4月以降は、国鉄分割民営化により西日本旅客鉄道（JR西日本）・日本貨物鉄道（JR貨物）の駅となる。国鉄の民営化前までは、ニッコー松任工場や日本石油松任油槽所（閉鎖）、住友セメントのセメントサイロ（閉鎖）などへ続く専用線も設置され、貨物駅の色彩も濃かった。

昭和5年（1930）に着工した国鉄の名古屋鉄道局松任工場は、昭和10年10月28日に完成し、開場式が行われた。

なお、松任工場は、北陸線小松―金沢間の延伸開業に併せて創設された、金沢機関庫内の車両修繕部門（金沢修車場）として明治42年度（1909）に設立され、昭和10年度（1935）に現在地（松任）に移転した。戦後も蒸気機関車から交直流機関車の修繕まで、北陸線の運行を支えてきた。国鉄分割民営化後は金沢総合車両所松任本所となり、構内にはIRいしかわ鉄道の車両基地もある。

一方、松任の駅前通りは、内国通運会社や吉田倉庫など運送関係の建物が並んでおり、かつては市内の菓子店「圓八（えんぱち）」の名物「あんころ」餅がホームで立ち売りされていた。

国鉄松任駅（汽車場）

名物のあんころはホームで立ち売りされていた（平成3年ごろ）

ラッパ鳴らし鶴来街道走る馬車

開通したばかりの北陸線松任駅前には、太田旅館を起点に松任―鶴来間の乗合馬車が定期的に通っていた。駅前から東新町を通り、東一番町から石同を通って鶴来街道を走った。特徴のあるラッパを吹き鳴らしながら馬車はゆっくり往復していたという。沿線の住民に重宝がられ、白山比咩神社参詣、白山登山の客を乗せ、北陸線からの2次交通としても活躍していたという。

大正5年に松金電車軌道線に

一方、明治37年（1904）11月には、金沢方面に松金馬車鉄道が敷設された。いわゆる軌道馬車で、八ツ矢町端からほぼ国道に沿って野々市街道を経て、金沢の野町三丁目まで5・28㎞の路線であった。当時、14台の車両、19疋の馬で40分ごとに行き来していたという。野々市に馬継所があり、馬を代えながら客車がすれ違っていた

日本国有鉄道松任工場のプレート（昭和47年）（白山市立博物館蔵）

JR西日本金沢車両所松任本所

という。大正5年（1916）4月からは近代的な電車、松金電車軌道線に生まれ変わる（後の北陸鉄道松金線、昭和30年11月廃止）。松任町内には、東町、八ツ矢町の両停留場があった。いわゆる石川の「郊外電車の時代」を代表する路線といえよう。モータリゼーションの進展などの理由で昭和30年11月に全線廃線となった。

（本康宏史）

金沢まで約1時間で走った松金馬車鉄道

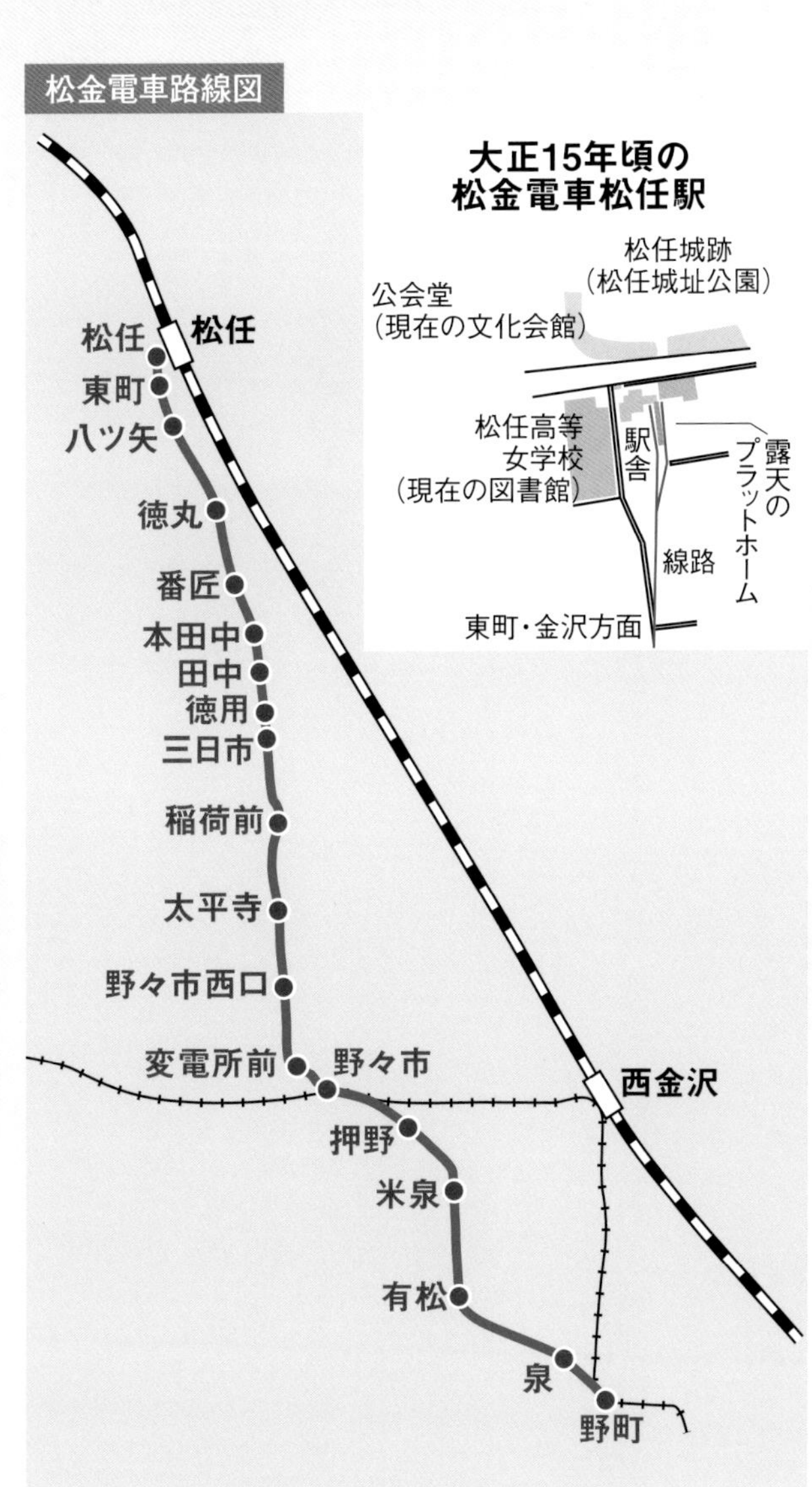

松金鉄道の松任停車場

松金電車は昭和30年（1955）に廃止され、その代わりとして昭和31年に停車場ホームを利用しての松任バスターミナルが設置され、松任を起点とするバス路線網が整備されていった。

近代13

事業経営と湊村の政治に貢献 蒐集した1万3863冊を公開

2代熊田源太郎と呉竹文庫の開設

湊村の名家・熊田家の養子に入り、事業のほか村長などを務めた。大の本好きで稀覯本を含む膨大な蔵書を公開。地域の教育振興に役立てられた。

呉竹文庫正門

呉竹文庫の書斎

能美郡湊村（白山市湊町）の熊田家は藩政末期から維新期にかけて村の組合頭（助役）に名を連ねた名家である。初代源太郎は北前船交易で財を成し、手取川流域の田地を集積して、明治30年代はじめには138余町歩を所有する県下有数の大地主となった。

2代源太郎は明治19年（1886）に生まれた。小松の真宗大谷派本覚寺住持渥美契縁家で養育され（幼名源一郎）、翌年に湊村熊田源太郎の継嗣として入籍した。同36年、養父源太郎死去により18歳で家督を相続、源太郎を襲名した。2代源太郎は家業の回漕業を基盤に金融・物流・鉱山・北洋漁業などさまざまな事業を手がけた。経済変動の荒波の中で事業経営は必ずしも堅調ではなかったが、県域をこえた活動は実業人としての声望を高めた。かたわら大正2年（1913）から昭和9年（1934）まで村会議員・村長を歴任し、湊村の政治・行政に深く関わっていた。昭和9年の村長就任は手取川大水害の直後で、罹病療養の身であったが、被災村民の切なる要請に応えての再就任であった。水害復旧に向けた源太郎の動きは迅速で、金沢と湊を頻繁に行き来して県当局への陳情をくりかえした。だが、こうした激務は術後の身を徐々に蝕み、同10年1月、源太郎は病を再発させ、力尽きたように49歳の生涯を閉じた。

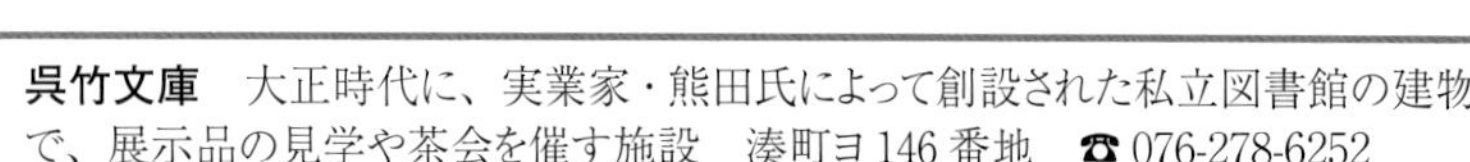

呉竹文庫　大正時代に、実業家・熊田氏によって創設された私立図書館の建物で、展示品の見学や茶会を催す施設　湊町ヨ146番地　☎ 076-278-6252

「紙魚になりたい」ほど本が好き

2代源太郎は『枕草子』『源氏物語』など日本の古典文学を愛読する文学少年で、向学心も高かった。しかし、旧制小松中学校卒業直前に養父が死去し、家業を継いだため、高等学校進学を断念せざるを得なかった。だが、「紙魚(紙を喰う虫)になりたい」と語るほど耽読に身を委ねたい源太郎は、学問全般にわたる書籍の蒐集に慰みを求めた。明治中期から昭和初期にかけて買い求めた書籍は1万3863冊である。内容は多岐にわたり、図書分類で区分するならば108項目になる。目を引くのは夏目漱石・正岡子規・森鴎外や有島武郎などの文学全集で、初版本かつ奥付に「非売品」と刻印された稀覯本である。また、仏教関係の全集や叢書にも目を見張るものがある。ちなみに2代源太郎は篤信家として檀信徒にひろく知られていた。2万余円を費やして明治44年に建立された東本願寺玄関門は彼の寄進によるものである。

呉竹文庫書庫内部

大正4年(1915)4月、源太郎は蒐集した書籍を呉竹文庫蔵書として好学の人士に公開した。「父祖の事業を継承して読書の時間が大きく減殺された。けれども到底読めないと承知しつつも買書癖は止まらない。有用な書籍も空しく書架を飾るのみで場所塞ぎの無用物と何ら変わらないので、友人に閲読を勧めた」のが動機である。11年、文庫は蔵書維持経費にかかる税負担を軽減するため財団法人となった。文庫には藤原定家の「明月記」断簡、冷泉為相書写と伝えられる源氏物語「夕顔の巻」など学術的にも高い価値をもつ古文書のほか書画・骨董・美術品も数多く収蔵された。

2代目熊田源太郎

大正期の呉竹文庫(呉竹文庫提供)

平成になり自治体に移管

呉竹文庫は源太郎の死後も地域の教育振興・文化活動のセンターとして役割を果たした。しかし、戦後は長らく休館状態となっていた。貴重な書籍類の死蔵を惜しむ地域の人々の働きかけで、文庫は平成2年(1990)に美川町に、23年からは白山市に移管され、博物館的な施設として公開されている。

(太多　誠)

近代14　小堀定信と金名線

物産運搬で上流から鉄道建設 尾添川沿いで県境越えへ振興模索

金沢・名古屋間の官営鉄道が絶望的となる中、小堀定信は物産運搬のため上流から建設。県境越えに向け尾添川沿いの振興を模索した。

白山下サイクリングパーク（旧白山下駅前）にある小堀定信の胸像（白山市河原山）

金沢・名古屋という2つの「軍都」を結ぶ鉄道構想は日清戦争後繰り返し浮上し、大正11年（1922）公布の改正鉄道敷設法では金沢―福井県大野―岐阜県大垣間が政府の建設予定線に認定された。しかし同13年に政府が富山と名古屋を結ぶ「高山線」建設を開始すると、金沢―名古屋間の（白山ろくを貫く）官営鉄道建設は絶望視された。

農民の反発招き工事遅れ

こうした状況下、白山水力㈱吉野谷発電所の建設資材輸送を請け負った鶴来町の小堀定信（こぼりていしん）は、木材や薪炭など白山麓の物産運搬を目的に鉄道建設に着手し、大正14年上流側の白山下（河原山）―加賀広瀬間を完成させた。下流側の工事に向け資金調達のため同年末に金名（きんめい）鉄道㈱を設立したが、鶴来町南部で地下を流れる七ヶ用水の上部に線路を敷設する点が下流農民の反発を招き、工事は大幅に遅れた。漸く昭和2年（1927）末に鶴来駅まで線路を延長したが、用水組合への賠償等が重荷となり、同社の経営は著しく悪化した。

金名線の釜清水駅

郡上八幡までの敷設出願

用水問題紛糾中の大正15年末、名古屋方面への延伸を目指す小堀は白山下—岐阜県郡上八幡間の敷設を出願した。これは尾添川沿いに（白山白川郷ホワイトロードに近いルートで）岐阜県境を越え、庄川・長良川沿いに鉄道省越美南線を目指す計画であった。最短距離とはいえ人口希薄地域を経由するため、沿線を開発し開業の正当性を示す必要があった。資金難から敷設は実現しなかったが、小堀は中宮・尾添など尾添川流域での温泉・林業経営など白山麓の経済振興を真摯に模索、さらに金名鉄道と金沢港建設を通じ大陸進出の拠点として石川県を位置づけようと運動した。

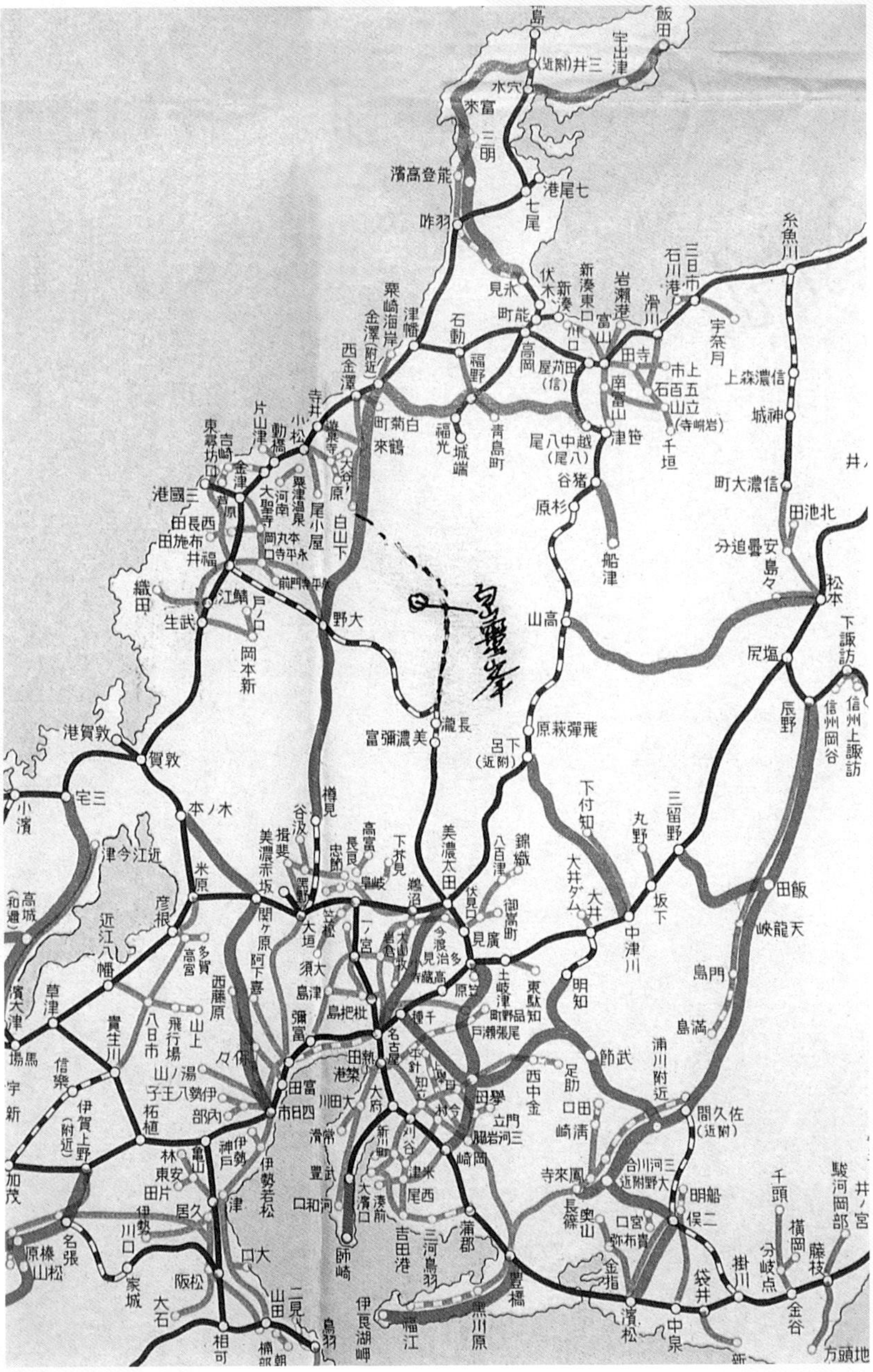

昭和18年、戦時体制下での交通統合策に基づき金名鉄道は北陸鉄道㈱に統合された。敗戦後の同24年に電化が実現し、金名線は通勤・通学の足として、観光や地域経済の動脈として貢献した。しかしモータリゼーション進行に伴い昭和40年代から利用客が減少し、昭和62年、金名線は60年余の歴史に幕を閉じた。

（新本欣悟）

昭和7年作成の鉄道路線網図（個人蔵）

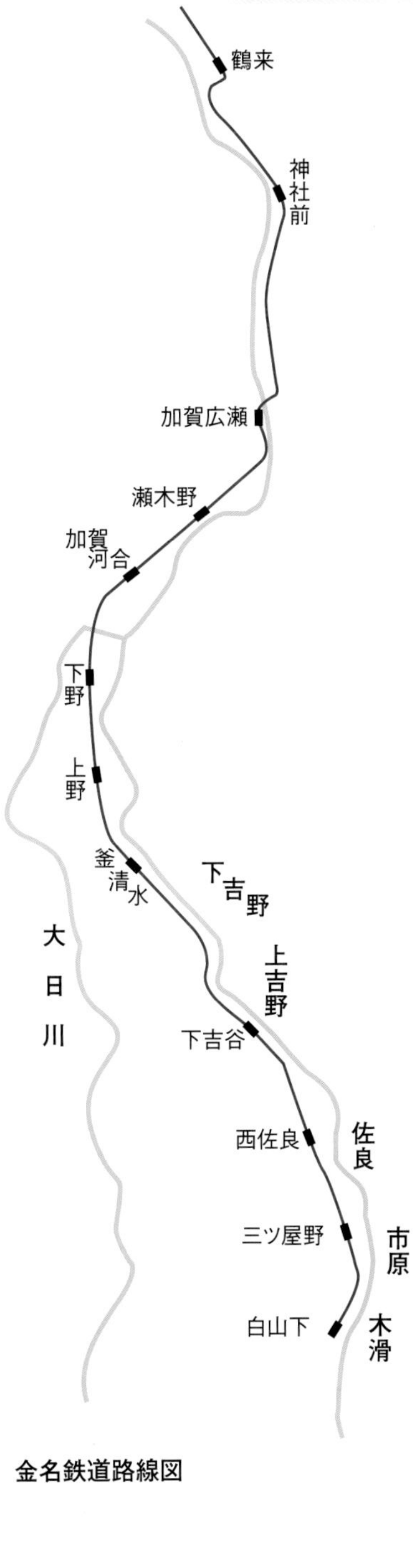

金名鉄道路線図

近代15

白山ろくの特産物栽培

昭和初期からナメコの缶詰を生産 葉煙草は昭和初期まで県最大産地

白峰村では昭和初期からナメコの缶詰技術が導入され、戦後は人工栽培も始まった。手取川沿いは葉煙草の県内最大産地だったが、次第に減少した。

白山山ろくは耕地面積が狭く、旧白峰村や旧尾口村などでは、焼畑耕作を主とした出作り農業が営まれてきた。その白峰村では昭和初期よりナメコの缶詰製造に取り組んできた。また、手取川の中流域には河岸段丘が発達し、段丘面では早くから葉煙草栽培が行われてきた。葉煙草は明治・大正期には、米、繭とともにこの地域における三大収入源の1つであった。

白峰村のナメコ栽培の変遷

ナメコは、古くから秋の食べ物や保存食として貴重なキノコであった。昭和7年（1932）、缶詰技術が旧白峰村に導入され、天然ナメコを原料とする缶詰が生産され東京などに出荷されていた。原料確保のために人工栽培への取り組みが始まり、昭和21年頃から原木栽培法による人工栽培が始まった。その後、空調設備の導入により通年栽培が可能なオガクズ栽培法による栽培が昭和50年前後に旧吉野谷村の木滑（きなめり）と吉野、旧白峰村の桑島において始まり、昭和56年には約29トン生産していた。現在は、木滑の合同会社「山立（やまだち）会（かい）」がオガクズによる菌床栽培を行い「木滑なめこ」

ナメコ栽培の様子（山立会ナメコ工場にて2019年9月筆者撮影）

旧吉野谷村における林産物の生産指数

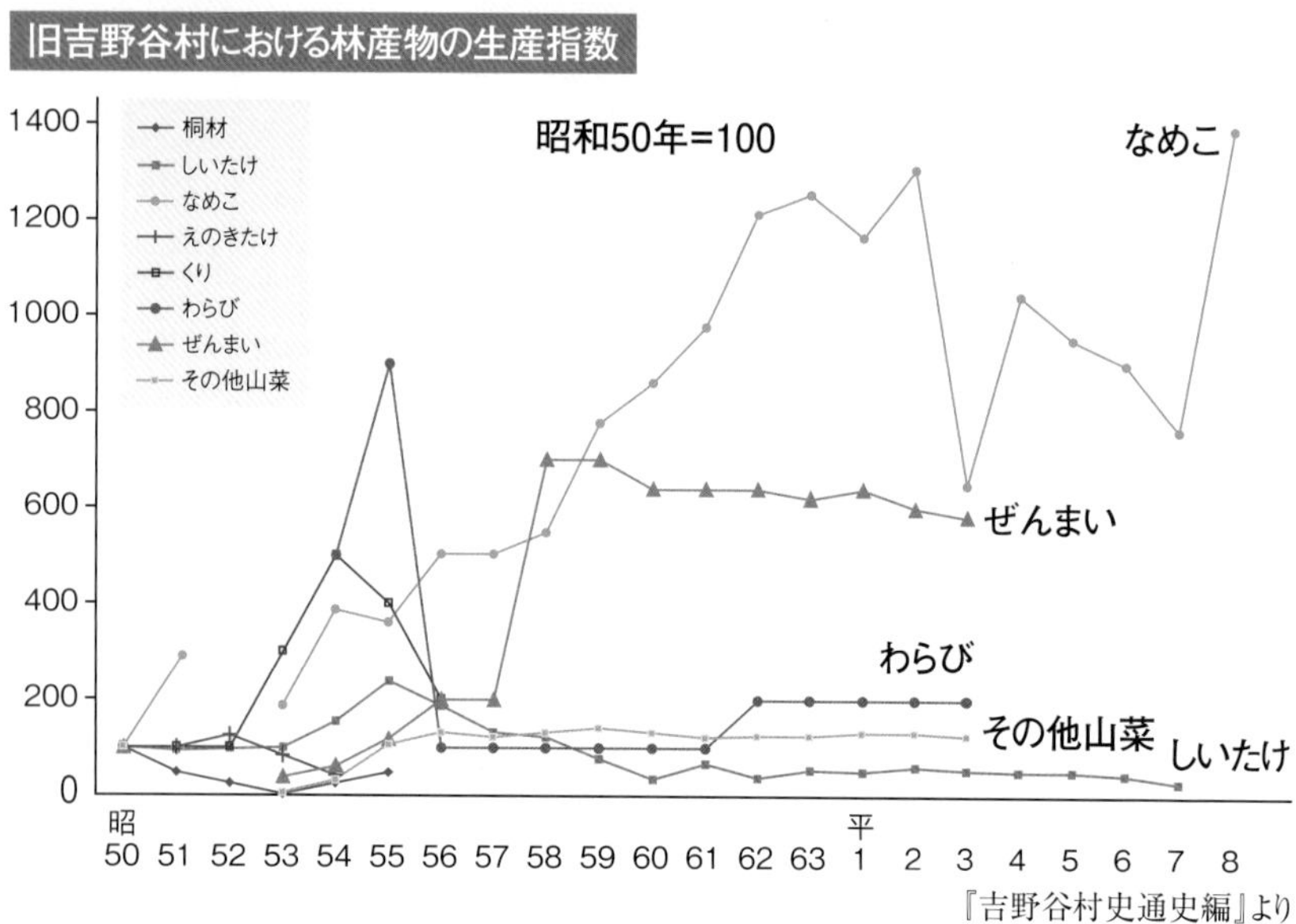

『吉野谷村史通史編』より

手取川渓谷における煙草作地域（大正10年）

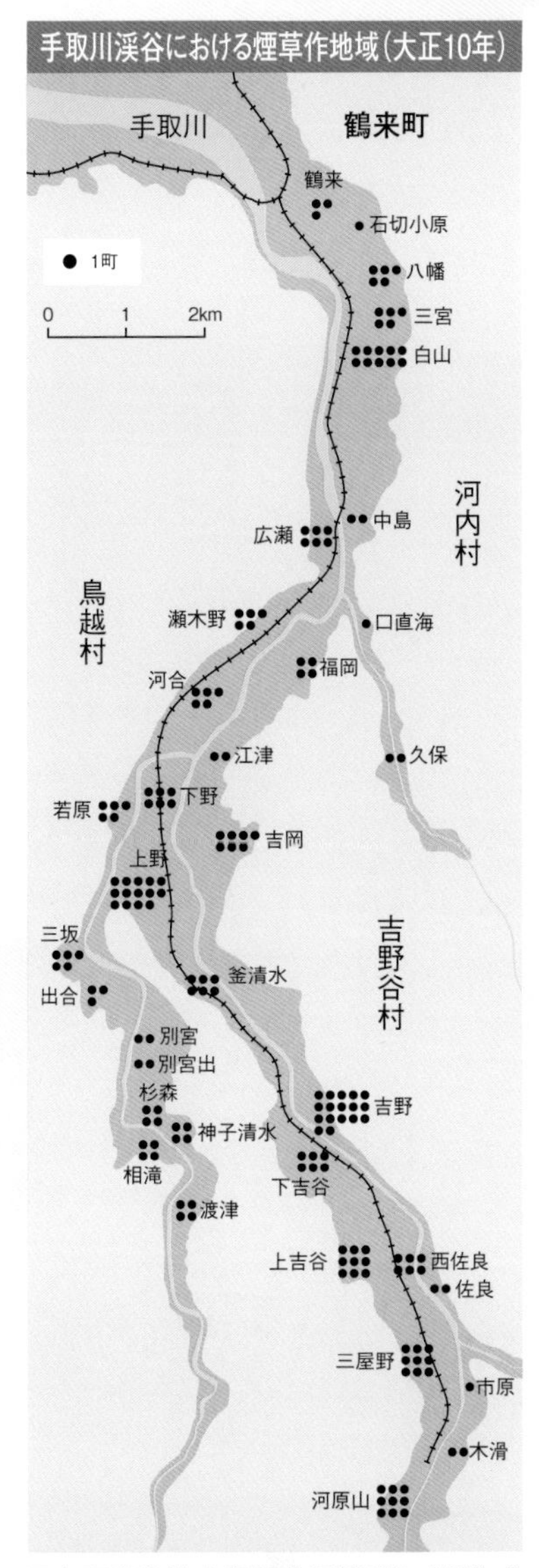

日本専売公社金沢地方局資料により作成
矢ヶ崎孝雄「手取川渓谷における耕地利用の変遷」歴史地理学紀要11（1969年）から作成

葉煙草乾燥室（昭和20年頃）　『図説吉野谷の歴史』より

として年間約25トン生産し、金沢市から小松市のスーパー、飲食店などや関西圏の蕎麦屋に出荷販売している。元々「木滑なめこ生産組合」が栽培・販売を手掛けていたが、「山立会」が平成30年（2018）から事業を引き継いでいる。

藩政期頃から葉煙草の生産

手取川沿いの旧鶴来町、旧吉野谷村、旧鳥越村、旧河内村などでは、藩政期頃から葉煙草の生産が行われ、鶴来谷産地を形成してきた。主に鶴来に出荷され刻み煙草に加工され、金沢、松任や富山県などで販売されていた。葉煙草生産は、明治期一時衰退するが、鹿児島県国分地方より栽培技術と良種の導入を図り復活している。明治31年（1898）の煙草専売制施行に伴い耕作面積は減少したが、県内最大の産地として昭和5年（1930）頃をピークに昭和10年頃まで安定した生産が行われていた。しかし、世界大戦勃発に伴う耕作者減少や食糧増産政策、国営砂防工事や発電所建設などへの労働力の流失、昭和26年からの火力乾燥の必要な黄色種への品種転換などにより栽培面積が減少し、葉煙草産地は砂丘地や能登半島に移動している。

（笠間　悟）

鳥越村における煙草栽培面積・人員の変遷

反 1800 / 1500 / 1200 / 900 / 600 / 300
人 (700) / (500) / (300) / (100)
鶴来
鳥越
— 鶴来出張所管内煙草栽培面積
— 鳥越村煙草栽培面積
— 鳥越村煙草栽培人員（　）の目盛りは栽培人員
明35　大1　10　昭1　10　20　30　40

『石川県鳥越村史』より引用

葉煙草収穫作業（昭和20年頃）　『図説吉野谷の歴史』より

近代16

登拝してこそ一人前の男子 明治後半から昭和初期に盛行

成人儀礼の白山参詣

信仰活動の一環としての白山登拝は江戸以前からだったが、一人前と認められる通過儀礼としての登山は明治後半から昭和初期にかけて盛んとなった。

藤井信之画「白山参詣」（個人蔵）

戦国時代に著された『白山禅頂私記』という縁起によると、加賀・越前に生まれた者は一生に一度は白山権現に参詣することが称揚されており、信仰活動の具現化としての白山登拝は、江戸時代以前から行われていたことが知られるが、人の一生の通過儀礼として白山に登拝することが盛行したのは、明治時代の後半から昭和初期にかけてのことである。

3泊4日の行程を描写

石川平野の若者の間では一人前の男子として認められるために白山参詣が行われた。大正5年（1916）、白山参詣に参加した若者の日記には、当時の白山参詣のようすが克明に記されている。郷村番匠（現白山市番匠町）に育った16歳の若者は、同世代の者6名とともに、8月4日未明に居村を発ち、同月8日に帰着した3泊4日の行程を、おおむね七五調による軽妙な筆致

大正時代の白山登山

で描写しており、当時の若者の白山参詣に向けた思いを知ることができる。

尾添、市ノ瀬を経由

このような当時の日記や、民俗調査の成果によると、白山参詣の行程はおおむね、まず自身の氏神社と白山比咩神社（白山市三宮）に詣でた後、尾口村尾添（白山市尾添）から白山山頂（大汝峰・御前峰）を登拝し、下って市ノ瀬（白山市白峰）の温泉を経由して、白峰村白峰（白山市白峰）へと至るルート（もしくはその逆ルート）をたどり、下山後一泊して帰宅するものであったことがわかる。出立・帰着の前後には居村の青年団等による盛大な見送り・出迎えもあったといい、白山参詣を終えた若者たちが「精進落とし」を行ったのが、鶴来の免許町（白山市鶴来日詰町）であったともいわれる。

白山市内の神社には、白山参詣の記念に奉納された玉垣・社号標・鳥居額・手水鉢・石灯籠・石橋・狛犬・石塔・記念植樹などが各所に現存している。神社拝殿には、絵馬や随身像、参詣記念の絵ハガキを額仕立てにして奉納されている例も確認されている。（石田文一）

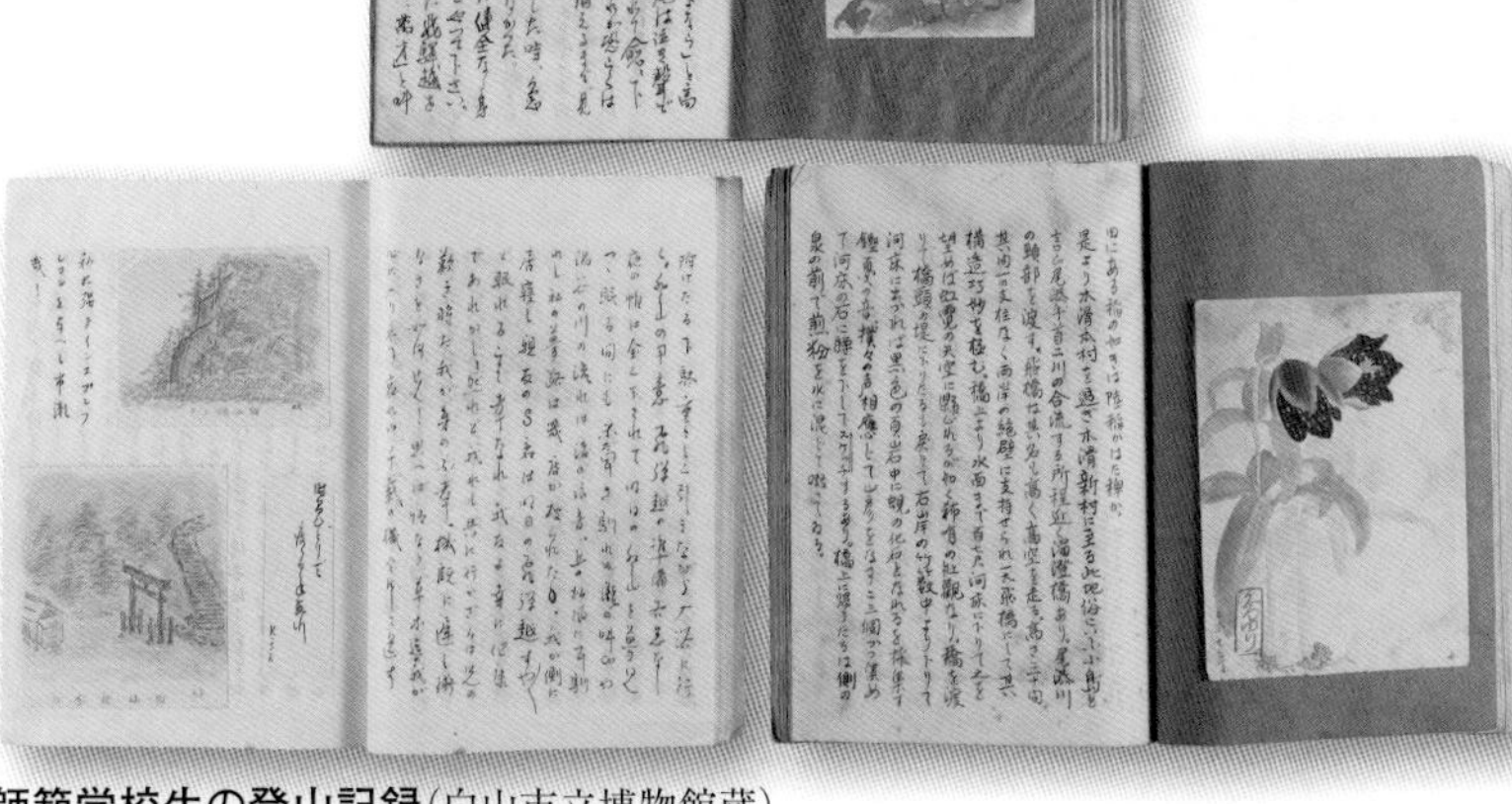
師範学校生の登山記録（白山市立博物館蔵）

白山詣に使われた笠

白山市下柏野、槍本神社の参道沿いには「昭和大典白山参拝紀念植林」の石碑と植えられた松が残っている

師範学校生の「登山の記」の表紙（白山市立博物館蔵）

近代17

松本白華と暁烏敏

大谷派の近代化に尽くした白華 暁烏は宗政改革に奔走した

松本白華は欧州の宗教事情を視察、真宗大谷派の近代化に尽力した。暁烏敏は『歎異抄』を世に広め、戦後は宗務総長として宗門の財政を回復させた。

松本白華

松本白華は、天保9年（1831）、松任本誓寺に生まれた。明治初年から真宗大谷派の近代化に尽力した学僧として知られる。漢学の造詣が深く、詩文・和歌にも長じた。明治2年（1869）、異宗教諭となって長崎の浦上教徒の訓誨に当たり、5年9月、本願寺法主大谷光瑩に随って、ヨーロッパの教法視察に赴いた。白華らはヨーロッパ各国を歴訪し宗教事情を視察、教団の近代化に寄与した。ちなみに、この時の随行員には成島柳北もいたという。

詩文・和歌にも長じる

のち、教部省、さらに本願寺に出仕。明治9年には法主の光瑩に随ってインドに渡り、中国・朝鮮を歴遊した。見識が高く、議論は正確にして平易。その著作は300余種に及んだ。詩作にも長じ、作品は『白華余声』として刊行されている。

松任の自坊に戻ってからも仏典の書写、青少年の教育に尽力。常に読書と執筆に明け暮れ89歳の長寿を全うしたという。著作並びに蔵書は、「白華文庫」として収められている。市内に残る日露戦争の慰霊碑には白華撰文の碑文も少なくないが、本誓寺の檀家ではない遺族からの依頼も多いという。

清沢満之門下の「三羽烏」

一方、暁烏敏は、明治10年（1877）、出城村（現北安田町）の明達寺に生まれた。白華同様、真宗大谷派の僧侶、宗教家である。清沢満之が主宰する「浩々堂」の同人となり、雑誌「精神界」の編集に携わるなど、宗政改革に奔走した。同誌の「歎異鈔講話」が評判を得、「異安心」（異端者）と呼ばれながらも、『歎異抄』の存在を広めた。当時、佐々木月樵、多田鼎とともに「浩々洞三羽烏」と称され、一方で、地元の藤原鉄乗、高光大船とともに「加賀の三羽烏」とも呼ばれている。

大正末から昭和前期は、インド、ヨーロッパ、アメリカ、朝鮮、中国などへの海外旅行が毎年のように続く。「世界人類救済の願心」を抱き、一時は社会主義とも極めて近い位置にあったが、昭和初年より日本精神への回帰を強め、戦争に積極的意義をみる立場へと変化していく（戦時中は大政翼賛文化団体顧問）。昭和20年（1945）には不自由だった視力が全盲になるものの、以後も精力的な活動を続け、26年には大谷派本願寺宗務総長に就任し、宗派の財政を回復させた（愛称は「念仏総長」）。

清沢満之

暁烏敏の北國新聞寄稿記事

晩年、自坊に師の清沢満之像と自像を納める臘扇堂（ろうせんどう）の建設を計画。竣工直後78歳で没した。膨大な著作は『暁烏敏全集』に収録されている。若い頃から俳句に親しみ、正岡子規、高浜虚子とも親しく、詩文も多く残した。蔵書6万冊を金沢大学に寄贈し「暁烏文庫」として公開。白山市は暁烏賞を昭和60年（第1回）から設けている。

（本康宏史）

暁烏敏

浩々洞三羽烏、暁烏、多田、佐々木

インド旅行中の暁烏敏

明達寺で朗読に聞き入る暁烏

近代18

「時代の寵児」島田清次郎

大ベストセラーを連発 天才か狂人か、問われる真価

美川町生まれの作家島田清次郎は『地上』が大正の大ベストセラーとなった時代の寵児であった。文壇登場時から根強い「狂人説」を超えて、再評価が求められる。

島田清次郎（大正12年以前、石川近代文学館提供）

・万人ことごとく帝王の如く生きよ、これ社会主義の原理なり。

・天才よ、偉人よと云ふてくれるもあり、馬鹿狂人とののしるもある。狂人か偉大人かはこの己も、何れが真か分り兼ねつも、狂人か偉大人かは、この己れの死んでしまふた墓にコケ蒸す頃に分る。かにかくに狂人と偉人の境界をよろめきながら生くる己れかも。（「雑記帳」）

「帝王の如く生きよ」

美川町生まれの小説家島田清次郎（しまだせいじろう）（1899〜1930）が、『地上』第3部「静かなる暴風」（大10・1 新潮社）を出した年に書いた「雑記帳」の中の言葉である。なんと正確に自身の未来を予見し、また、書かれたばかりの第3部の内容を要約していることか。そこには大河平一郎を和歌子、輝子の二人が「わたし達の帝王」と呼び、それに平一郎が和するところがあり、読んでいて違和感を覚えるが、こちらの読みに問題があったようだ。帝王はナポレオンのような英雄を指すのではなく、個人が尊厳を持って自覚的に生きることを意味する言葉であったの

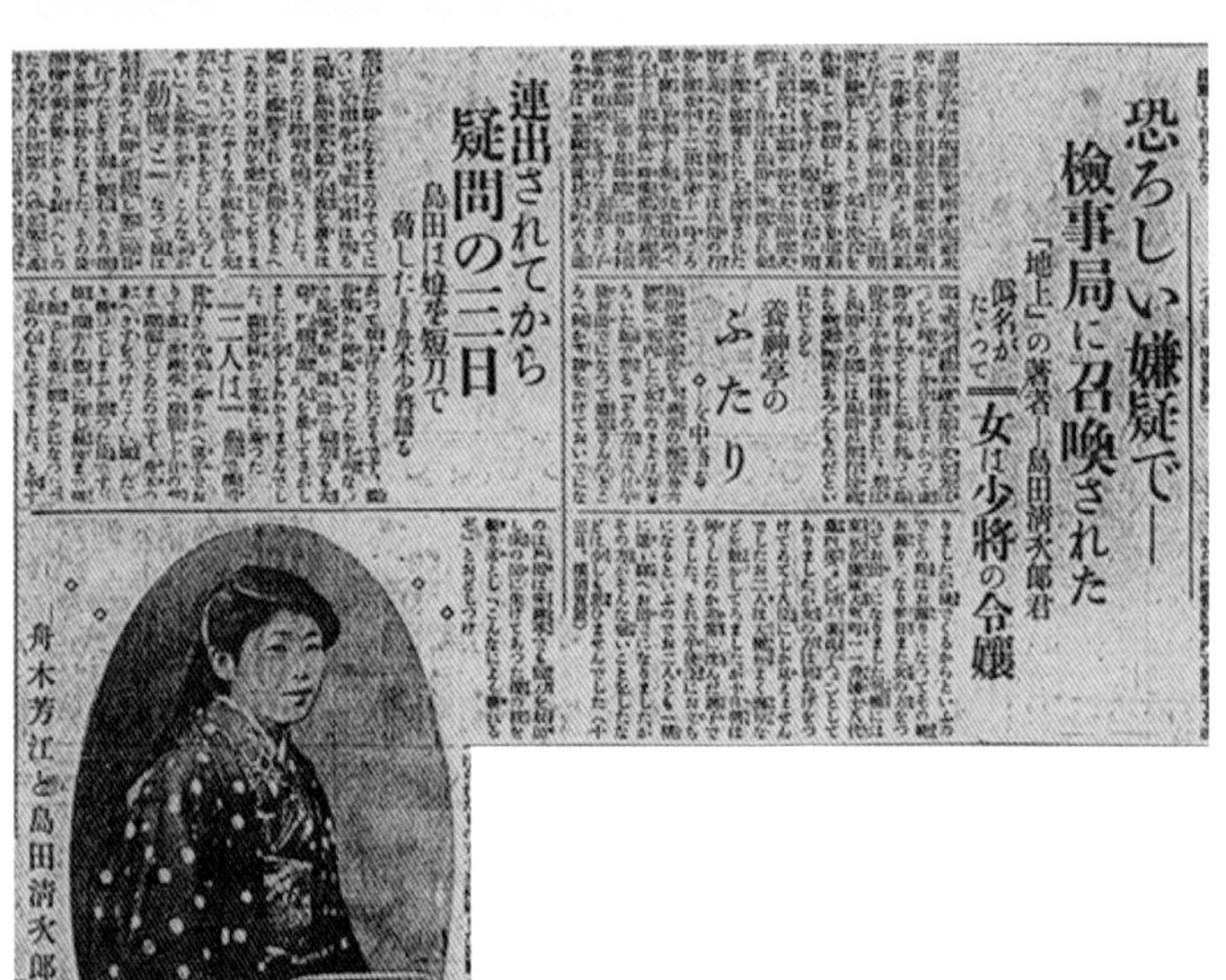
恐ろしい嫌疑で―
検事局に召喚された
「地上」の著者 島田清次郎君
女は少将の令嬢
ふたり
連出されてから
疑問の三日
舟木芳江と島田清次郎君

島清事件を報じた「東京日日新聞」（大正12年4月14日）

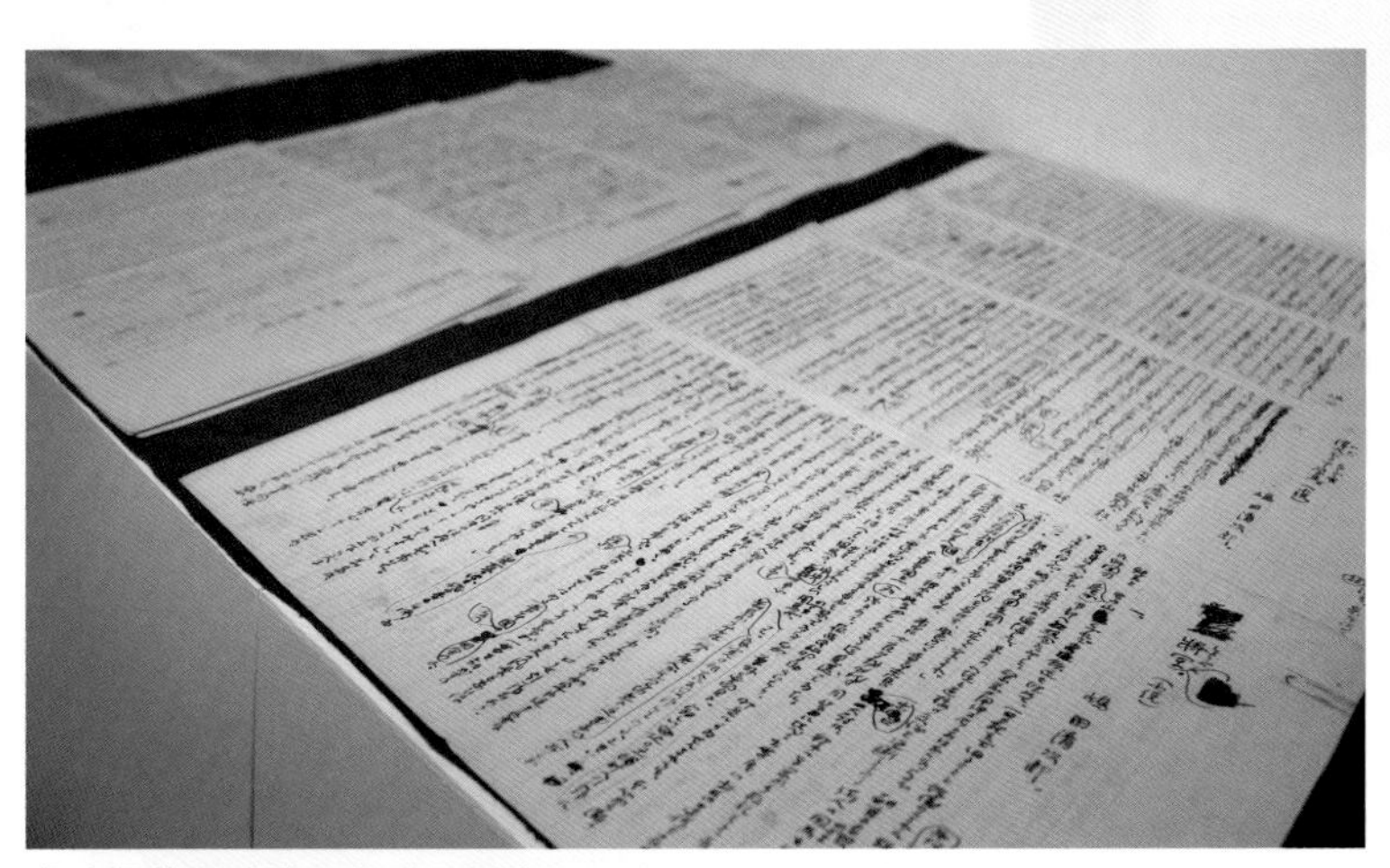

巣鴨保養所時代の島田の原稿（石川近代文学館提供）

島田清次郎の著作の展示（石川ルーツ交流館）

である。それが島田が目指す社会主義の実態であった。

また、天才、狂人論は既に文壇登場時からあったことも分かる。島清事件（大12・4）や巣鴨保養所収容（大13・7）が島田狂人説を増幅させ、決定づけたが、島田が自ら記すように没後90年になろうとする今、その真偽が改めて問われなければならない。

12冊を5年で刊行

『地上』は「燃ゆる大地」の第4部まで刊行されたが、どの巻も原稿は５００枚を超え、最初の数巻は60版を超えるベストセラーであり、いかに時代に受け入れられたかが分かる。他に『早春』『革命前後』等の感想集や戯曲を入れると、12冊の単行本が5年で刊行されたことになり、その才能、力量を疑うことはできない。

島田は一過性の時代の寵児ではなく、今に繋がる普遍的なテーマを持った作家であったのであろう。天才か狂人かというレベルを超え、文学の普遍性からこの作家に迫らねばならない。

（上田正行）

島田清次郎生誕地碑（白山市美川南町）

島田が幼い頃を過ごした吉米楼跡。現在は金沢市西茶屋資料館となり1階に島田に関する資料を展示している（金沢市野町2丁目）

近代19

美川青年団の政治活動

永井に触発され2青年党が旗揚げ 町議に当選、町政界にも影響

美川町ではデモクラシー思想に触れ青年団活動が盛んに。富裕層と低所得者層はそれぞれ政党の青年党を結成、町議に1名づつ当選するまでになった。

葵陽青年同盟（大正14年、『美川町政史』所収）

日露戦後の地方改良が政治課題となるなか、地域社会の発展を担う青年（義務教育を終えた入営前の就業青年）の組織化が急務となっていた。美川町では明治42年（1909）に葵陽青年会が結成されていたが、大正5年（1916）に美川町青年団に発展解消した（団長小学校長）。団員は気心の合った者でグループをつくり、娯楽を楽しみ、スポーツに興じ、時には社会・時事問題を論じ合った。とくに日曜会（地主・商家など富裕町民の子弟グループ）と、くれないクラブ（商家使用人・職人など低所得層の子弟グループ）は異彩を放ち、熊田源太郎の呉竹文庫で政治・社会思想関係の著作や近代文学に親しみ、大正12年に熊田が開講した小舞子夏期大学に参加して柳宗悦ら大学教授の講義に耳を傾けていた。デモクラシー思想にふれた団員たちは大正新時代を担う青年の使命を模索し始めていた。

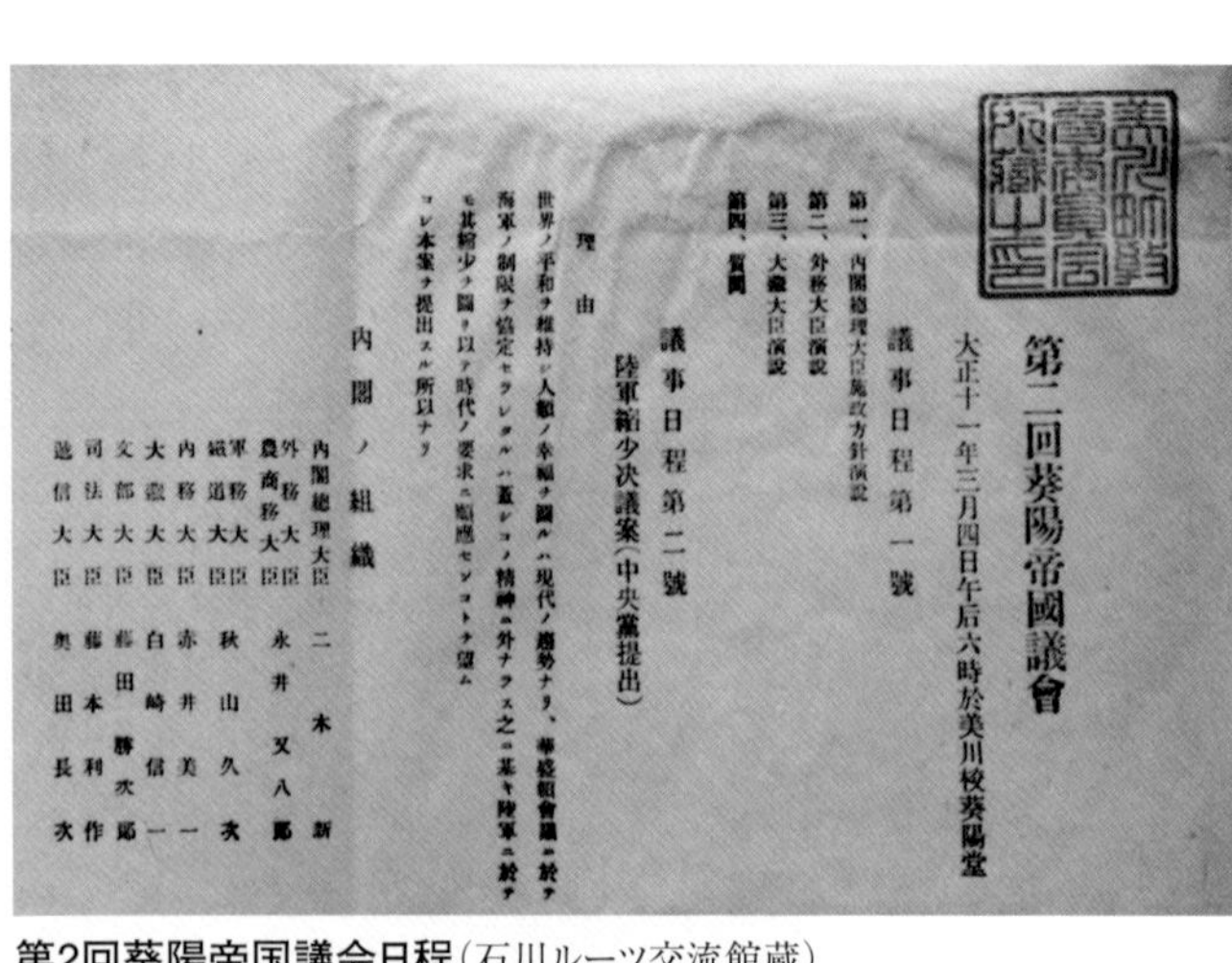

第二回葵陽帝國議會

大正十一年三月四日午后六時於美川校葵陽堂

議事日程第一號

第一、內閣總理大臣施政方針演說
第二、外務大臣演說
第三、大藏大臣演說
第四、質問

議事日程第二號

陸軍縮少決議案（中央黨提出）

理由

世界ノ平和ヲ維持シ人類ノ幸福ヲ圖ルハ現代ノ趨勢ナリ、華盛頓會議ニ於テ海軍ノ制限ヲ協定セラレタルハ蓋シコノ精神ニ外ナラス之ニ基キ陸軍ニ於テモ其縮少ヲ圖リ以テ時代ノ要求ニ順應セシコトヲ望ムコレ本案ヲ提出スル所以ナリ

內閣ノ組織

內閣總理大臣　二木新
外務大臣
農商務大臣　永井又八郎
軍務大臣
鐵道大臣　秋山久次
內務大臣　赤井美一
大藏大臣　白崎信一
文部大臣　藤田勝次郎
司法大臣　藤本利作
遞信大臣　奥田長次

第2回葵陽帝国議会日程（石川ルーツ交流館蔵）

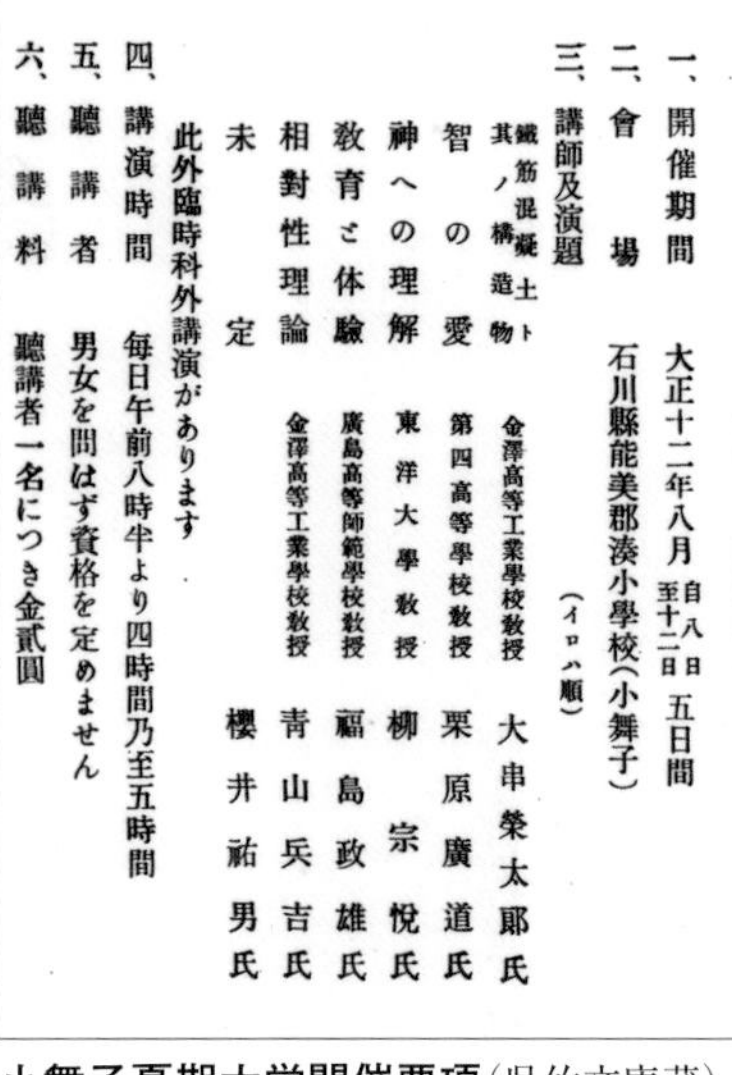

殿

小舞子夏期大學開催要項

一、開催期間　大正十二年八月自八日至十二日　五日間
二、會　場　石川縣能美郡湊小學校（小舞子）
三、講師及演題　（イロハ順）
鐵筋混凝土ト其ノ構造物　金澤高等工業學校教授　大串榮太郞氏
智の愛　第四高等學校教授　栗原廣道氏
神への理解　東洋大學教授　柳宗悅氏
教育と体驗　廣島高等師範學校教授　福島政雄氏
相對性理論　金澤高等工業學校教授　青山兵吉氏
未定　櫻井祐男氏
此外臨時科外講演があります
四、講演時間　每日午前八時半より四時間乃至五時間
五、聽講者　男女を問はず資格を定めません
六、聽講料　聽講者一名につき金貳圓

小舞子夏期大学開催要項（呉竹文庫蔵）

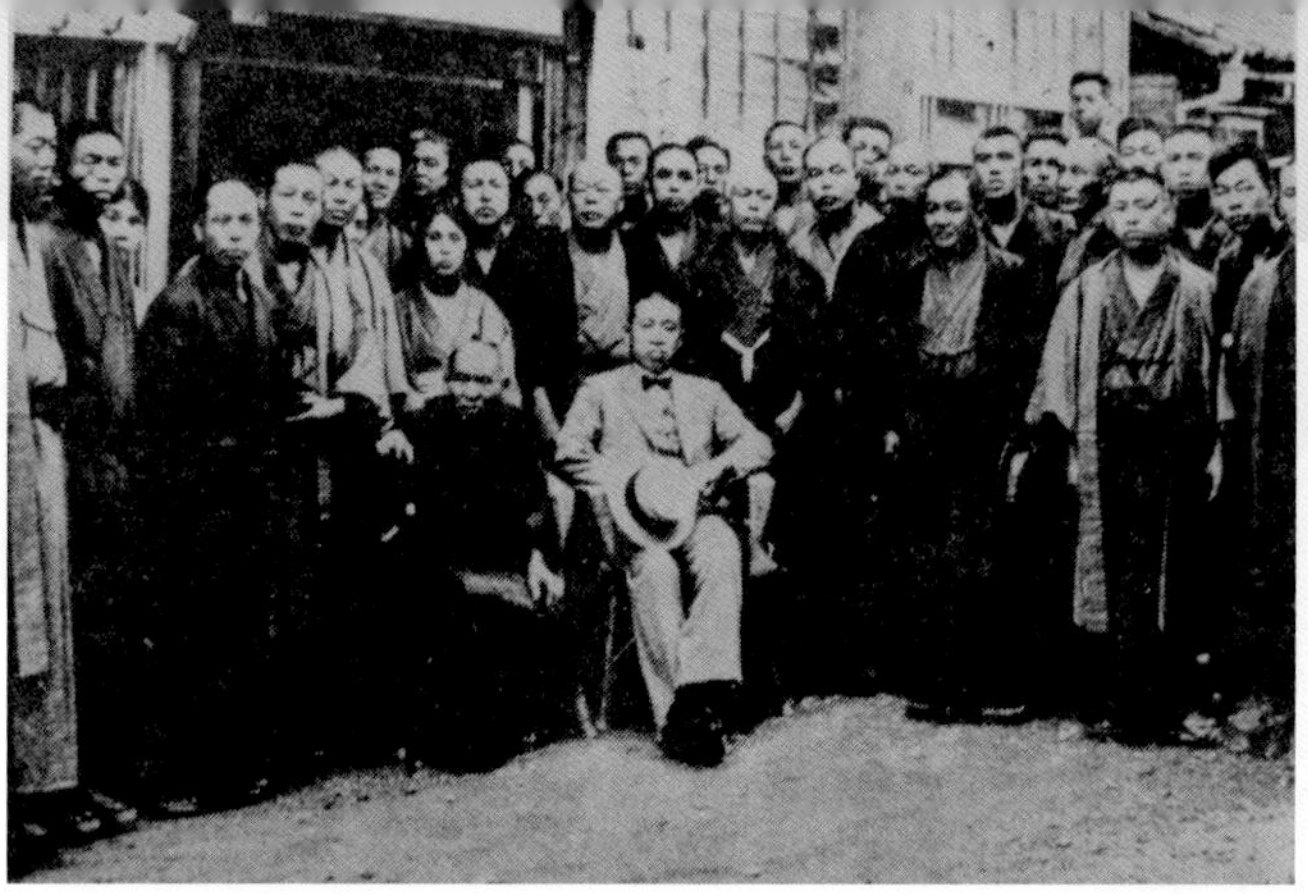

昭和6年県議選後美川を訪れた永井柳太郎を迎える美川永親会（『美川町政史』所収）

擬国会で論戦、傍聴人を魅了

大正9年1月、政府は青年団活動の自主自立を促す訓令を発した。美川町青年は即座に反応し、4月、石川郡青年団幹部や町長・美川警察署の制止を抗して、団長を団員の互選で選出し、自主的に団活動を行う自治団に改組した。

民本主義の政治思想が社会一般に流布し、普選運動が高まりをみせるなか、美川青年団は10、11年に葵陽帝国議会（帝国議会を模した擬国会）を開催した。内閣・野党・中立党に分かれた団員が軍備縮小や普選法案、危険思想取り締まりなど現実の政治課題を議題に論戦をくりひろげた。町長・町議や警察官が臨席・注視するなか、団員は臆することなく磨き上げた弁論術で論陣を張り、傍聴人を魅了した。閣僚・党幹部に就いたのは弁論に長けた団役員であった。

青年団員が現実政治に強い関心を抱く契機となったのは大正6年4月の衆院選金沢支部選挙区に立候補した永井柳太郎（憲政会）の弁舌である。選挙権の拡張や民本政治の実現を説く永井に強く触発された団員が9年9月に石川県立憲青年党（8年7月結成）美川支部を設立した。中核はくれないクラブ員で、彼らは憲政会系町議と連携して衆議選や県議選で青年行動隊として郡内の町村遊説に挺身した。一方、町政を牛耳る政友会系町議も青年団の旺盛な行動力に着目し、12年8月に美川政友青年党を旗揚げさせた。日曜会員を幹部に据えた政友青年党は常に議会政友クラブと連携し、その指揮下で各種選挙の青年別動隊として行動した。

町政刷新を掲げ町民動かす

政治信条を貫いた結果として、美川青年団は立憲青年党と政友青年党に二分された。両党は町政で覇を競う憲政会（民政党）・政友会系会派と連動して活動したが、大正14年の町議選に1名ずつ候補者を立て、独自の選挙運動を展開して当選を果たした。戸別訪問が許され、票の売り買いが横行する選挙制度のもとで、人脈薄く資金力もない青年が町政刷新を掲げて戦い、町民の心を動かした証である。

青年団を自主運営していく過程で、美川町青年はデモクラシー思想を若々しい純真無垢な感性で受けとめて自己研磨に努め、あるべき社会の姿をはっきりと心に刻んで私心・利害打算を超えた政治活動に献身した。その影響力は町政界の勢力図を変える広がりをみせた。

（太多 誠）

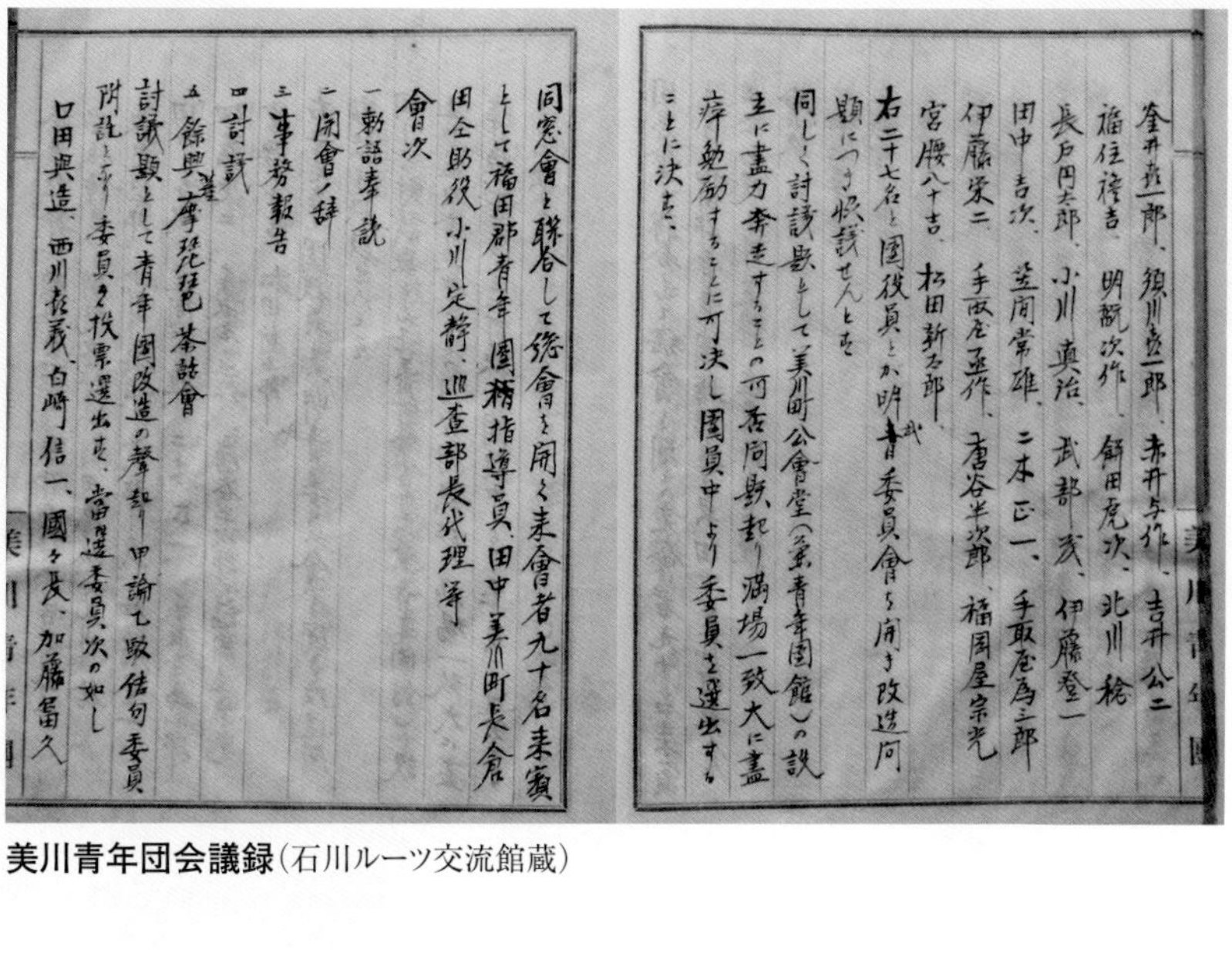

右二十七名を團役員とし…委員會を開き改造問題につき協議せんとす
同じく討議題として美川町公會堂（兼青年團館）の設立に盡力奔走することの可否問題起り満場一致大に盡瘁勉励することに可決し團員中より委員を選出することに決す。

同窓會と聯合して總會を開く来會者九十名来賓として…郡青年團指導員、田中美川町長…
會次
一 勅語奉読
二 開會ノ辞
三 事務報告
四 討議
五 餘興 薩摩琵琶 茶話會
討議題として青年團改造の聲起り甲論乙駁結句委員附託となり委員を投票選出せしに當選委員次の如し

美川青年団会議録（石川ルーツ交流館蔵）

昭和9年7月11日の大洪水（石川ルーツ交流館提供）

近代20

昭和9年の手取川大洪水

日雨量460ミリ、白峰村の2集落消滅 下流も田畑家屋流失、死者不明112人

7月10～11日、南加賀は集中豪雨に見舞われ、源流部で山津波が起き、土石流が上流部の村を襲った。下流でも各所で堤防が決壊、甚大な被害が出た。

昭和9年（1934）7月10日夜半から11日早朝にかけて金沢市山間部（二俣・倉谷）を含む南加賀一帯は記録的な集中豪雨にみまわれた。梅雨前線が白山麓付近で活発化したため、間断なく雨が降り落ち、10日の日雨量は白峰村白峰・尾口村女原で460余ミリに達した。湯ノ谷・別当谷・宮谷など手取川源流部では谷あい斜面の山肌が崩れる山津波がおこり、土石や樹木が川面に流れ出た。豪雨に土石・流木や融雪出水が加わって川面の水位はまたたく間に上昇し、流量は最大毎秒4000㎥に達した。

市ノ瀬、赤岩が泥土に襲われる

11日未明ころ、地鳴りにも似た濁音を響かせ、泥土が層を成して湯気（ガス）を立てて川下に押し寄せた。湯ノ谷川と柳谷川が合流す

濁流に押し流された白峰村赤岩分教所

る白峰村市ノ瀬（戸数15）や三ツ谷川が合流する同村赤岩（戸数20）の上流では、重なり合った大きな流木に泥土が堰止められ、20～30分ほど経って水嵩が2～3ｍ増して堰が決壊し、泥土が押し流される濁流の様子が3、4回みられた。果たして両集落は土石流に襲われ、一帯が岩石の河原と化して跡形もなくなった。

昭和9年の大洪水における手取川付近氾濫図

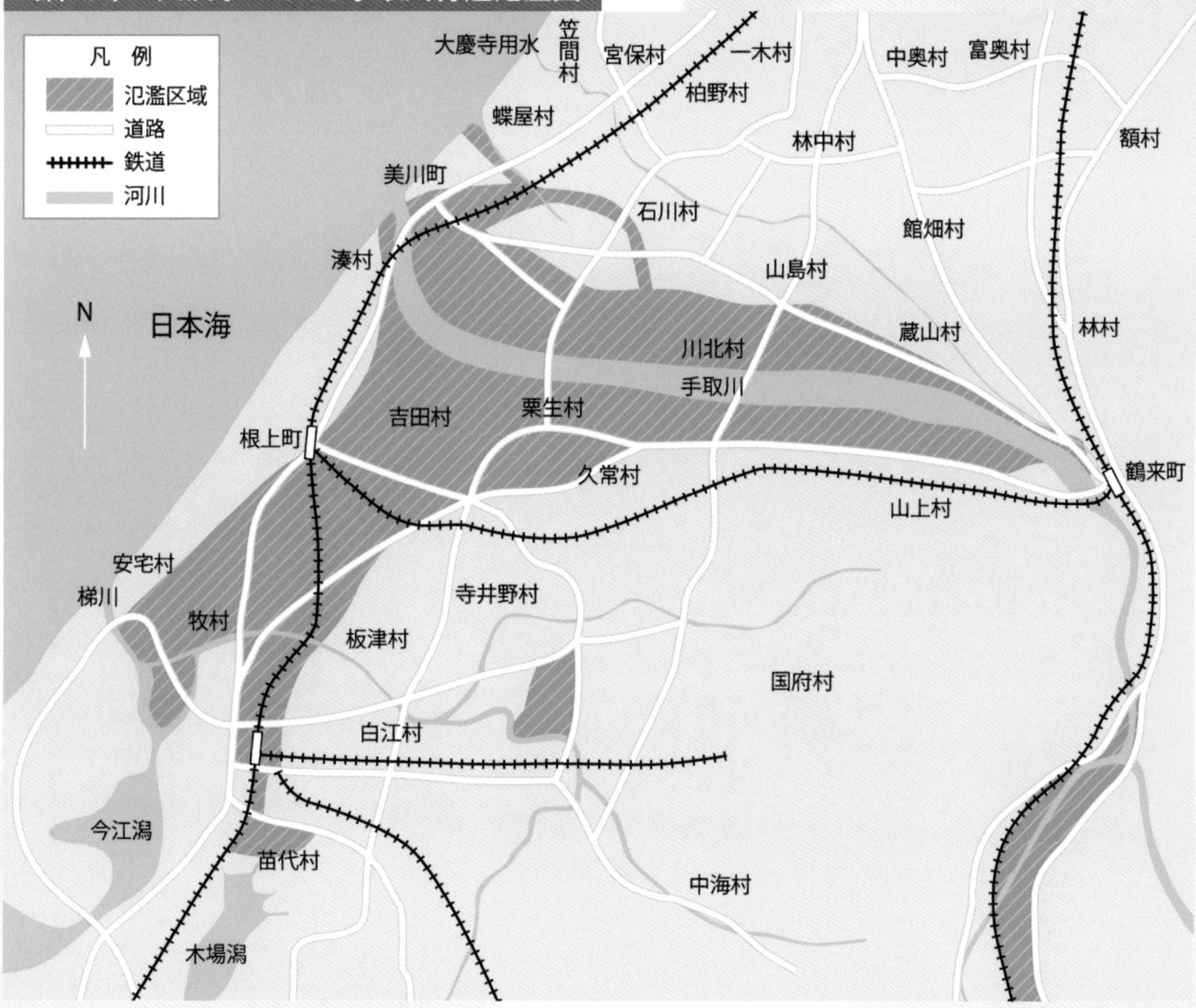

下流では集落一帯が浸水

鶴来町より下流でも各所で堤防が決壊し、土石流が集落に甚大な流水被害を与えた。特に右岸の川北村西方集落（橘・下粟生・朝日など）や左岸の久常村・粟生村は手取川河床より平地面が低いため、堤防が決壊すると濁流が一挙に溢れ出て、田畑を石河原に変え、家屋を流失・倒壊させ、集落一帯を浸水させた。

不慮の災難も起こった。尾口村深瀬は、激流で水力発電所のコンクリート造用水取入堰堤が押し倒され、一気に押し寄せた土石流に一瞬に呑み込まれた。川北村藤蔵は、激流に打たれて橋脚を失った鉄橋が押し流されて集落側上流の川縁に横たわり、向きを変えた激流に集落防水堤が直撃をうけて崩落し、浸入した濁流に耕地・家屋をさらわれた。

2日間の豪雨で、人的被害は死者97名、行方不明15名、負傷者35名で、土地・建物被害は流失耕地６９５町歩、埋没耕地２１１３町

濁流に洗われる手取鉄橋（昭和9年）

歩、流失家屋172戸、倒壊家屋65戸など総額2250万円余に達した。

かつてない豪雨に住民は昼夜を徹して警戒した。上中流の集落では、11日未明に半鐘・太鼓の音で氾濫を察知した住民が着の身着のまま山腹に駆け登り、高台の寺院に身を寄せて難を逃れた。下流の集落でも押し寄せる濁流になすすべもなく身の安全を保つだけで精一杯であった。

上流から押し流されてきた牛首川の百万貫の岩

各地で道路が寸断

大洪水の爪痕はすさまじかった。集落に至る道路は各所で寸断され、土砂に埋まった。集落には湛水・滞水が残り、倒壊家屋の残がいが散乱していた。上流集落の罹災民の救出は困難を窮めたが、浸水を逃れた近隣集落の住民が山を越え谷を渡って救助の手を差しのべた。下流集落では、村の青壮年が減水を待って胸まで没する濁流を押し渡り、老幼女子を背負って救出した。

白峰村での食糧配給

罹災地に救護班を派遣

県当局もただちに罹災地に救護班を派遣した。班員は現地の在郷軍人会や青年団、消防組の奉仕活動を頼みに2万2000余の罹災民への焚き出し、介助に奔走した。県は応急対策として川北村、尾口村、白峰村にバラッ

尾口村瀬戸の臨時小学校。周辺にがれきの山が残る

北國新聞　夕刊　七月十一日

手取川稀有の大氾濫

丈餘の怒濤凄く　福岡 吉野 兩發電所を浚ふ

滅茶々々に粉碎して押流す

沿岸の村落悉く濁水の中

橋脚を奪はれた能美電の天狗橋鐵橋（×印）

四十年振りの大増水

水煙立つ數丈の怒濤

天狗橋堤防より眺む偉観

大聖寺町一千戸

動橋村三百戸の浸水

詳細通信杜絶のため不明

能美電の鐵橋 眞二つに裂ける

第二橋脚激流に押流す

梯川の増水五尺

美川の浸水二百

南町方面濁水の中

罹災者を淨願寺に收容

五六十人群をなし 河口から海へ押出す

慘たる美川河口の激流

川北村へ救助の手届かず

西尾村水浸り

尾小屋鐵道不通

まだ三四日は 北陸線復舊せず

線路洗はれて浮き上る

送電線切れた 市原の發電所

目下復舊につとむ

今夜の「電氣は暗い！」

高岡電燈と日本海電氣から臨時に送電

號外發行

昭和9年7月11日付北國新聞夕刊

美川町での炊き出し

ク住宅166戸を急造して罹災民を収容した。また、下流11町村と尾口村に託児所を開設して、復旧作業や生業に専念できる便宜をはかった。7月下旬からは白峰・川北・寺井野の3町村に臨時出張所を設置し、食糧・物資の配給、奉仕団体の作業割り当てなど復興業務を本格化させた。（太多　誠）

白山手取川ジオパーク・コラム 16

百万貫の岩と玉石

白峰の集落と市ノ瀬の中間あたりの牛首川（手取川）の河原には高さ16m、周長52mにもなる巨大な岩が存在する。これは「百万貫の岩」と呼ばれており、昭和9年の手取川大洪水の際に、支流の宮谷川から土石流により流されてきたものと考えられている。"百万貫"の由来は、大洪水のあとで突如河原に現れた石がとてつもない大きさであったことによるが、実際、弾性波計測システムを用いてコンピュータで計算してみると約4839トン（約129万貫）となり、埋もれている部分を除くと、たしかに約100万貫の重量であった。

この岩を間近で観察すると、その中には綺麗に摩耗された円礫が入っている。これは正珪岩（オーソコーツァイト）と呼ばれる石英の粒が集まった石で、日本列島がアジア大陸縁辺にあった当時、大陸内陸部から流されてきたものだと考えられている。この円礫が手取川に流れ出たものが「玉石」と呼ばれ流域住民に親しまれていた。（大塚健斗）

現在の百万貫の岩と玉石

近代21

国民精神の涵養と白山塾

鶴来に県修練道場、沐浴や禊で「皇国に奉公する青少年を育成」

皇紀二千六百年の記念事業として戦時中の国民精神涵養のため設置された「白山塾」。1週間以上の研修では軍隊的な規律のもと沐浴や禊、遥拝を行った。

白山塾の講義風景（石川県白山青年の家提供）

昭和16年（1941）8月、石川県修練道場「白山塾」が鶴来の舟岡山（現白山市八幡町）に設置された。10月19日には、約5500坪の敷地に道場が完成した。塾長には僧侶の谷内正順を迎え、翌20日から中等学校教員勤労奉仕指導者50名を集めて、最初の錬成活動が行われたのである。

紀元二千六百年記念事業で設置

これより先、13年4月には「国家総動員法」が公布され、15年には「皇紀二千六百年」が盛大に祝われた。同年大政翼賛会が設立され、下部組織として11月、石川県支部が設けられている。紀元二千六百年記念事業の「白山塾」は、戦時中の国民精神涵養のための公的施設として設けられたのである。

白山塾の「設置規則」が残されている。以

白山塾の前景

下、塾の目的・活動内容を確認しておこう。まず、塾の目的は「皇国のために奉公する模範的青少年を育成する場」とある。入塾を許された修練生は、原則として塾に寄宿しなくてはならず、1週間またはそれ以上の期間の研修を行う。具体的な修練活動として「起床・点呼・洗面・清掃に始まり、朝礼では禊（みそぎ）・祓（はら）い・神拝・宮城遥拝（きゅうじょうようはい）・靖国神社と氏神の遥拝・誓詞」などが行われた。

「白山塾錬成の記」という体験者の手記が残されている（研修生、岩本又治・山崎利一の証言）（「北國毎日新聞」昭和17年11月2日）。これによると、白山塾での錬成は講習の「最終試練」であり、兵舎に似た宿舎で「軍隊の内務班生活の規律が盛られた」寮生活を送っていたという。修練の方法には、朝夕の「沐浴」や「禊」が重要視され、これにより「神人合一の絶対境」に達し「神慮を奉ずる」ものとされた。

戦後は「白山青年の家」に

戦後は、昭和21年（1946）12月に社会教育リーダーの合宿研修所として再発足。青少年の研修施設「石川県立白山青年の家」として社会教育の一環を担った。敷地内には、「白山塾」の一部がその後「白山青年の家資料館」として残されていた。

（本康宏史）

戦局の悪化で修学旅行が中止となり、代わりに白山塾で1泊して修練活動をする石川県立第一高等女学校の生徒たち

"白山塾"錬成の記（上）
國民精神文化講習から

記者が錬成の様子を伝えた「白山塾錬成の記」
（昭和17年11月2日北國毎日新聞）

近代22

白山郷開拓団の満州移民

敗戦で学校に避難、現地人に囲まれ340人集団自決、帰国は20数名のみ

敗戦で開拓団は学校に避難。自決・脱出は各自の判断に任された。帰国を託された少年たちは中国公安隊に射撃され、逃げ込んだ校舎で凄惨な自決を目撃した。

中国東北部に日本軍支配のもと昭和7（1932）年に建国された満州国への農業移民が、不況下の農山村更生の国策で推進された。白山郷開拓団地はチチハル北西約60km、富裕県亜州の北緯47度33分、東経124度33分地点である。移民1戸に耕地約10haと放牧・採草地約10haが付与された。土地は漢人農民から半強制的買収による。白山郷開拓団は白山ろくの鳥越・尾口・吉野谷・河内村民が多かった。入植開始は昭和14年春で、昭和16年、土地が各戸に配分され、学校も完成した。土壌は肥沃で小麦、大豆、こうりゃん等、野菜も良くできた。大陸性気候で夏は35度と高温だが冬はマイナス30度の極寒地となる。匪賊に備えて各戸に小銃が常備され、開拓団本部は防塁と望楼が設置してあった。

石川県関係開拓団入植マップ

1. 恵陽開拓団
2. 香蘭開拓団
3. 黒咀子開拓団
4. 朝陽川開拓団
5. 班代屯町野郷開拓団
6. 亜州白山郷開拓団
7. 百万石開拓団
8. 金城義勇隊開拓団
9. 五棵樹義勇隊開拓団
10. 孫呉訓練所
11. 大崗義勇隊
12. 東進義勇隊
13. 宝和義勇隊
14. 寧安訓練所
15. 竜河義勇隊開拓団
16. 千振開拓団

黒河
桂木斯
チチハル
ハルピン
牡丹江
外蒙古
内蒙古
新京
吉林
延吉
奉天
進化
朝鮮
大連

耕作用トラクター（写真提供・金沢市 古源良三氏）大型トラクターが草原の土を起こし、細かく砕いた。初めて見る大規模農法だった（『図説 吉野谷村の歴史』より）

青壮年者は軍に召集され不在

戦局悪化で、青壮年者81名が軍に召集され団に不在となる。昭和20年8月9日、ソ連軍が突如、満州に侵攻する。8月15日、日本は連合軍に無条件降伏した。以後治安が悪化する。8月23日夜、開拓団の2家族3名が匪賊に殺害された事件発生で、開拓団全員421名が学校に避難した（団員12%、高齢者・婦人27%、生徒24%、幼児37%）。8月25日、中国公安隊が来校、武器弾薬を没収した。後日中国人

大陸の花嫁
義勇軍の青年に嫁いだ、いわゆる「大陸の花嫁」。「生めよ殖やせよ」との標語も踊っている（『図説　吉野谷村の歴史』より）

白山神社に入学報告
開拓団の鎮守社は、大興安嶺を霊峰白山に見立てた白山神社。国民学校の入学を参拝して報告する子供たち（『図説 吉野谷村の歴史』より）

を酷使した4名の引渡しを要求されたが、団はこれを拒否した。団員間のトラブルで帰宅した7家族27名が自宅に火をつけ自殺した。

8月27日、自決かチチハル脱出かは各自の判断に任せると決定後、別れの酒を飲む。午前10時すぎ、大鎌の男等群衆が校舎入り口に押し寄せ、警護役少年達ともみ合う、団員が現地人1人を刺殺したので、驚いた群集は退散したが、14時過ぎ武装公安隊が出動、学校が包囲された。一方団では青少年決死隊に日本帰国報告任務が托され、引率隊長の校長が交渉で公安隊に進んだ時射撃が始まる。校長は即死。校舎へ逃げ込んだ少年たちは、そこで夫が妻子を刺す、撲殺する凄惨な修羅場を見た。石油がまかれ、黒煙と熱の中を、最後まで脱出を主張した西田氏を先頭に脱出派は射撃中の外へ逃げる。医療業務で西田氏と旧知の鄭が公安隊隊長にいた好運で、射撃が中止された。この日学校で約340人が命を絶った。

白山神社の参拝（『続鳥越村史 図説編』より）

白山国民学校校舎　集団自決時には、この教室に火が放たれ、三百数十名の団員が炎と煙に包まれた（『図説 吉野谷村の歴史』より）

飢えと寒さで多くが死亡

チチハル途中の竜案橋に集結した生存者は54人いたが、日本引き揚げ前に飢え、寒さ等病死が多く、残留孤児もいる。翌年、無事帰国した者は二十数名に過ぎない。敗戦を機に一瞬に崩壊した満州開拓団の夢と努力は後世に尊い教訓を与える。

（府和正一郎）

勤労奉仕する開拓団の子供達（『続鳥越村史 図説編』より）

現代1

白山ろく3村の石川郡編入

能美郡だった白峰・尾口・鳥越 石川郡とつながり深く編入を陳情

手取川左岸の白峰・尾口・鳥越村は能美郡だったが、3村は昔から鶴来と関係が深く石川郡入りを県に陳情。能美郡は反発したが県議会で可決された。

手取川を郡境として、左岸は能美郡で右岸は石川郡であったことから、白山ろくの白峰・尾口・鳥越村は能美郡所属であった。徒歩交通時代は能美郡役所がある小松へ鳥越村出合より三坂峠越えで往来したが、地形的に平坦で交通の便が良い石川郡鶴来町、金沢市との経済関係が強かった。大正15年（1912）、鉄道金名線が鳥越村河原山まで開通すると、鶴来、金沢方面への連絡が便利となり、交通の障害であった手取峡谷も架橋地点の増加で対岸の石川郡の村落との交流が容易となってきた。

手取峡谷　能美郡と石川郡の郡境であった

「往古より鶴来、金沢と交流」

昭和23年（1948）、白峰・尾口・鳥越3村は各村議会の承認を受け、能美郡から石川郡

の石川郡編入　きようの佳き日を祝す

石川郡町村會

石川郡自治協会　会長　太田文二

町村議會議長會

石川地方事務所

「北國毎日新聞」昭和24年6月1日付

編入陳情書を石川県に提出した。鳥越村陳情書の一部を紹介する。

『（前略）石川郡へ編入される事が大自然の地形に随う所以であり、もって我らの生活がよりよく合理化される事は当然なのである。これを村民の実態に徴するに往古より生産物の出荷ならびに生活必需物資の移入等、我等が生活上のあらゆる物資の交流は石川郡鶴来町及び金沢市方面もってせられ、官公団体においても、食料営団、郵便局、専売局、警察消防、配電関係、登記所、上級学校への通学等、経済交通教育上石川郡の区域と錯交しないものはないのである（後略）』

石川郡編入陳情書

12時間の審議の末、可決

翌24年3月9日、県は三村の石川郡編入議案を県議会に提出した。能美郡町村会はこれに猛反発し、能美郡14ヶ村代表が県に対し反対陳情した。3月23日、臨時県議会には反対する能美郡から300余名が押しかけ、12時間の審議の結果、能美郡三村の石川郡編入と、河北郡川北村の金沢市編入が可決され、同年6月1日公布された。石川郡編入を祝って鶴来町では大売出しと展覧会が開かれた。以後石川郡内町村との共同施策が推進される。例示すれば鶴来町外7ヶ村伝染病予防組合で隔離病舎建設、鶴来町外14ヶ村高等学校組合による鶴来高校の管理運営等、その後の広域行政に発展し、さらに平成17年（2005）の白山市誕生の源流となった。

（府和正一郎）

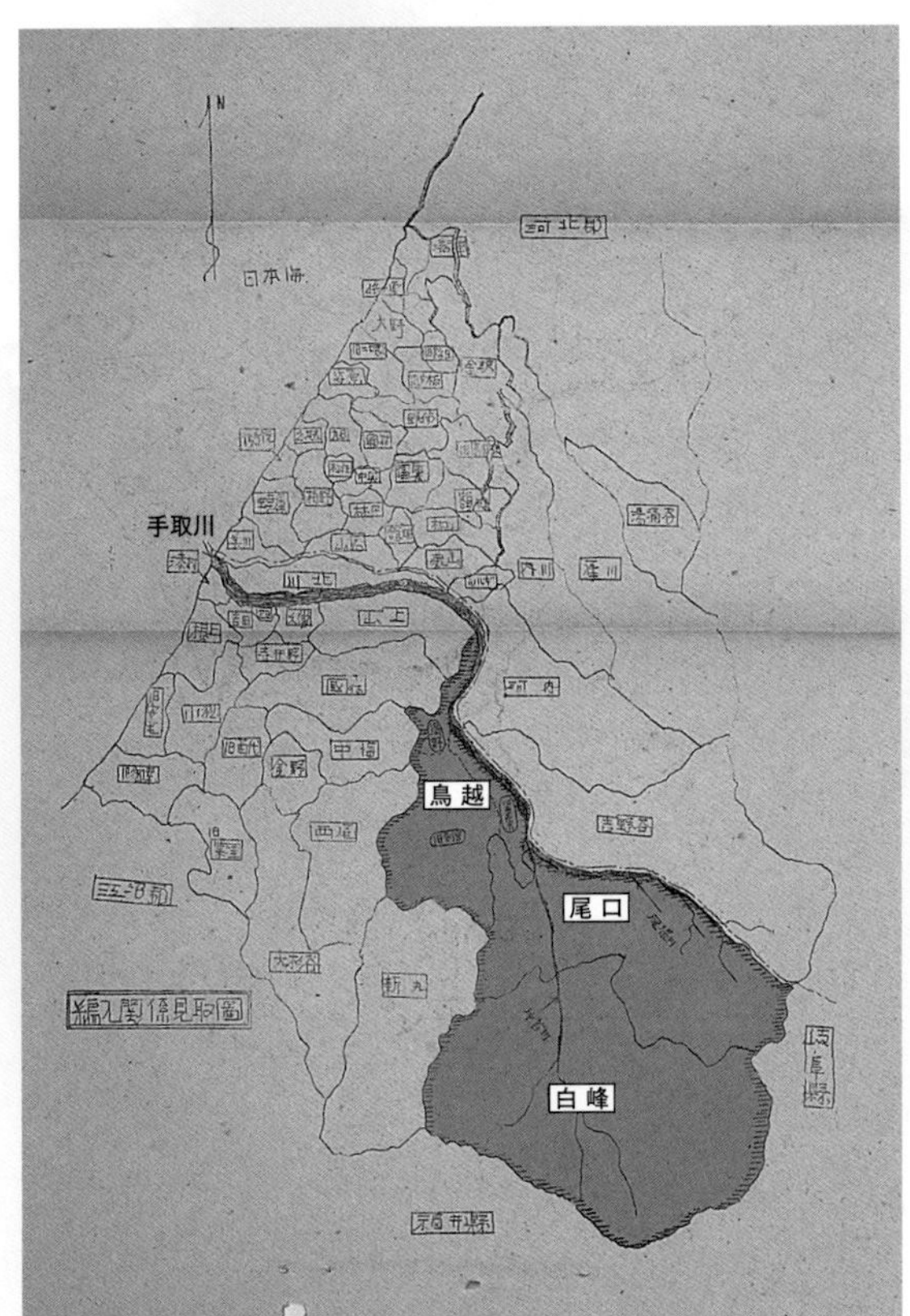

石川郡編入陳情書添付図（一部加工）

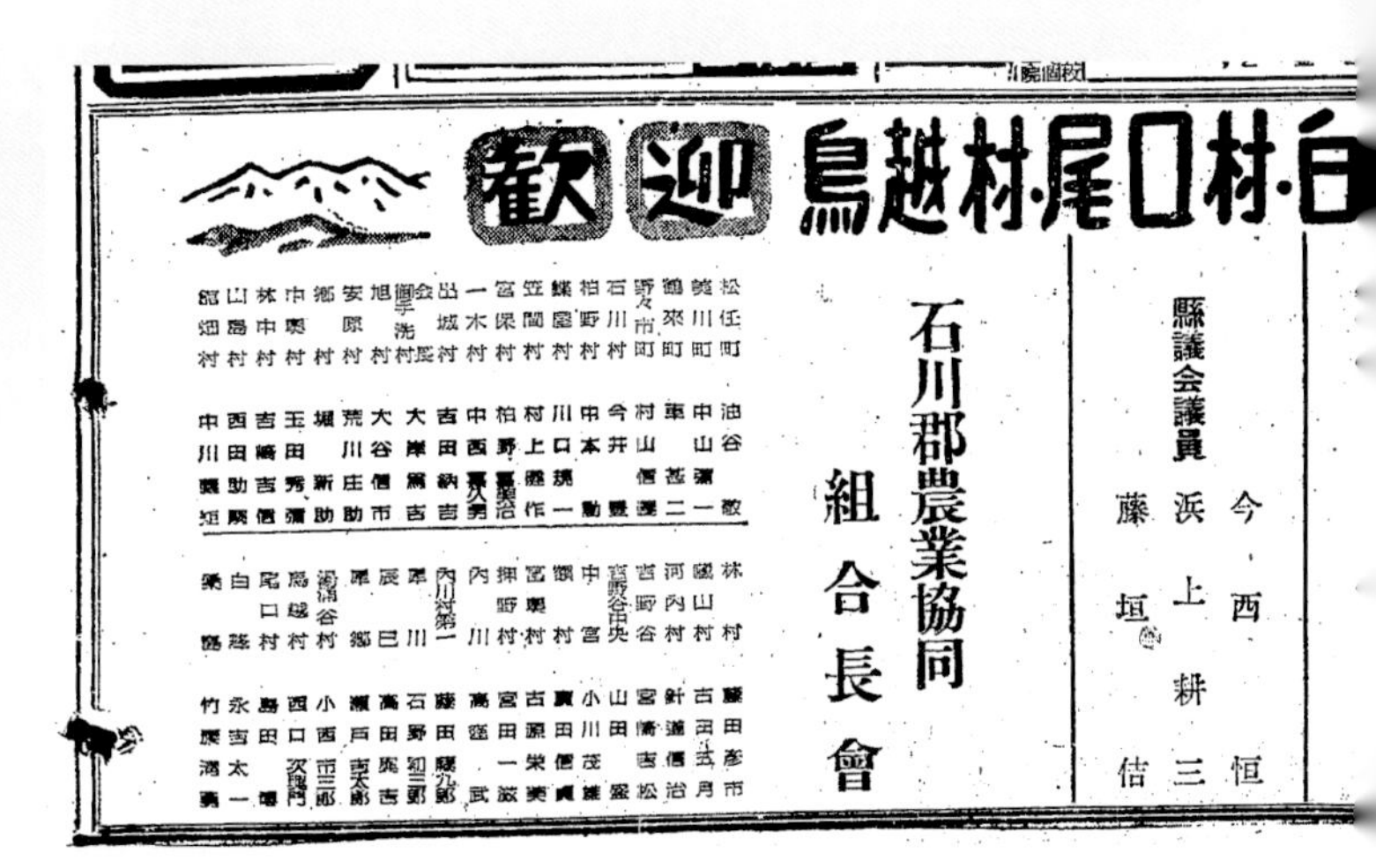

現代2

白山比咩神社の文化財

「国宝 吉光」に重文「三社神像」『白山縁起』など貴重な古文書も

国宝1点、重文10点を所蔵。「剣 銘吉光」は徳川家光の養女が4代藩主前田光高に嫁いだ際の持参品。

白山比咩神社が所蔵する文化財は国宝1点、重要文化財10点など多数である。なかでも特筆すべきものは「国宝 剣 銘吉光」(現在、石川県立美術館寄託)であろう。石川県に2点所在する国宝の1点である。

重要文化財 絹本著色 白山三社神像

前田綱紀が母の冥福祈念し奉納

この剣は、徳川家光の養女阿智子が加賀藩4代藩主前田光高に嫁いだ際の持参品で、阿智子の死後、綱利(後の5代藩主前田綱紀)が母の冥福を祈念して、明暦3年(1657)に奉納したものである。吉光は鎌倉時代の京都粟田口派の刀工で、短刀や剣の名手として知られている。

また10点の重要文化財(表参照)は、いずれも白山信仰を考える上で貴重なものである。「絹本著色 白山三社神像」は、画面全体を社殿に見立て、中央上段に大きく唐装束で宝冠をいただいた女神像(白山妙理権現＝本宮)、下段向かって右には、衣冠を調え弓箭を携える男神像(劔明神＝金劒宮)、そして左に唐装束に宝冠姿の女神像(三宮姫＝三宮)を配したも

県指定文化財 白山比咩神社本殿

国宝・重要文化財一覧

国宝	剣 銘吉光	
重要文化財	紙本墨書 白山縁起	室町時代
重要文化財	紙本墨書 三宮古記	南北朝時代
重要文化財	紙本墨書 白山宮荘厳講中記録	室町～戦国時代
重要文化財	紙本墨書 神皇正統記	室町時代
重要文化財	絹本著色 白山三社神像	鎌倉時代
重要文化財	木造 狛犬	鎌倉時代
重要文化財	木造 獅子狛犬	平安時代
重要文化財	鳳凰文沈金彫手筥	室町時代
重要文化財	太刀 銘長光	鎌倉時代
重要文化財	黒漆牡丹文螺鈿鞍	鎌倉時代

ので、鎌倉時代後期の作である。このような画面構成のものは他に類例がなく、加賀馬場の唯一の垂迹画として貴重である。

「白山縁起」は「白山之記」または「白山記」ともいわれ、白山の開闢から加賀馬場の形成などを記した最古の縁起である。原本の成立は確定できないが、現在の写本は永享11年（1439）に加賀国温谷護法寺護摩堂で右筆定成が筆写したもので、中世成立期の白山信仰を知る基本文献である。

本殿は前田重教の寄進による

白山比咩神社が所蔵する古文書は、重要文化財を除く766点が県の文化財に指定されている。ことに近世文書は藩主前田家の奉加、寄進、造営、祈祷に関する史料が多く、歴代藩主より厚い保護を受けてきたことを物語っている。

また、本殿も木割りが大柄な三間社流造りの大規模な建築物で、江戸時代中期の地方大社の貴重な遺構であることから、県文化財に指定されている。建築年代については、白山比咩神社所蔵の史料や正遷宮の時期から、明和5年（1768）8月から同7年（1770）4月の間と推定できることから、明和7年に藩主前田重教の寄進による作事と考えられている。

これら白山比咩神社が所蔵する文化財は、同社の宝物館にて随時展示公開されている。

（伊藤克江）

国宝 剣 銘「吉光」

現代3 昭和の大合併

石川郡では4町29村が4町5村に 松任町に11村編入、郷村分村編入

昭和28年から地方行政の効率化を図り適正規模8千人として合併が促進され、石川郡の33自治体は9自治体に。金沢に編入した村もあった。

新松任町誕生を祝う町民たち

市町村合併は昭和28年（1953）から昭和30年代にかけて全国的に促進された。地方行政の効率化を求めたシャウプ勧告から、国は総理府内に地方行政調査委員会を設置し、28年に町村合併促進法を制定した。合併の目的は「合併によりその組織及び運営を合理的且能率的にし、住民の福祉を増進するよう規模の適正化を図る」「地方自治の本旨の十分な実現に資する」ことである。適正規模を8千人とし、超える町村でも弱小町村の解消、行政能力の充実発展を図るため合併が促進された。31年に新市町村建設促進法が制定された。

国と県は積極的に市町村合併を促進した。石川県では28年10月1日の3市36町

門出祝って提灯行列

北航機も青空で祝賀の旋回

松任 新生松任町の門出を祝って三日夜同町で八千人のちょうちん行列が行われた。午後七時、打上げ花火の五彩の花が散るのを合図に地上には赤い花が咲き乱れ、祝賀ちょうちんの火は松任小学校前から流れはじめ、各町趣向をこらした大あんどんや仮装姿もまじり本社ニュース・カーからの大松任町の歌に合せた八千の大合唱は街から街へ夜のふけるまで喜びにわきたつ旧松任町にどよめいた。またこの日午後一時すぎ本社チャーターの北航機が銀翼を輝かせながら新町の上空を旋回、祝賀ビラをまいて慶祝、松任小学校児童も「マットー」の人文字を校庭にえがいてこれを歓迎した。また町内十四小中学校生徒六千名も本社寄贈の日の丸の小旗を打振りブラスバンドを先頭に大松任町祝賀の歌を高唱しながら校下別に新町を一巡、本社優勝旗争奪校下一周リレーも二白熱のレースを展開した。

町長の職務執行者に正見氏

松任町開庁式

松任町の開庁式は三日午前九時から松任小学校で行われ、正見町長代行から訓示があり、役場吏員百六十四名の辞令を伝達した。新町の主な人事つぎのとおり。

△町長職務執行者正見二郎（旧松任町長）△同代理者角田久治（旧石川村長）△収入役職務執行者二ツ木順道（旧松任町収入役）△企画部長宮田官（旧出城村長）△総務課長村上健作（旧笠間村長）△財政課長二ツ木順道△税務課長三浦五一（旧林中村長代理助役）△民生課長勝田元幸（旧旭村長）△保険課長庄田弘之（旧御手洗村長）△衛薬課長中西喜久男（旧一木村長）△土木課長松野徳三（旧柏野村長）△出張所長（石川）角田久治（柏野）松野徳三（笠間）村上健作（宮保）中川美濃吉＝旧宮保村長代理（一木）中西喜久男（出城）宮田官（御手洗）庄田弘之（旭）勝田元幸（中奥）倉田権吉＝中奥村長（林中）三浦五一

ちょうちん行列でわいた松任町

新生松任町の門出を伝える北國新聞
（昭和29年11月4日付朝刊）

141村が37年1月1日の7市29町7村に激減した。石川郡でも4町29村が4町5村となった。（103ページの表参照）

松任町は昭和29年11月3日に石川郡宮保村や柏野・笠間・出城・石川・林中・一木・御手洗・旭・中奥の10村を編入した。石川郡郷村は2年余り紛糾したが、調停案を了承し31年9月30日に横江・番匠・専福寺・俗称上田中が松任町へ、残りが野々市町へ分村編入した。32年1月1日に石川郡山島村を編入し新生松任町となった。松任町は昭和45年（1970）に市制施行し松任市となった。

美川町は蝶屋村、湊村と

美川町は29年11月1日に石川郡蝶屋村、能美郡湊村と合併した。町役場が永代町である。

鶴来町は29年11月1日に石川郡林・蔵山・一ノ宮・舘畑の4村と合併した。鶴来町の人口は旧町5931人、蔵山村1895人など、合計が1万2308人である。

山あいの5村は合併見送り

石川郡河内村と吉野谷村の合併案は地勢、冬期積雪による交通問題から合併が見送られた。石川郡鳥越・尾口・白峰の3村もそのままである。

石川郡富奥村は昭和30年に野々市町と合併し、石川郡犀川・内川・安原・額・湯涌谷の5村は29年に、石川郡押野村は31年に金沢市に編入した。紛糾した押野村は後に一部が野々市町に編入した。

（西田谷功）

鶴来町誕生を祝うパレード

祝合併美川町

美川町誕生を祝う旗行列

秋晴れに花火うち上げ
各種祝賀行事にわく
新発足した鶴来町と美川町

旗行列の波
万歳の声 街に響く

鶴来町、美川町の誕生を告げる北國新聞
（昭和29年11月2日付朝刊）

「五六豪雪」で雪と闘う住民（吉野谷村字佐良）

現代4　豪雪地帯に生きる

4m超す雪に耐える生活から雪を克服、利用し、楽しむ生活へ

白山市のうち白山ろくの旧河内村・旧吉野谷村・旧鳥越村・旧尾口村・旧白峰村は、特別豪雪地帯の指定を受けている。豪雪の記録をみると、明治26年（1893）、大正7年（1918）、昭和20年（1945）、昭和38年、昭和56年は、石川県でも大雪の年であった。周囲を1000m級の山々に囲まれた旧白峰村では、大正7年の白峰村役場（標高480m）で、682cmの最深積雪量（全国4位）を記録した。昭和38年の大雪は「三八豪雪」と呼ばれ語り継がれているが、旧白峰役場前では最深積雪量4・2m（全年平均2・5m）、総積雪量22m（全年平均13m）。さらに昭和56年の「五六豪雪」は、旧白峰役場前で最深積雪量4・8m、旧吉野谷村でも村役場（市原）で4・3mを記録し、白山ろく一帯は三八豪雪を上回る記録的な豪雪となった。

こうした厳しい豪雪地帯に暮らす白山ろくの人々は、古くから知恵を出し、林業、養蚕

白峰の屋根雪下ろしと流雪溝（平成29年1月）

昭和38年の豪雪以降、白山麓では機械除雪を導入し流水溝を整備、産業面でもスキー場を整備し観光業、建設業に変化。近年は雪だるままつりを楽しんでいる。

鳥越地区の村道の融雪装置（鳥越村字河原山）

鳥越大日高原スキー場（昭和48年頃）

業等で雪を巧みに利用し生き抜いてきた。旧白峰村では昭和38年の豪雪以降、それ以前の伝統的な生活に基づく雪に耐える（耐雪）生活から、雪を克服（克雪）しつつ利用（利雪）する方向へと、時代や社会の変化にうまく適応しながらかじ取りをしてきた。

流雪溝整備、スキー場建設

昭和40年代にはブルドーザーなどの機械除雪を導入し、冬季の道路交通の確保、同時に屋根雪など村内にあふれる雪を川まで排出する「流雪溝」を整備した。高度経済成長の時代、白山ろくの集落はかつての農林水産業から、建設業、スキーや温泉などの観光業へと産業構造も変化し、自動車社会も山村に押し寄せていた。昭和55年に手取川ダムが竣工し、同時に国道157号の整備が行われ、トンネルなどによる無雪道路部分が半分近くを占め、金沢方面からのアクセスが格段に良くなり、冬季のスキー客など観光客が急増した。こうした雪を利用したスキー場の建設や営業で新たな雇用が生まれ、道路などインフラ整備は着々と進み、白山ろくは雪をうまくプラスに活かすことができた。昭和62年までに白山ろく旧5村にはすべて村営スキー場が整備された。

高齢化で屋根に融雪装置

昭和60年代～平成に入ると、高齢化も進み、重労働で危険な屋根雪下ろしに代わって、屋根に融雪装置を付けるようになった。熱源は電気や灯油を使って屋根の雪を融かすしくみである。近年では、流雪溝の水に着目し、金沢工業大学の協力を得て小水力発電にも取り組んでいる。昭和60年代初め頃から旧白峰村では、「雪だるままつり」（2月）が開催されており、豪雪に生きる村民自身が雪を楽しもう（親雪）と、若い衆が始めた祭りで、各家の前には趣向を凝らした雪だるまが並ぶ。

（寺本　要）

白山手取川ジオパーク・コラム 17

雪の降るシステム

白山ろくは、世界で最も低緯度にある豪雪地域であり、頻繁に雪が降る地域でもある。これには、白山ろくを取り巻く地形環境が大きく影響している。

西高東低の冬型の気圧配置は、ユーラシア大陸と太平洋の配置が原因で生じる。海陸の温度差によって気圧差が生じ、北西の季節風が吹く。日本列島からみて風上側には日本海が存在し、対馬暖流が流れている。季節風が日本海上空を吹き渡る際に、大量の水蒸気が供給され、湿った風になる。この湿った風が白山に衝突することで上昇気流となり雪雲が発生し、山間部に豪雪をもたらしている。海陸配置、日本海と暖流、白山、どれか一つの条件を欠いても、北陸に安定的な降雪はもたらされない。

季節風の風向によっては、日本海上で風同士が衝突して上昇気流を作り出し、山に衝突する前に雪雲を作り出すことがある。この場合には里雪になり、金沢や松任などの平野部でも豪雪なることがある。（青木賢人）

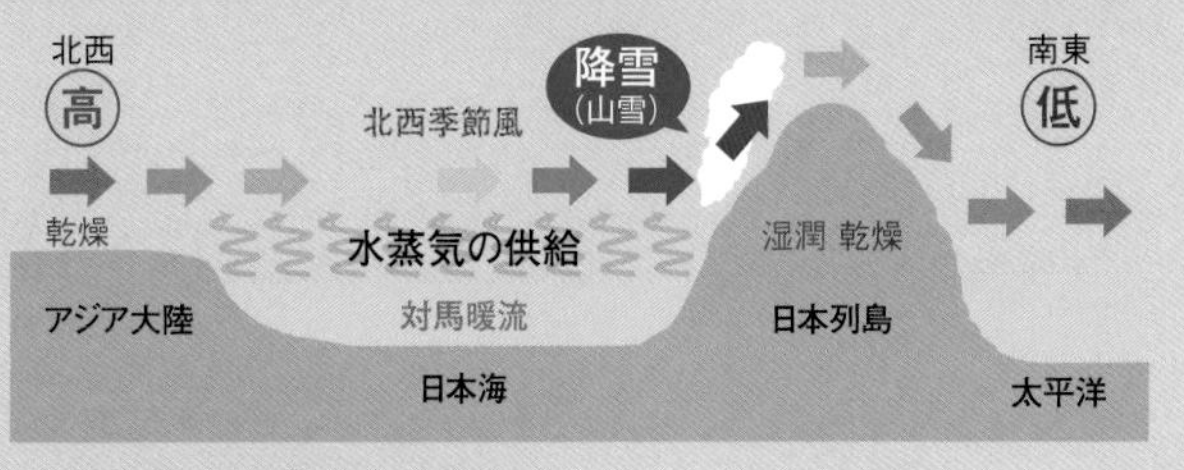

白山ろくに雪が降るシステム

現代5 白山ろくの無形民俗文化財

古浄瑠璃を今に伝えるでくまわし 白山登山口市ノ瀬が発祥のかんこ踊

約350年前白山ろくに伝えられた2つの人形芝居は今も2月に上演される。かんこ踊は毎年7月白山開山を記念して踊られている。

東二口歴史民俗資料館での「角出八島」の上演風景。三味線の伴奏と哀愁漂う文弥節の語りに乗って、でくが舞う。

白山市では「尾口のでくまわし」が昭和52年（1977）に国の重要無形民俗文化財に、「白峰のかんこ踊」が昭和35年（1960）に石川県の無形民俗文化財にそれぞれ指定されている。

東二口と深瀬に伝わるでくまわし

尾口のでくまわしとは、尾口地区の東二口と深瀬に伝承された人形芝居である。深瀬は手取川ダム建設に伴い、住民多数が分散移住したため、昭和52年より舘畑地区の深瀬新町で行われる事になった。

「でく」は人形を指し、浄瑠璃の語りにあわせて「まわす」ことからこの名があるが、深瀬が「でくまわし」と呼ぶのに対し、東二口では「文弥人形浄瑠璃」「でくの舞い」の呼称を用いるなど、両者には人形や操法、節まわしに差異がみられる。

いずれも約350年前の江戸時代前期から始まったとされるが、深瀬のものは、この地に来た興行者が訳あって残していったものと伝わり、東二口では、旧家の若者が京都・大阪に赴き、習い覚えて持ち帰ったと伝わる。

以後、住民たちの手によって、集落内の民家や道場を舞台に、正月時期の娯楽行事として夜間に演じられてきた。

深瀬のでくは、木製のかしらに十時に組んだ木の棒を差し込み、衣装を着せたもので、裾から両手を突っ込み、1人で操る。東二口では、うなづく動作ができるかしらがあり、両手もとりつけられているなど細かい動きもできるが、裾から両手を突っ込み、1人遣いであることは深瀬と共通している。

浄瑠璃の語りにも違いがあり、深瀬では伴奏なしで、東二口では三味線を主に、笛や太鼓の伴奏が付き、それぞれ太夫と呼ばれる語り手が独特の節まわしで物語を紡ぐ。研究者からはいずれも文弥節の流れを汲むものだと指摘されている。

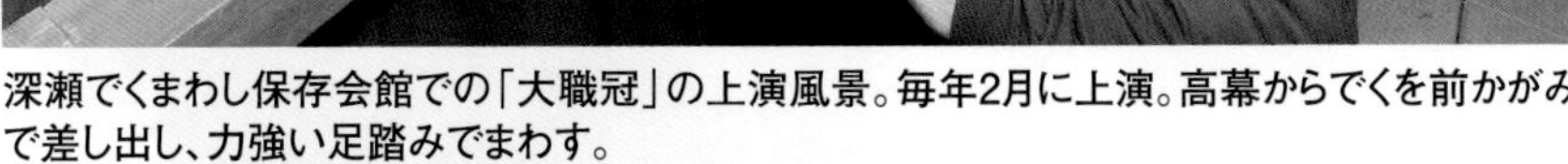

深瀬でくまわし保存会館での「大職冠」の上演風景。毎年2月に上演。高幕からでくを前かがみで差し出し、力強い足踏みでまわす。

演目はともに6曲で、「大職冠」「大江山（酒呑童子）」などの古浄瑠璃や「門出八島」「源氏烏帽子折」などの近松もの（新浄瑠璃）の4曲が共通する。

このように両者には差異があるものの、文楽以前の古浄瑠璃時代の操法、節まわしが残るなど地方的特色が見られる点からも民俗芸能史上貴重なものといえる。

一ノ瀬発祥の白峰のかんこ踊

白峰のかんこ踊は、白山登山の玄関口、白峰市ノ瀬が発祥の地とされる踊りである。現在は、毎年7月中旬の土、日曜に白峰の「白山まつり」で上演されている。

「かんこ」の語意については、白山を開山した泰澄を村人が迎えに行き、無事を喜び舞ったことから「神迎」とした、この地方の野良仕事につける「カンコ」（腰に下げる蚊遣火）から、など諸説があったが、近年の研究により、この踊りに使用される「カンコ（羯鼓）」と呼ばれる肩下げの締太鼓に起因する説が有力となっている。

演者は、歌い手、カンコ打ち、踊り手からなり、現在の演目は、野良着姿で踊る「農民踊り」と、大正中期頃に考案された神主・巫女姿で踊る「神子踊り」、自由参加による「輪踊り」が中心である。

カンコ打ちが繰り返すカンコの拍子に乗って、歌い手が「河内の奥（市ノ瀬方面）は朝寒いとこじゃ　御前（御前峰）の風を吹き降ろす」と歌い出し、手ぬぐいや扇を持った踊り手とカンコ打ちが優雅に踊る。

また、市ノ瀬から峠を越えて隣接する大野市上打波にも「神子踊」が伝承されており、カンコ（羯鼓）を用いるほか、歌詞や節まわしなどに類似するものがあり、同系統の踊りであったものとされる。

（小中和也）

白山まつりの舞台上で披露される白峰のかんこ踊（神主・巫女姿の神子踊り）

現代6

手取川総合開発事業

手取川ダムは最大出力36万7千kw 水道水は県内の約40%を供給

治水、上水・工業用水、電気事業の多目的ダムで、高さ153mのロックフィルダム。昭和45年に正式提示され54年から貯水開始。水没家屋は345戸だった。

石川県内最大の手取川ダムは県内水資源利用、手取川総合開発事業の中核である。同ダムは手取川の白山市（旧尾口村）女原・東二口地先に電源開発促進法によって建設された。施行は電源開発株式会社、治水事業が国土交通省（旧建設省）、上水・工業用水が石川県、電気事業が電源開発・北陸電力株式会社の分担による多目的ダムである。

手取川ダムは昭和41年（1966）の大日川ダム建設時に、ダムの規模や位置、他河川からの引水などが検討されたが、手取川本流でのダム建設が提起された。石川県も将来の生活・工業用水や電力の不足を見越して調査を開始した。同42年に国土交通省、43年に電源開発が調査し、45年6月に多目的ダムが正式に提示された。

白峰村の3分の1が水没

村の3分の1が水没する旧白峰村にとっては村の存亡にかかわる問題であり、住民の暮らしに与える影響は深刻で、村ダム対策協議会が設置され、水没補償はじめ付替道路157号（橋梁・トンネルが半分超えの高規格道路）の建設、集落の流雪溝を兼ねた生活用水、産業振興策、白山観光策などが協議された。県も県勢発展の見地から水没地の移転対策をはじめダム建設に伴う地域振興対策をまとめた。同46年6月、電源開発調査審議会が計画決定したが、地元は同意しなかった。度重なる協議の末、47年2月、地元は振興策の受け入れを条件に了承し、4月、知事と村長との確認書が調印され、ダム建設は大きく前進した。48年に水没補償交渉が妥結し、49年11月起工式が挙行され、54年6月、ダム貯水が開始された。

水没地の住民は鶴来、金沢へ

手取川ダムは高さ153m、堤長420m、敷幅660m、体積1024万2千㎥のロックフィルダムである。総貯水量2億3100万㎥、有効貯水量1億9千万㎥である。湛水面積は5万2500㎢で、水没家屋が白山市桑島225戸や五味島19戸、釜谷20戸、深瀬56戸、河内町中直海17戸を含め345戸である。桑島など一部住民が残ったが、多くは白山市鶴来桑島町などに集団移住したり金沢市などへ移住した。

明治以降多発した大水害

手取川源流部は、多い降水量や急峻な勾

配、崩壊しやすい地層から、明治期には大水害が明治6年（1973）、7年、14年、29年、35年と頻発した。長年の改修工事がようやく35年に完成した。ところが、昭和9年（1934）7月の大洪水で、死者97名・行方不明15名、流出家屋457戸、流出耕地253haなど、甚大な被害が発生した。これは白山に多量の残雪・降水量などで柳谷・湯谷・宮谷・大杉谷・大嵐谷の各河川が大土石流となり、市ノ瀬・風嵐間の川床が2〜9m上昇したのである。このため、手取川全流域の平均降水量から百年確率降水量が求められた。手取川ダムは毎秒800㎥、既設の大日川ダムは毎秒200㎥の洪水調節がなされたのである。

手取川ダム

加賀市〜能登島まで送水

石川県の水ガメである手取川ダムは、都市化の進展とともに急増する水消費量に対応して、金沢市はじめ加賀市から七尾市能登島町まで、上水道や工業用水を送っている。現在、県内水道水の約40％を供給している。一日の最大給水量は上水道用水が44万トン、工業用水が5万トンである。白山市中島町地内の手取川取水口から海抜１５０ｍの石川県鶴来浄水場へ揚水され、自然流下式で各地へ送水された。送水管延長は１８８㎞である。

水没前の桑島地区（昭和46年8月）

ダム底に設けられた仮排水路のゲートが閉まって貯水が始まり、万歳する手取川ダムの工事関係者＝昭和54年6月1日

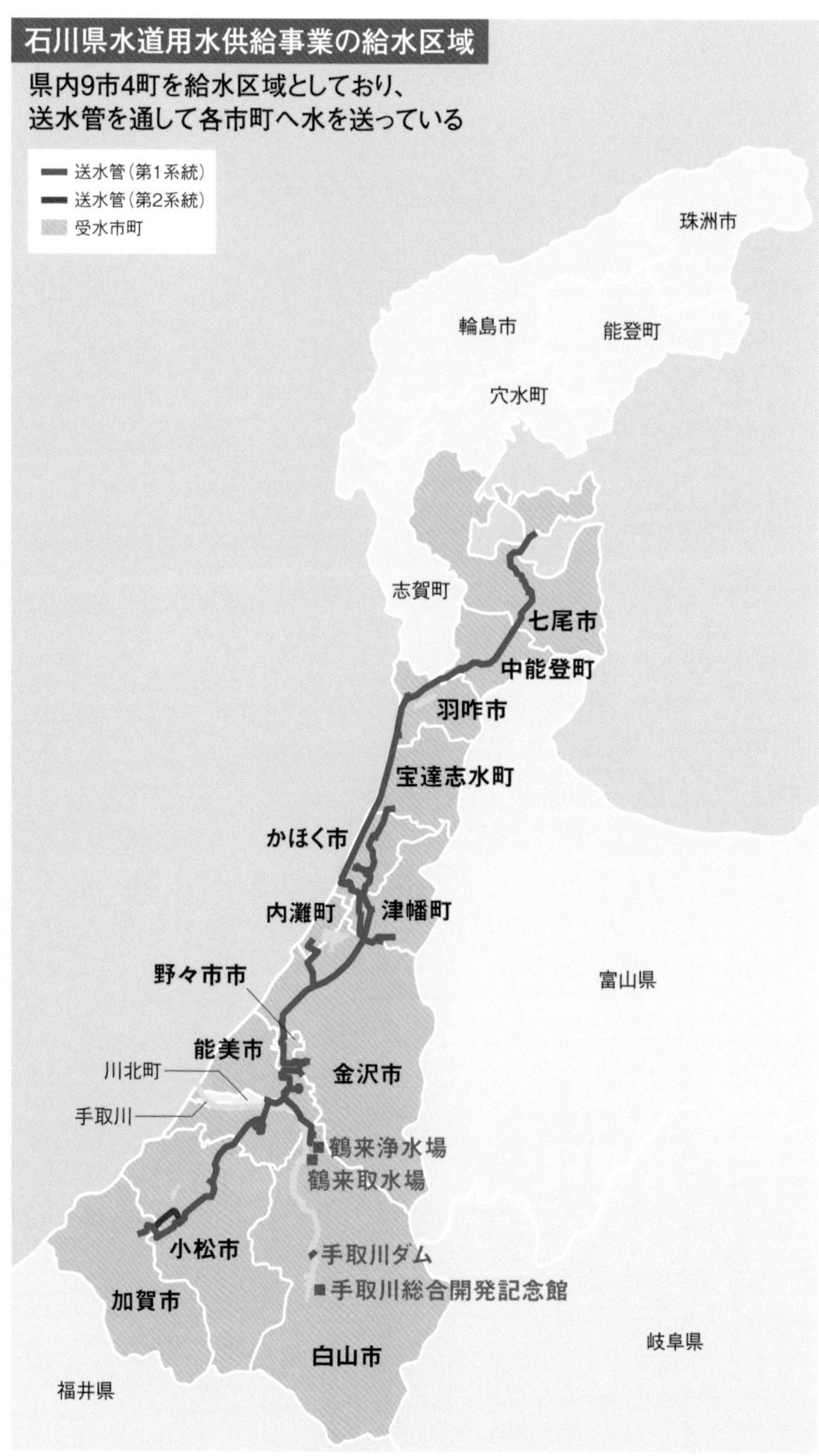

手取川ダムの発電所は昭和54年から発電され、最大出力が36万7千kwである。第一発電所は有効落差約162m、東二口地内の半地下式発電所で最大出力25万kwである。第二発電所は仏師野町地内調整池（ダム高37m）、有効落差96m、河内町久保地内の発電所で最大出力8万7千kwである。第三発電所は河内町口直海地内調整池（ダム高50m）、有効落差50m、中島町地内にある発電所の最大出力は3万kwである。

白山麓地域振興策の費用が建設費の10％を占めたのは国内でも画期的であったが、ダム直下の枯水、下流の濁り、魚類減少などの懸念もある。（西田谷功）

鶴来浄水場

白山手取川ジオパーク・コラム 18

五味島層の礫石

ロックフィルダムである手取川ダムの建設に使用された岩石は、手取層群五味島層という地層から掘削された礫岩である。五味島層は白山市女原から五味島、鴇ケ谷まで分布している。白山市内における手取層群は、この五味島層が一番下位側（古い時代）で、さらに下位の地層である飛騨片麻岩類とは時代の隔たりがある不整合という関係となっている。含まれる礫の種類は様々で、周辺の基盤岩である片麻岩や結晶質石灰岩（大理石）、花崗岩などが多い。手取層群が堆積していた当時、日本列島はアジア大陸の縁辺にあり、堆積場周辺に分布していた飛騨片麻岩類などが礫の供給元となっていたと考えられる。中生代白亜紀のアジア大陸縁辺にも、現在の手取川のように大きな河川があったと考えられ、その河川が周辺の岩盤を削り取り、中・下流域で堆積場を形成していたのである。こうした手取川ダムの岩石の過去を想像することでも、「水の旅」と「石の旅」を感じることができる。（大塚健斗）

手取川ダムサイトの展示岩石

現代7

向日葵、薔薇、駒ヶ岳、奔放な洋画 母は松任出身、文化勲章を受章

日本洋画壇の巨匠・中川一政

洋画のみならず書、随筆と現代の文人とも言うべき巨人。金沢出身の父、松任出身の母の間に生まれる。春陽会の創立に参加、70代後半で独自の画風を作り上げた。

中川一政は洋画家で美術家で歌人。自由奔放な色彩と筆致による油彩のほか、水墨画・書・陶芸も手がけ、また随筆家としても知られた、まさに現代の文人ともいうべき巨人である。

父は金沢の刀鍛冶松戸家の出である政朝、母は松任相川新町の農家の娘スヱを両親に、明治26年（1893）、東京本郷で生まれた。神田錦城中学校在学中に短歌や小説を雑誌に投稿し、掲載されるなど若い頃より認められる。

作品「薔薇」を見つめる中川一政＝1988年9月、神奈川県真鶴町のアトリエ

白山市立松任中川一政記念美術館の展示

白山市立松任中川一政記念美術館の外観

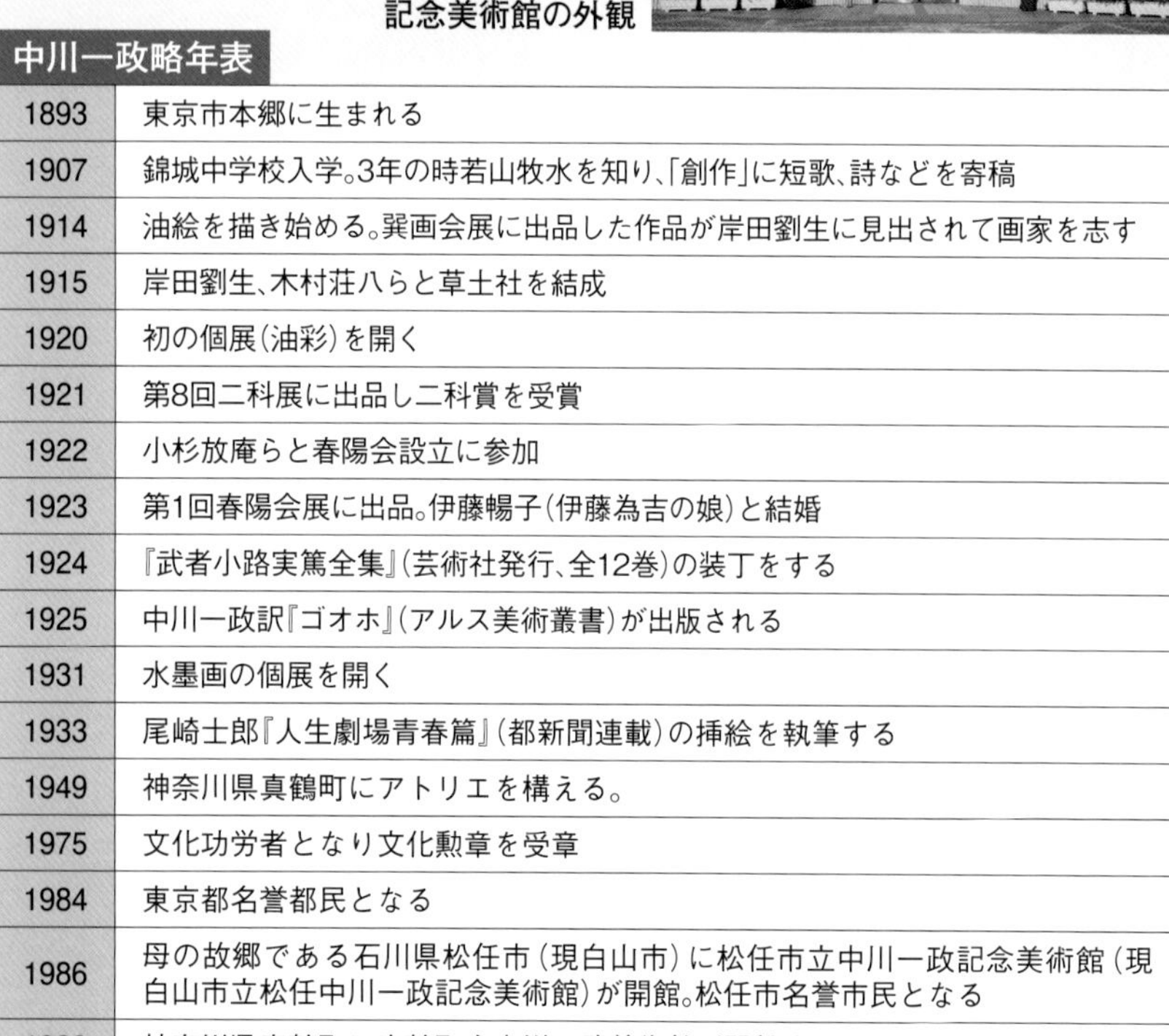

中川一政略年表

1893	東京市本郷に生まれる
1907	錦城中学校入学。3年の時若山牧水を知り、「創作」に短歌、詩などを寄稿
1914	油絵を描き始める。巽画会展に出品した作品が岸田劉生に見出されて画家を志す
1915	岸田劉生、木村荘八らと草土社を結成
1920	初の個展（油彩）を開く
1921	第8回二科展に出品し二科賞を受賞
1922	小杉放庵らと春陽会設立に参加
1923	第1回春陽会展に出品。伊藤暢子（伊藤為吉の娘）と結婚
1924	『武者小路実篤全集』（芸術社発行、全12巻）の装丁をする
1925	中川一政訳『ゴオホ』（アルス美術叢書）が出版される
1931	水墨画の個展を開く
1933	尾崎士郎『人生劇場青春篇』（都新聞連載）の挿絵を執筆する
1949	神奈川県真鶴町にアトリエを構える。
1975	文化功労者となり文化勲章を受章
1984	東京都名誉都民となる
1986	母の故郷である石川県松任市（現白山市）に松任市立中川一政記念美術館（現白山市立松任中川一政記念美術館）が開館。松任市名誉市民となる
1989	神奈川県真鶴町に真鶴町立中川一政美術館が開館する

松任中川一政記念美術館　日本洋画壇の巨匠で文化勲章受章者中川一政の絵画や書、陶器等の作品を収蔵・展示　旭町 61-1 番地　☎ 076-275-7532

独学で油絵を始める

知人から贈られたニュートン製の油絵具がきっかけで、油絵を独学で始める。大正3年（1914）、その描いた作品が巽画会に入選し、岸田劉生の目にとまったことから画家としての歩みが始まり、翌年には劉生、木村荘八らと草土社を結成する。

二科賞受賞の後、春陽会の創立に参加し、最後まで同会を活動の中心とする。地方の洋画家志望の青年たちにこの春陽会が与えた影響は極めて大きく、石川県立工業学校在学中の高光一也も暗く執拗な描写を特徴とする草土社的自画像を描いた。

「向日葵とスペイン壺」1978年

またその仲間たちに春陽会を目指す者も多かった。

武者小路実篤ら作家との交遊は春陽会結成のころから始まり、以後昭和の戦前戦中期を通し、数多くの作家の著作や雑誌に、表紙絵、挿絵、そして装丁を手がけ、また尾崎士郎の『人生劇場』や『石田三成』など新聞小説の挿絵を描き続けた。

56歳で自らの基礎を作り直す

昭和24年（1949）、56歳のころから神奈川県真鶴町での生活が始まり、ここでの制作は「福浦の時代」と呼ばれる。初期の油絵は自己の気質に従順な絵だった。だが、それだけでは駄目だと戦後思ったのか、一心不乱に福浦の堤防に立って、根底から自分の基礎、土台を作り直そうと苦闘している。

「薔薇」1989年（白山市立松任中川一政記念美術館蔵）

中川を象徴する作に向日葵がある。向日葵はゴッホに通じるが、若い頃に独学でドイツ語を勉強し、日本では2番目となるゴッホの伝記を出版するなどしている。身の回りに花を絶やさなかったといわれる中川は、とくに薔薇をモチーフに選び、生涯にわたって多くの作品を残した。自ら収集していたスペインの壺を組み合わせた薔薇もまた中川の代表作である。もう一つ、中川が描いたのは駒ヶ岳。晩年、何度も実際に箱根まで足を運び、駒ヶ岳を描き続けた。

向日葵に薔薇に駒ヶ岳。中川といえば誰もが思うこれらの絵は昭和40年代半ば、つまり70代後半になってできあがった。思いの外、大器晩成の人である。（谷口　出）

現代8

日本刀の名工・隅谷正峯

日本刀で北陸初の人間国宝 華麗な刃文「隅谷丁字」生む

松任町に生まれ、立命館日本刀鍛錬所で桜井正幸に師事。戦後、10年を空けて許可を受け作刀を再開。最高賞正宗賞を3回受賞。伊勢神宮式年遷宮御神宝太刀も4回制作した。

隅谷正峯

隅谷正峯は日本刀で北陸初の重要無形文化財保持者、いわゆる人間国宝に認定された。

名工や刀工集団を輩出した五つの主な生産地の伝法である「五ヵ伝」の研究に熱心で、とくに鎌倉中期の刀匠・備前長船の作風研究を重ね、豪放な作風で知られ、優美で「隅谷丁子」と呼ばれる華麗な独自の刃文が浮き出る名刀を生み出した。

大正10年（1921）、松任町辰巳町（現在の白山市）生まれ、本名は与一郎。昭和14年（1939）、立命館大学へ入学し、立命館日本刀鍛錬所を知ったことが刀剣作家を目指すきっかけとなった。サークル活動として日本刀研究会を作り、自らリーダーとして活動した。昭和16年、戦争で大学は繰り上げ卒業となり、立命館日本刀鍛錬所に入所。そこで桜井正幸に師事した。

桜井は理論派で、抜群の博識と豊かな人間性を備えた人物であった。作刀にあたって、最も厳しく指導を受けたのは「形」であり、品

「太刀 銘 傘笠正峯之作」1995年
（石川県立美術館蔵）

白山市立博物館　国指定史跡東大寺領横江荘遺跡荘家跡の復元模型やさまざまな民俗資料など幅広い時代の展示　西新町168番地1　☎076-275-8922

性が形のよさに表れ、そのために人間の品性を磨くことが大事と教えられた。そんな師に魅了され、気がついた時には刀鍛冶になっていたという。

篆刻、象嵌、鞘作りも

昭和17年、立命館の鍛錬所が焼失したことにより、尾道の興国日本刀鍛錬所に移って昭和20年の終戦まで作刀を続けた。戦後は進駐軍から作刀禁止命令が出て刀を作ることができなくなり、郷里松任に帰って家業の醤油醸造を継いだ。昭和29年に作刀許可を受けるまでの10年間は、篆刻、象嵌、鞘作りなどを手がけた。

昭和30年より作刀を再開し、翌31年には自宅に日本刀鍛錬所傘笠亭を新築。作刀技術発表会に出品して入選を重ね、続く新作名刀展にも連続出品を続け、新作刀に与えられる最高賞である正宗賞を昭和40年の第1回展、翌年の第2回展、49年の第10回展で受賞する。天下三名槍である「日本号」の写しは現存の写しの中で最高傑作と言われる。

鎌倉時代の地鉄に近づく

昭和39年、41年、44年、平成元年（1989）には伊勢神宮式年遷宮御神宝太刀を制作奉仕する。地鉄の研究にも熱心で、自家製鋼の研究を経て、銑卸の刀剣を制作するようになり、鎌倉時代の地鉄に近づいた。平成10年（1998）に死去。

（谷口　出）

制作中の隅谷氏（1988年頃）

隅谷正峯略年表

1938	金沢第一中学（現石川県立金沢泉丘高等学校）卒業
1941	立命館大学を卒業し、立命館日本刀鍛錬所に入所、桜井正幸に師事
1942	広島県御調郡原田町（現尾道市）の興国日本刀鍛錬所に移る
1945	松任の実家に帰り、家業に就く
1954	文化財保護委員会より刀工の認可を受ける（日本刀制作を許可される）
1955	第1回作刀技術発表会入選
1956	自宅に日本刀鍛錬所傘笠亭を新築
1964	伊勢神宮式年遷宮御神宝太刀制作奉仕。66・69・89年にも奉仕
1965	第1回新作名刀展で正宗賞受賞。66・74年にも受賞。日本刀鍛錬所両山亭を新築
1967	石川県指定無形文化財保持者に認定
1975	正倉院刀子研究、制作を始める
1981	重要無形文化財保持者に認定
1984	紫綬褒章受章

現代9 受け継がれる祭礼と獅子舞

獅子殺しの演舞は棒術のお披露目 おかえり筋は10年に一度客を接待

獅子は胴体が大きく、演舞の獅子殺しは江戸後期に開かれた棒術道場の成果を明治30年頃にお披露目したもの。ほうらい祭りには巨大な造り物が出る。

白山市の獅子舞（市指定無形民俗文化財）

長い毛髪シャンガンを被る

石川県の加賀地区では573町会（約40%）で獅子舞が行われてきた。特に獅子頭や胴体が大きい大獅子は、金沢市とその周辺に分布する。棒振りの演舞は獅子殺しで、長い毛髪シャンガンを被り、棒や太刀、剣、薙刀、鎖鎌などの武器を手に獅子に立ち向かう。これは犀川以南では江戸後期に戸田金剛流剣術道場で学んだ町田半兵衛が地黄煎町に道場を開き、町人や農民に棒術を教えたもので、その成果のお披露目が獅子舞芸能であった。時期は明治30年（1897）前後とみられ、現白山市の八ツ矢町・辰巳町・月橋町、鶴来町・横江町・宮保町・徳光町・北安田町・水島町等に伝播している。

別宮の獅子舞

遺存する古い獅子頭には別宮町天保2年（1831）銘の家老横山家寄進の赤獅子、三ツ屋野町天保3年製で文久3年（1863）に前田斉泰公寄進の殿様拝領獅子、鶴来地区万延元年（1860）伝沢皐忠平作の黒獅子、同地区武田友月作の菊獅子、清沢町天保年間伝大野弁吉作の赤獅子、湊町嘉永6年（1853）小松の村上九郎作の朱漆塗獅子、八ツ矢町明治22年寄贈の雄獅子、石同新町伝江戸中期作の黒獅子と赤獅子などがあり有名である。

獅子の蚊帳は麻布で牡丹唐

草、獣巻毛文様のものが多く、カシラモチのケンタイには金糸銀糸で刺繍した豪華なものもある。また棒振りは紺色の刺し子の襦袢に、半兵衛流の伝統である「渡」文字とトンボ文様をあしらった袴を穿く。しかし鶴来地区の棒振りは頭にシ

鶴来の獅子舞

ャンガンを被り、以前は股引姿でアカバと呼ぶ赤い花柄の半纏を着用、祭礼の華やかさを強調していた。

演目は一人棒（棒や剣、薙刀など）、二人棒（棒と太刀・薙刀と太刀など）、三人棒（太刀と割棒と剣・薙刀と両太刀と鎖鎌など）の他に

湊町の獅子舞

五人棒・七人棒があり壮観である。

カシラモチは7、8人の壮年男子が前垂れのケンタイに法被や半纏を着用。頭を棒振りの動きに合わせて左右に振り、棒振りが近づくと居丈高に口を大きくあけて威嚇する。獅子が討ち取られると「ヨイヤー」の掛け声で頭

松任・八ツ矢の獅子舞

宮保町の獅子舞

を地面につけ「参った」の仕草で終わる。蚊帳には俗にナカバヤシと呼ぶ囃子方が入り、昭和35年頃までは辰巳町芸妓の三味線に大太鼓・小太鼓・横笛で「ノーエ節、元禄花見踊り、石動丸、戻り囃子、花車、安宅、越後獅子、シンデンショウ」などが奏でられた。

鶴来のほうらい祭り（市指定無形民俗文化財）

高さ約5mの武者人形など

鶴来地区の金劔宮10月の秋祭りには神輿と獅子舞、獏面のほかに毎回高さ約5mの巨大な武者人形などを載せた造り物が5、6基出る。これは各町の青年団が約1か月前から考案し、以前は主に前田利家・織田信長・上杉謙信・伊達政宗・柳生十兵衛・船弁慶・石川五右

にぎやかに出発するほうらい祭りの造り物

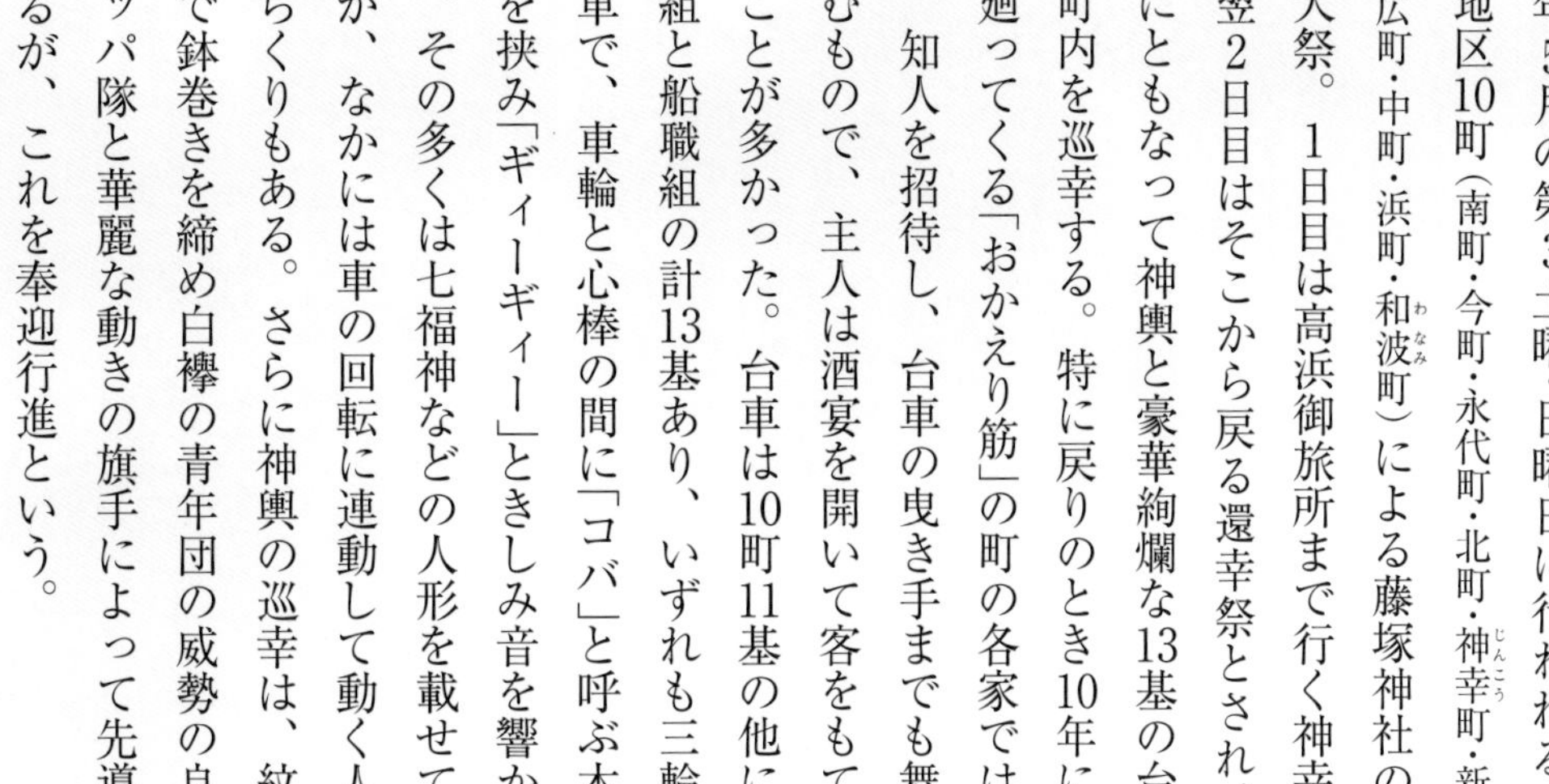

美川のおかえり祭り。石川県の無形民俗文化財に指定されている

衛門の武者ものや近年はマンガの主人公キャラクターなどを題材に、さらに南瓜・人参・大根・蓮根・唐辛子・柿・ススキなど秋の作物で飾り立て、20～30人で担ぎまわる。この造り物の起源は定かでないが、大正初期から始まったともいわれ、昭和45年（1970）頃、この人形を担ぎ練るとき「ヨーホウライ」の掛け声を発するので、この祭りを「ほうらい祭り」と呼ぶようになった。また練るときの祭り唄にはこの地方の方言による些か卑猥な歌詞も含まれ若い男たちの祭りという性格がにじみ出ている。

美川のおかえり祭り（県指定無形民俗文化財）

豪華絢爛な台車とラッパ隊

毎年5月の第3土曜・日曜日に行われる、美川地区10町（南町・今町・永代町・北町・神幸町・新町・末広町・中町・浜町・和波町）による藤塚神社の春季大祭。1日目は高浜御旅所まで行く神幸祭、翌2日目はそこから戻る還幸祭とされ、それにともなって神輿と豪華絢爛な13基の台車が町内を巡幸する。特に戻りのとき10年に一度廻ってくる「おかえり筋」の町の各家では親戚、知人を招待し、台車の曳き手までも舞い込むもので、主人は酒宴を開いて客をもてなすことが多かった。台車は10町11基の他に家方組と船職組の計13基あり、いずれも三輪の山車で、車輪と心棒の間に「コバ」と呼ぶ木の板を挟み「ギィーギィー」ときしみ音を響かせる。その多くは七福神などの人形を載せているが、なかには車の回転に連動して動く人形からくりもある。さらに神輿の巡幸は、紋付袴で鉢巻きを締め白襷の青年団の威勢の良いラッパ隊と華麗な動きの旗手によって先導されるが、これを奉迎行進という。

（小林忠雄）

現代10 手取川扇状地の農耕行事

年末に取水口に豆殻、豊作祈る 虫送りは太鼓先頭に松明燃やす

12月30日に用水の源の白山に感謝する「加賀版あえのこと」。7月21日の虫送りでは3台の長大な太鼓が打ち鳴らされ子供の松明が続く。

竹松町「田んぼのお歳暮まわり」

現在行なうのは3軒だけ

竹松町では毎年12月30日、明治初期から続く年末の伝統行事「田んぼのお歳暮まわり」が行われる。例えば農家のF家では長男とともに鍬を持って水田13枚を回る。田んぼの取水口（水戸口）に長さ約60cmの豆殻を挿し、手取川の恵みをもたらす用水の源の霊峰白山に手を合わせ感謝し、来年の豊作を祈った。竹松町は江戸時代、土地がやせていて他村に比べ米の収穫量が少なく、年貢米の徴収に手心を加えてもらう代わりに、役人にお歳暮として雑穀を贈ったと伝える。明治期の廃藩置県で年貢がなくなると、役人の勧めで水田に豆殻を供えるようになった。これを「加賀版あえのこと」とも呼び、40～50年前の竹松町では大半の農家が行っていたが、現在は3軒だけ。昭和30年（1955）頃まで周辺の農家でも、大晦日に田んぼに行き来年の豊作を祈願し、家に戻ると玄関に置いた豆殻を踏んで入った。また正月元旦の最初の茶を福茶と言い、豆殻を燃やし湯を沸かして飲む慣習があった。

竹松町の「田んぼのお歳暮まわり」。12月30日、取水口に豆殻を挿し白山に手を合わせる

横江町の虫送り行事（市指定無形民俗文化財）

戦後は夜の火祭りだけに

毎年7月21日、横江町では虫送り行事が行われている。以前は昼間、子ども達による「五穀豊穣稲虫送り」と記した旗送り行事があったが、戦後は夜間の火祭りだけになった。町

民は夕方、横江の宇佐八幡神社に集合し、青年団が担ぐ長さ1・8m、径90cm、重さ50kgの3台の長大な虫送り太鼓を先頭に、竹に藁を巻いた長さ2・5mの松明をもった青年団の後に、子どもたちが80cmの竹竿に石油を滲ませた空き缶の手松明に火を点けて出発する。太鼓には「歩き太鼓」や最後に鳴らす「おろし太鼓」など打ち方に違いがあり、農道の四辻では二人で「止まり太鼓」を打ち鳴らす。やがて行程の半分のところで金沢市八日市、下福増町、安原町、野々市市富奥校下の応援太鼓が加わり、激しく打ち鳴らされた。明治期の応援太鼓は30台もあったと伝える。

横江町の虫送り。虫送り太鼓を先頭に子どもたちが空き缶の手松明に火をつけて農道を歩く

最後に、神社正面の農道をまたぐ高さ8mの「虫送」と書いた火縄アーチに点火され、太鼓と松明の行列は一斉にアーチの下を潜り、神社の境内に駆け込み、うずたかく積まれた大篝火に松明を放り込む。するとすべての太鼓を打ち鳴らす「おろし太鼓」の競演が始まり、最高潮に達する。その後、境内の土俵で子供相撲大会を行うが、昭和30年頃までは青壮年の相撲もあり、能登の高校相撲の選手たちも参加していた。

（小林忠雄）

横江町の虫送りの最後には、火縄アーチの下でおろし太鼓の競演が繰り広げられる

現代11　工業団地とニュータウン

県初の大規模住宅団地「千代野」現在、17工業団地に300社以上

昭和53年、金沢のベッドタウンとして松任に千代野ニュータウンが完成。また水資源ほかの好条件により、工業団地に多くの企業が立地している。

昭和53年（1978）11月、石川県政100周年を記念して、「豊かな水と緑」をキャッチフレーズに旧松任市に「千代野ニュータウン」が誕生した。これは全国的に団塊（だんかい）の世代の子供たちが数多く誕生した第2次ベビーブームの中、爆発的な人口増加に対処して新住宅市街地開発法が制定され、石川県においても同法の適用を受け、金沢市のベッドタウンとして県と県住宅公社が企画・開発し、旧松任市も用地買収に全面的に協力して完成したもので、石川県初の大規模住宅団地であった。

コミュニティづくりの手本に

昭和48年に造成に着手し、同52年9月から分譲を開始し、61年には拡張工事を行い、平成4年（1992）までに全分譲を完了した。開町時に入居した世帯主の平均年齢は30歳前後と若く、出身地も全国に及んでいたため、習慣や風習が異なる住民同士の融和を図るため公民館を中心に様々な取り組みがなされ、昭和55年には連合町内会も発足した。このニュータウンの新しいコミュニティづくりは、その後、工業団地の造成と企業誘致に伴う土地区画整理事業にも広く適用され、白山市の誕生後も次々と造成されるニュータウンの先駆けとなるものであった。

豊かで良質な水資源

ところで、手取川がもたらす豊かで良質な水資源は、宅地だけでなく工業用水としても最適であり、さらにJR線、金沢港、小松空港、北陸自動車道、国道8号線、金沢環状道路、加賀産業開発道路等、交通の利便性や、金城大学、金沢工業大学、石川県立大学、北陸先端技術大学院大学等、市内外の高等教育機関集積による技術開発や人材提供により、まさに工業団地造成には理想的な環境で、現在、市内には前述の各主要道路やJR線に隣接して17か所の工業団地が整備され、300社を超える企業が立地し、ものづくり王国石川を支えている。

（平野　優）

造成が進む千代野ニュータウン（1980年代）。石川県政100年事業として着手され、昭和51年（1976）に本格着工。52年には最初の分譲が行われた

工業団地の状況　平成29年5月

団地名	面積(ha)	企業数
旭工業団地	53.4	49
石川県鉄工団地	14.4	33
石川工業団地	76.6	85
石川ソフトリサーチパーク	23.0	11
鹿島工業団地	20.3	17
新北部工業団地	21.1	7
北部工業団地	26.0	16
松任フロンティアパーク	9.4	8
松任食品加工団地	12.7	10
松任先端技術団地	11.9	5
松本工業団地	33.4	33
美川インターパーク	7.9	4
湊工業団地第一	7.5	13
湊工業団地第二	26.2	25
森島工業団地	5.6	6
山島工業団地	5.6	1
横江工業団地	2.8	22
合　計	357.8	345

白山市内の工業団地と主な交通網・施設

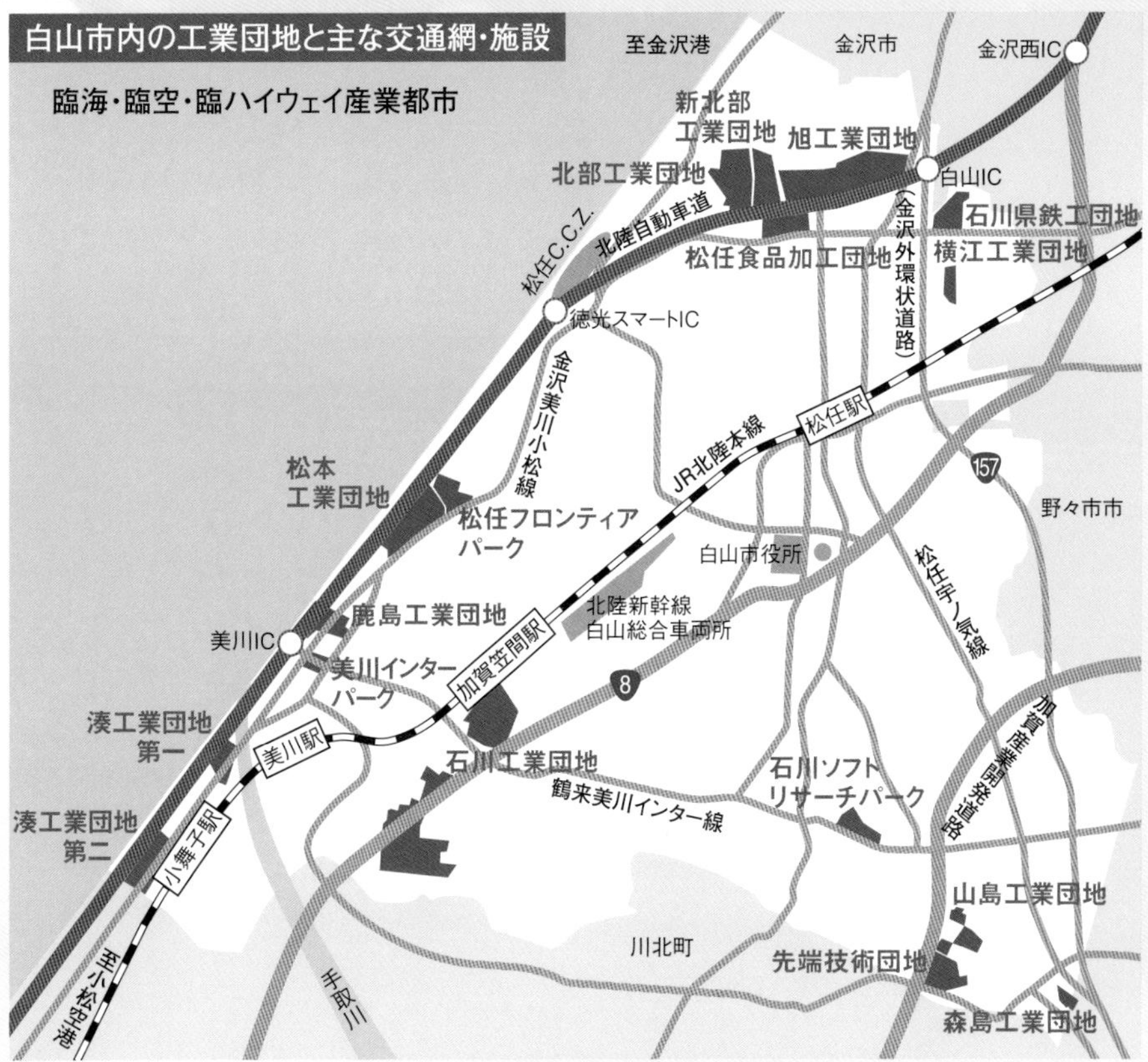

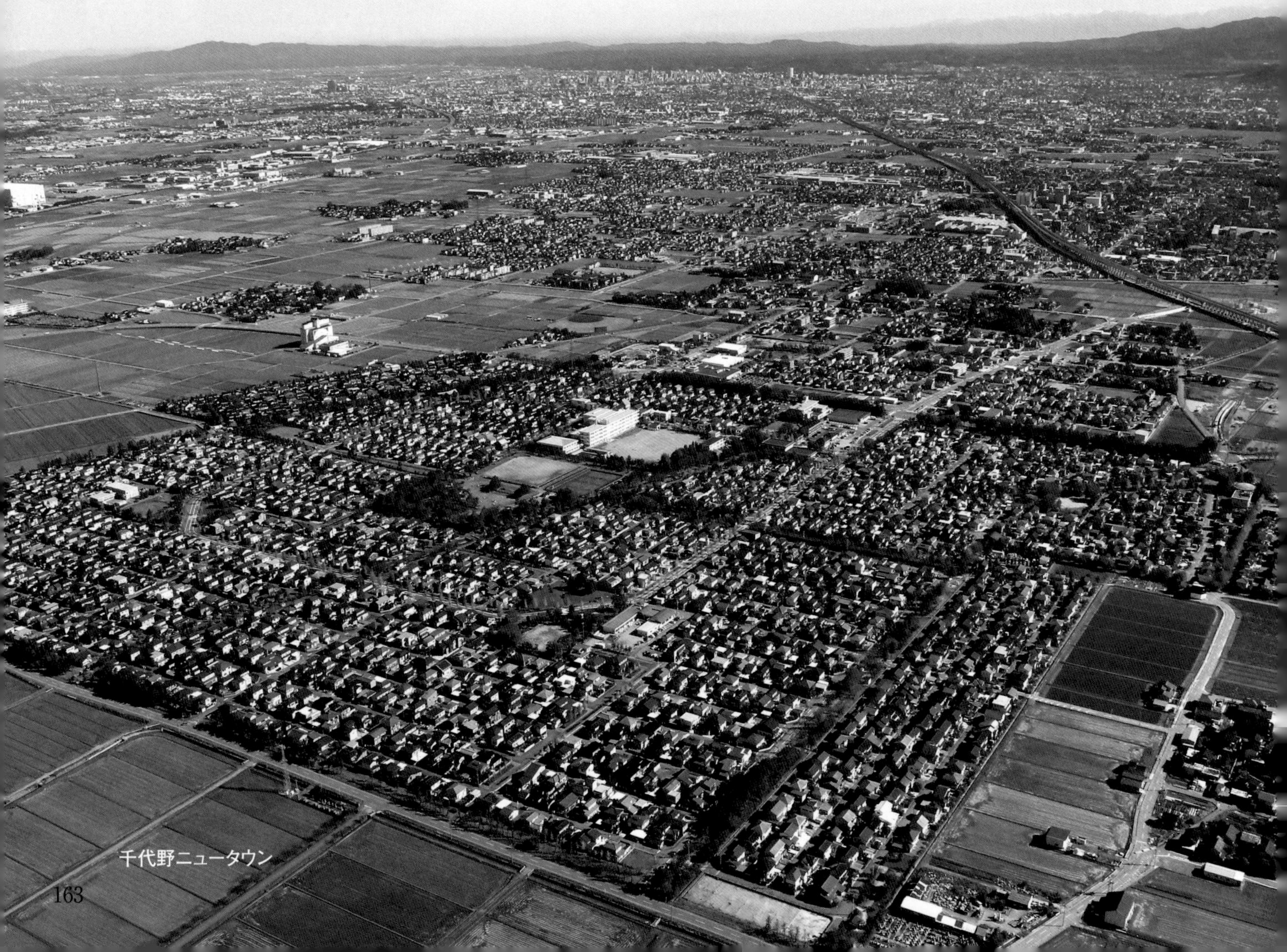

千代野ニュータウン

現代12 白山市の誕生

中山間地から沿岸部まで1市2町5村が「対等合併」

白山市の開市式テープカット

平成17年（2005）2月1日、1市2町5村が合併して「白山市」が誕生した。これは県内で最大の面積を有し、県都金沢市に次いで2番目の人口を有する新市の出現を意味した。ところで白山市は、旧8市町村を廃して新市を設ける「新設合併」（対等合併）方式を採用したが、この合併に至るまでの経緯は決して平坦ではなかった。

大きく異なる8市町村

何故なら、白山ろくの中山間地から日本海沿岸部まで、総面積755・17㎢を有する全国有数の広域自治体には、地形も気候も文化も産業も、そして何より住民気質が大きく異なる8つの市町村が混在し、これらが「対等合併」するためには幾つかの高いハードルが存在した。

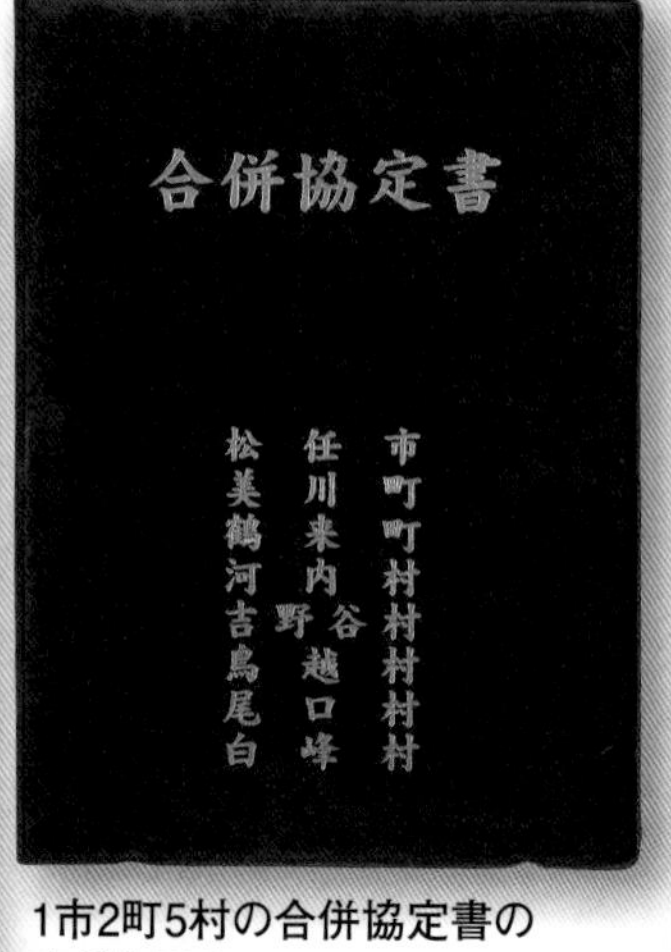

1市2町5村の合併協定書の表紙と署名

地形も文化、気質も大きく異なる8市町村が対等合併するには大きなハードルがあったが、協議を重ね、平成17年2月に「白山市」が誕生した。

合併に向けた動きは、平成13年6月に鶴来町議会が「市町村合併検討特別委員会」を発足させたことを嚆矢に、同年12月までにほぼすべての市町村で委員会が立ち上げられた。翌年3月には白山麓1町5村で「合併研究会」が発足し、7月には松任市長・市議会議長が石川郡3町5村に合併協議を申し入れ、その後漸次、住民説明会・フォーラムが開催され、全町村が合併を受諾、新たに「合併協議準備会」を設立し、県知事に対し支援要請を行ったのであった。

文化・創作活動の拠点として平成17年9月にオープンした「市民工房うるわし」

白山ろくがサービス低下を懸念

平成15年に入ると「松任・石川広域合併協議会」が発足し、2月24日の第1回協議会から平成17年12月まで、2年間延べ19回にわたって「対等合併」に関する激しい議論がなされた。ここでは特に白山ろくから、高齢者福祉や教育・保育に対するサービスの低下、公共交通機関や豪雪対策への不安等、合併の結果、却って住民サービスが低下し負担が増えるのではないかという厳しい批判の声が上げられた。

しかし県の全面的支援の確約や、「白山と手取川」という、各地域を有機的に結びつける大自然の恵みが、合併を後押しし、新市の名称は公募の結果、応募総数3765の中から「白山市」に決定し、前述の17年2月1日、旧松任市役所から改まった新白山市庁舎で、開市式と開庁式が賑々しく挙行され、新市がスタートしたのであった。

（平野　優）

谷本知事の立ち会いで8市町村長が合併協定書に署名した合併協定調印式＝平成16年6月13日、松任市民会館

現代13

豪雪と養蚕に即して成立した建物 山村集落の歴史的風致をよく残す

白峰重要伝統的建造物群保存地区

国内有数の豪雪地帯のため、民家には2階にも出入り口が設けられていた。地方色豊かな伝統的建造物群は平成24年に重伝建地区に選定された。

白峰は市域の南部、白山ろくに位置する。手取川の最上流部に位置し、集落の標高は500メートル、平年積雪が2・5メートル、根雪期間が4カ月を超える国内有数の豪雪地にある集落である。かつては牛首（うしくび）村と称し、寛文8年（1668）に天領白山麓十八ヶ村が成立してからは、その主邑として栄えた。明治9年（1876）に風嵐（かざらし）村・白山権現領（平泉寺領）を合わせて白峰村になり、明治22年（1889）には嶋村・下田原村と合併して新たな白峰村となった。

旧山岸家住宅

幕末には人口3千人

稲作に不向きなこの地区の産業は、養蚕と出作りと白山信仰であった。出作りでは焼畑によるヒエ・アワなど主食の栽培と養蚕を行った。また、近世には白山への参詣者が増え、それらの世話や山上堂社の造営・管理などが大きな経済的恩恵をもたらした。織物も中世から盛んに織られ、江戸前期には牛首布・嶋布が名産として京都・大坂に知られるようになった。こうした背景のもとで、幕末の文久3年（1863）には戸数5百戸以上、人口は3千人近くに達する集落が成立した。

林西寺庫裏

切妻造の総二階建て

白峰の民家の特徴は切妻造の総二階建てで、周囲に下屋を設ける。1階を板壁、2階を土壁とし、屋根は本来、木羽板葺きであるが、現在は瓦葺に改められている。冬季の積雪のため2階にも出入り口が設けてあり、またかつては常設のはしごが屋根まで掛けられていた。現在も木羽板葺の石置き屋根を残す行勧寺庫裏には、屋上に鼓楼が設けられている。集落の中心にある旧山岸家住宅は、白山麓十八ヶ村取次元の家で、建物は3階建て、小屋裏を含めると4層ある豪壮な主屋を中心に、庭園や3階建ての土蔵3棟と、屋敷周囲の石垣からなる、地区を代表する建築である。豪雪という気候風土や養蚕という生業に即して発展成立した地方色豊かな伝統的建造物群と、厳しい自然環境にある山村集落の歴史的風致を良く残していることから、平成24年（2012）7月に重要伝統的建造物群保存地区に選定された。

（山崎幹泰）

白峰重伝建地区と旧山岸家の位置

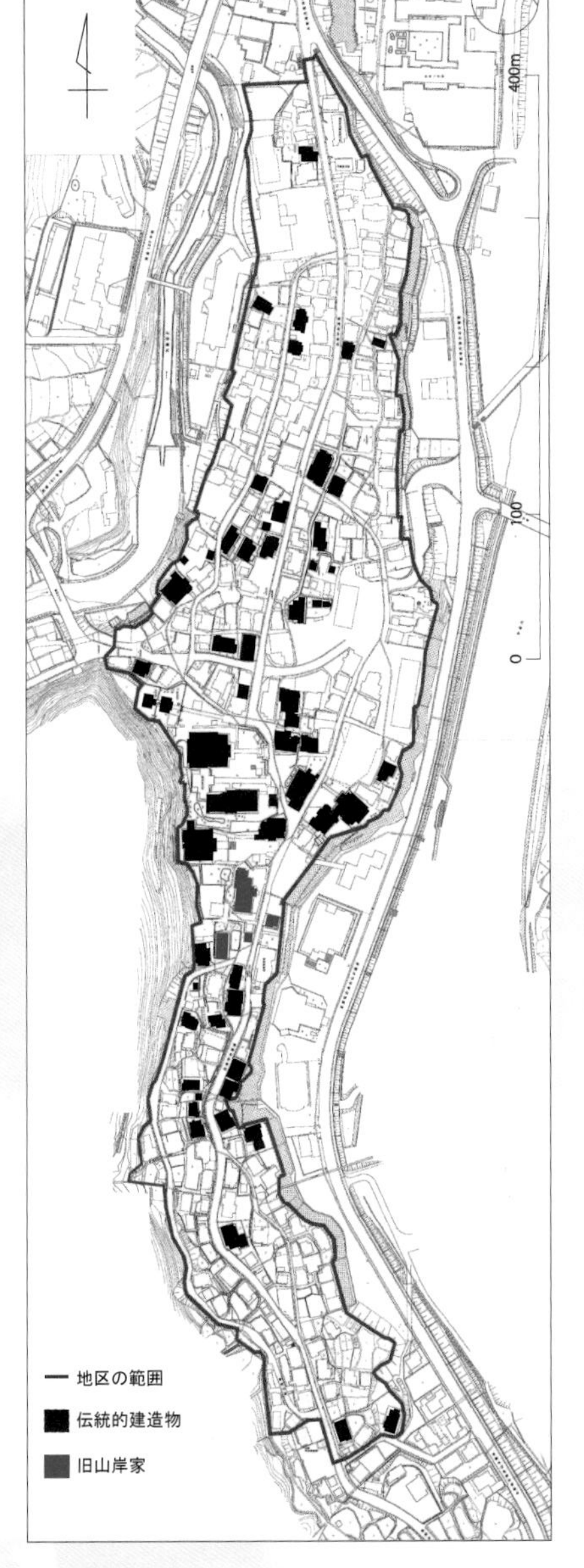

冬の白峰の町並み

白山手取川ジオパーク・コラム 19

河岸段丘と手取層群砂岩の利用

重要伝統的建造物群保存地区に選定されている白峰の集落は、山間部にありながらその密集した建物群が、町場のような風景をみせている。手取川が作り出した河岸段丘が、狭いながらもこの地にあり、山間部ではあまりないこの平坦面を利用して集落を発展させているからである。また、何段かの狭い段丘面に建物を配置する際、谷側の斜面を石垣にして強度を高めたり、旧山岸家住宅のように屋敷周囲を石垣で囲んだりしている風景が見られる。このような石垣や建物の礎石などに使われている石は、手取川の河原や河岸段丘上に堆積した丸い石であったり、周辺の山に分布する岩であったりする。これらは、恐竜時代の手取層群と呼ばれる地層の砂岩であることが多く、石の中には大陸から運ばれてきた玉石（オーソコーツァイト）が礫として含まれていることもある。集落の配置や使われている素材からも「水の旅」と「石の旅」を感じられる。

（日比野 剛）

山岸家石垣の石

現代14

北陸新幹線の延伸と白山市

「白山駅」建設運動を官民で展開 観光資源としての活用に転換

北陸新幹線「白山駅」設置を働き掛ける運動が官民挙げて展開されたが困難となり、白山統合車両所に近接したビジターセンター構想が具体化していく。

白山総合車両所に勢ぞろいしたW7系120両（10編成）

平成23年（2011）12月、「白山駅整備促進・まちづくり推進市民会議」が設立され、大阪方面への北陸新幹線延伸を睨んで、新たに白山総合車両所内に新幹線駅を併設する計画が練られた。

しかし、翌24年8月の市民会議総会において、「車両所併設案」は課題が多く、実現は困難と結論付けられ、新幹線本線に新駅を建設すべきとする、9月に市民団体「新幹線白山駅をつくろう会」が発足した。この市民団体結成を受けて、25年2月には、白山市、能美市、野々市市、川北町の3市1町及び地元経済団体等が「北陸新幹線（仮称）白山駅建設期成同盟会」を設立し、事務局を白山市役所内に置き、まさに官民挙げての新駅建設運動が展開された。

その後、森喜朗元首相を中心に、白山市、

JR在来線に並行して広がる白山総合車両所

白山市商工会議所等が、3年以上にわたって各方面に白山駅設置を働きかけた。

車両所にビジターセンターを

しかし、金沢駅に距離的に近く、建設費も100億円以上に上ることから白山市も新駅設置を断念し、平成27年に入ると新たに同26年4月に開所した白山総合

大勢の来場者でにぎわう北陸新幹線の整備現場＝白山市の白山総合車両所

車両所（宮保町）を観光資源として活用するプランを提案した。

市では車両所に近接して「ビジターセンター」を建設し、子ども向けの屋内レジャー施設の導入も計画しており、事業主体は建物などのハード整備と管理を白山市が、センター内の展示物をJR西日本が担当することでコンセンサスを得ることができた。

このビジターセンターは、新幹線や白山市を一望できる展望室が設けられ、白山市に加えて野々市市、能美市、川北町の3市1町の観光情報コーナーや物販機能も設置される予定である。

外国人観光客に日本の魅力を訴える「クール・ジャパン」の代名詞はアニメと新幹線（ブレッド・トレイン＝弾丸列車）であるといわれる。国内の鉄道マニアだけでなく、世界中の鉄道ファンに国際観光都市金沢に近接して、時速260～320キロで走行する新幹線をSNSなどで発信できるセンターが誕生したことがアピールできれば、爆発的な人気を博することも夢ではないだろう。（平野　優）

現代15

持続可能な社会づくりと地域振興の両立をめざすユネスコのプログラム

白山手取川ジオパークと白山ユネスコエコパーク

白山市は市域全体が日本ジオパークに認定されるとともに、白山を取り囲む4県7市町で認定されたエコパークという2つのユネスコプログラムが進行している。

環境を使いながら守る

白山市は、1980年に日本最初のユネスコエコパークに登録され（当時は白峰村と尾口村）、2011年には日本ジオパークに認定されている。

ジオパークとユネスコエコパークは、世界遺産とともにユネスコによって運営される国際的な制度である。三つの制度の基本的な考え方は共通しており、人類と地球の持続可能性を保つことを目指し、自然環境と人類の叡智の優れた事例を「遺産」として将来世代に引き継ぐために保護・保全を進めていくことにある。人類はエネルギーや資源、食を提供してくれる生態系によって支えられている。生態系は大地、水、気候といった基盤的環境に強い制約を受けて成立している。つまり、人類が持続可能であるためには、生態系・基盤的環境の安定的存在が不可欠なのである（図参照）。ユネスコはこの構造の持続可能性を一体的に保つために、保護・保全活動の軸足

基盤的環境（ジオ）、生態系（エコ）と人間社会（ヒト）の関係構造

そこに住む人間の生活や歴史文化等も異なる
その大地によって動植物も多様性に富む
様々な成り立ちの大地
生活・歴史
文化・産業
ヒト
自然
動植物
エコ
大地
地球・地質・地形
ジオ
それぞれが深く関わり合っている

（「白山手取川ジオパーク」ホームページより）

獅子吼高原から見た手取川扇状地と島集落

を人類に置く世界遺産、生態系に置くユネスコエコパーク、基盤的環境に置くジオパークの三つの制度を運用している。三つの制度の内、世界遺産は保護が重視されるのに対し、ジオパークとユネスコエコパークでは「環境を使いながら守る」保全という考え方が重視されており、自然環境の価値を減じないように配慮しながら観光や一次産業で利用しつつ、地域振興を図ることも求められている。

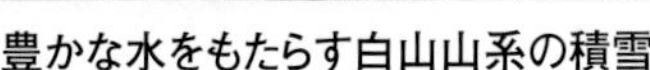
豊かな水をもたらす白山山系の積雪

ジオパークで学ぶ

ジオパークは、ユネスコが直接認定するユネスコ世界ジオパークと、日本ジオパーク委員会が認定する日本ジオパークとに分かれる。現在、白山市全域を対象地域とする白山手取川ジオパークは、〝水の旅・石の旅〟をテーマに日本ジオパークに認定されている。白山麓は世界で最も低緯度にある豪雪地帯であり、雪解け水は活発な土砂の生産と運搬を引き起こし、白山市の大地（前ページの写真）を作り上げてきた。そこには、水資源を利用する様々な産業が暮らしを支えるとともに、時には荒れ狂う手取川との付き合い方が地域の特徴ともなっている。また、流域には中生代の化石を産する桑島化石壁があり、この時代の生態系を複合的に理解できる世界でも希少なサイトになっている。

桑島化石壁（国天然記念物）

市内各地域でジオパークをテーマにした生涯学習や観光ガイドツアーが開かれ、市内外の人に向けたツーリズムモデルコースの設定や自然を楽しむジオパークツアー、地元の公認ガイドが案内する手軽な「まち歩きジオツアー」が実施されている。ジオパーク展やジオパークにちなんだ俳句大会を開催するなど多彩な活動が展開されており、世界ジオパーク認定を目標に活動の深化が図られている。

綿ケ滝を訪れたジオパークツアーの参加者

ユネスコエコパークに暮らす

ユネスコエコパークは、正式には「人間と生物圏（MAB）計画」に位置づけられる「生物圏保存地域」という制度であるが、日本では一般にユネスコエコパークと呼ばれている。ユネスコエコパークには世界遺産と同様に、核心地域、緩衝地域、移行地域というゾーニングがあり、核心地域と緩衝地域では保護が、移行地域では保全と活用が重視される。

白山ユネスコエコパークには、白山市の他、勝山市、大野市、郡上市、高山市、白川村、南砺市が含まれ、白山市域では白山山系の山域が核心地域と緩衝地域に、白峰や尾添の集落を含む濁澄橋より上流側の川沿いが移行地域に登録されている。白山は、低緯度に位置する多雪地域の高山帯という独特な生態系（次ページ下の写真）を有し、その生態系に支えられた文化にも独自性がある。

白山市と白山市民にとって、ごく当たり前に目にしている景色、普段の暮らしや食べ物、地域のちょっとしたお祭りといったことが、この土地の自然環境に支えられていることに感謝し、次の世代に引き継いでいく責任を感じるきっかけを与えてくれるもの、それがジオパークであり、ユネスコエコパークなのである。

（青木賢人）

白山ユネスコエコパークのエリアマップ

白山ユネスコエコパークの緩衝地帯に広がる森林

白山室堂付近で外来植物の除去作業をするボランティア

瀬戸の道の駅「瀬女」で販売されているイノシシ肉

白峰の重要伝統的建造物群保存地区の雪景色

白山山頂部のお花畑

白山手取川ジオパークの見どころMAP

テーマを体感する3つのエリア

白山手取川ジオパークでは、「山と雪」「川と峡谷」「海と扇状地」の3つのエリア、その中に、多くの見どころを設定しています。エリアでは、それぞれその地域の大地の物語と自然、そして人々との関わりを体感できます。

GEOPARKS JAPAN 日本ジオパーク

白山手取川ジオパーク Hakusan Tedorigawa Geopark

N

小松IC
梯川
こまつ
めいほう
能美根上IC
のみねあがり
小松市
こまつ
白山美川伏流水群
美川のまちなみ
みかわ
美川IC
能美市
徳光SIC
白山海岸と砂丘
かがかさま
北陸自動車道
川北町
島集落
まっとう
手取川扇状地
東大寺領横江荘遺跡
手取川
松任のまちなみ
白山IC
七ヶ用水
金沢西IC
神壁
野々市市
安久涛の渕と手取川七ヶ用水
福岡第一発電所
つるぎ
海と扇状地のエリア
鶴来のまちなみ
板尾不動滝
獅子吼高原と奥獅子吼山
舟岡山
白山比咩神社
金沢市
川と峡谷のエリア

「ゆきママとしずくちゃん」

©2012HTGPC

白山手取川ジオパークの公式イメージキャラクターで、白山市の観光特使にも任命されています。白山の雪でできた"ゆきママ"が、背中のリュックに雪解け水の"しずくちゃん"を背負って、ジオパーク内を一緒に旅しています。1人でも多くの人に、故郷の素晴らしさを知ってもらいたいと思っている仲良し親子です。

川と峡谷のエリア

水が育つ

いくつもの川が合流し、流れが大きくなるエリアです。峡谷や河岸段丘などの水の流れによって大地が削られたり土砂がたまったりした地形が発達しています。

手取峡谷

海と扇状地のエリア

水が活かされる

水から受ける恩恵と脅威を感じるエリアです。水の流れが上流から運んだ石や砂がたまった地形、扇状地が発達しています。

手取川扇状地

山と雪のエリア

水が生まれる

恐竜時代などの古い時代に作られた大地からほとんどが成り立っています。多くの水が舞い降り、水の流れが始まるエリアです。冬場には大量の雪が積もります。

白山市文化財一覧（令和二年三月現在）

国指定文化財

No.	名称（員数）	所有者等	指定年月
国宝			
1	剣 銘 吉光（1口）	白山比咩神社	昭27年3月
特別天然記念物			
1	岩間の噴泉塔群	尾添区	昭32年6月
重要文化財			
1	旧小倉家住宅（1棟）	白山市	昭38年7月
2	絹本著色 白山三社神像（1幅）	白山比咩神社	平15年5月
3	木造 狛犬（1対）	白山比咩神社	昭25年8月
4	銅造 十一面観音立像（1躯）	林西寺	昭46年6月
5	木造 獅子狛犬（1対）	白山比咩神社	平1年6月
6	紙本墨書 白山縁起（1冊）	白山比咩神社	昭25年8月
7	紙本墨書 三宮古記（1冊）	白山比咩神社	昭25年8月
8	紙本墨書 神皇正統記（4冊）	白山比咩神社	昭25年8月
9	紙本墨書 白山宮荘厳講中記録（1冊）	白山比咩神社	昭25年8月
10	大般若経 巻第二百四十九 和銅五年十一月十五日 長屋王願経（1帖）	本誓寺	昭25年8月
11	太刀 銘 長光（1口）	白山比咩神社	昭25年8月
12	黒漆螺鈿鞍（1脊）	白山比咩神社	昭25年8月
13	沈金彫 手筥（1合）	白山比咩神社	昭25年8月
重要有形民俗文化財			
1	白峰の出作り民家（山の小屋）と生活用具（1棟 144点）	白山市	昭53年8月
2	白峰の出作り生活の用具（1331点）	石川県	昭53年8月
重要無形民俗文化財			
1	尾口のでくまわし	深瀬木偶廻し保存会・東二口区文弥人形浄瑠璃保存会	昭52年5月
国指定史跡			
1	東大寺領横江荘遺跡	横江町	昭47年3月
2	鳥越城跡 附二曲城跡	白山市他	昭60年9月
国指定天然記念物			
1	御仏供スギ	吉野（白山市）	昭13年8月
2	手取川流域の珪化木産地	桑島、白峰国有林（桑島化石壁、湯の谷）桑島神社 他	昭32年7月
3	太田の大トチノキ	個人	平5年4月
国選定重要伝統的建造物群保存地区			
1	白峰伝統的建造物群保存地区	白峰	平24年7月

県指定文化財

No.	名称（員数）	所有者等	指定年月
県指定有形文化財			
1	旧杉原（助五郎）家住宅（1棟）	石川県	昭59年1月
2	旧織田（末一）家住宅（1棟）	白山市	昭59年1月
3	白山比咩神社本殿（1棟）	白山比咩神社	平19年12月
4	銅造 地蔵菩薩半跏像 附台座、光背（1躯）	東三番町町内会	平23年12月
5	刀剣（11口）	白山比咩神社	昭35年5月
6	太刀 銘 行光 附後藤才次郎吉定作総銀金具太刀拵及び、前田利常奉納由来記載黒漆塗箱（1口）	白山比咩神社	昭53年3月

No.	名称（員数）	所有者等	指定年月
7	太刀 銘 加賀国金沢住兼巻作（1口）	白山比咩神社	昭53年3月
8	版本 三帖和讃並正信念仏偈（4帖）	本誓寺	昭58年1月
9	版本 如意虚空蔵菩薩陀羅尼経（1巻）	個人	昭58年1月
10	白山比咩神社文書（766点）	白山比咩神社	昭57年1月
11	杉原家文書（2754点）	個人	昭57年4月
12	把手付壷 白山町上野遺跡出土（1箇）	白山市	昭61年3月
13	尾添白山社 白山下山仏（半鐘含む）（9体1点）	尾添区	昭54年12月
14	白峰林西寺 白山下山仏（附仏体等品目）（8体1点）	林西寺	昭54年12月
15	木製 白山行人札（2枚）	中宮区	昭58年1月
県指定無形文化財			
16	牛首紬	牛首紬技術保存会	昭54年7月
県指定有形民俗文化財			
17	旧表道場（1棟）	石川県	昭59年1月
18	白峰の山村生活用具と出作り民家 旧長坂家（510点3棟）	白山市	平16年1月
県指定無形民俗文化財			
19	かんこ踊（国選択無形民俗文化財）	かんこ踊保存会	昭35年5月
20	美川のおかえり祭り	藤塚神社奉賛会	平13年12月
県指定記念物			
21	石の木塚	石立町町内会	平12年8月
22	五十谷の大スギ	五十谷町 八幡神社	昭50年10月
23	白峰村百合谷の珪化直立樹幹	個人	昭62年3月
24	桑島化石壁産出化石（178点）	白峰・桑島	平8年4月
25	白峰百万貫の岩（1点）	白峰（牛首川地内）	平13年12月
26	トミヨ生息地	平加町地内	平16年1月
27	瀬戸の夜泣きイチョウ	瀬戸区	平16年11月
28	金劔宮社叢ウラジロガシ林（約5500㎡）	金劔宮	平1年10月

市指定文化財

No.	名称（員数）	所有者等	指定年月
市指定有形文化財			
1	八坂神社本殿（1棟）	白峰 八坂神社	昭39年2月
2	本誓寺大門 旧加賀藩長家 広式門 附棟札（1棟）	本誓寺	昭42年7月
3	青木家臨川書屋 旧加賀藩本陣（1棟）	個人	昭42年7月
4	杉森白山神社拝殿（1棟）	杉森町区	昭50年11月
5	今湊神社の拝殿及び本殿並びに棟札	今湊神社	昭51年4月
6	鶴来別院本堂（1棟）	鶴来別院	昭53年2月
7	神田白山神社末社 八幡神社社祠（1棟）	安養寺町町内会	昭54年8月
8	一閑院 法華塔（1基）	一閑寺	昭63年3月
9	宮永八幡神社末社 菅原神社本殿（附狛犬）（1棟）	宮永八幡神社	平3年1月
10	菅原神社本殿（神殿）（1棟）	八ツ矢町 菅原神社	平3年1月
11	若宮八幡宮の常夜灯（1棟）	若宮八幡宮	平9年3月
12	旧山岸家住宅 主屋、板蔵、味噌蔵、浜蔵、土地	白山市	令1年12月
13	白山垂迹図（1幅）	個人	昭39年2月
14	親鸞上人画像（1幅）	聖得寺	昭39年2月
15	林西寺客殿襖絵（32面）	個人	昭39年2月
16	漆絵 釈迦三尊像（1幅）	正壽寺	昭44年1月
17	絹本著色 聖徳太子絵伝（5幅）	本誓寺	昭45年7月
18	蓮如上人画像（1幅）	松岡寺	昭45年8月
19	顕如上人画像（1幅）	教願寺	昭45年8月
20	絹本著色 教如上人寿像（1幅）	願慶寺	昭46年11月
21	絹本著色 蓮如上人寿像附蓮如紙牌（1幅）	本誓寺	昭50年3月
22	紙本著色 十二天像（12幅）	浄養寺	昭52年12月
23	掲額 神功皇后渡韓之図（1面）	若宮八幡宮	昭55年12月
24	絹本著色 旅装聖徳太子像（1幅）	本誓寺	昭55年12月
25	絹本著色 方便法身尊画像（1幅）	上吉野区	昭63年4月
26	絹本著色 親鸞聖人画像（1幅）	願慶寺	昭63年4月
27	絹本著色 老松孔雀図（1幅）	白山市	平5年10月

No.	名称	所在	年月
28	紙本淡彩 金石眺望（1巻）	白山市	平5年10月
29	神輿堂天井画 紙本著色板貼鳳凰図（1面）	松任金剣宮	平7年1月
30	旧神輿堂天井画 紙本墨画淡彩板貼竜図（1面）	松任金剣宮	平7年1月
31	紙本著色 高士拝仏図（1幅）	白山市	平7年4月
32	紙本著色 秋景山水図（1幅）	白山市	平7年4月
33	紙本墨画 山水図（1幅）	白山市	平7年4月
34	絹本著色 周茂叔図（1幅）	白山市	平7年4月
35	絹本著色 山水瀑布図（1幅）	白山市	平7年4月
36	絹本著色 王昭君図（1幅）	白山市	平7年4月
37	紙本著色 林西寺本白山曼荼羅（1幅）	林西寺	平29年3月
38	木造 十二神将立像（12躯）	白峰 八坂神社	昭39年2月
39	六地蔵板碑（1基）	個人	昭39年2月
40	乾漆造 阿弥陀如来坐像（1躯）	浄土寺	昭40年7月
41	木造 阿弥陀如来立像（1躯）	内尾御堂	昭43年5月
42	龍欄間（2面）	内尾御堂	昭43年5月
43	木造 十一面神坐像（1躯）	吉岡八幡神社	昭43年5月
44	乾漆造 観世音立像（1躯）	板尾八幡神社	昭43年5月
45	木造 阿弥陀如来立像（1躯）	吉岡八幡神社	昭43年5月
46	石造 俵大黒天立像（1躯）	福岡佐野神社	昭43年5月
47	石造 牛頭天王板碑（1基）	福岡佐野神社	昭43年5月
48	石造 不動明王坐像（1躯）	金満神社	昭43年5月
49	板尾の獅子頭（1頭）	板尾八幡神社	昭43年5月
50	木造 阿弥陀如来坐像（1躯）	河原山町区	昭44年4月
51	木造 男神坐像（1体）	神子清水町区	昭44年4月
52	木造 十一面観音立像（1体）	別宮町区	昭44年4月
53	木造 十一面観音坐像（1体）	別宮町区	昭44年4月
54	木造 聖観音立像（1体）	別宮町区	昭44年4月
55	石造 狛犬（1対）	別宮町区	昭44年4月
56	木造 不動明王立像（1躯）	河原山町区	昭44年4月
57	木造 毘沙門天立像（1躯）	河原山町区	昭44年4月
58	別宮の獅子頭（2箇）	別宮町区	昭45年8月
59	三ツ屋野の獅子頭（3箇）	三ツ屋野町区	昭45年8月
60	木造 黒漆塗獅子頭（1頭）	白山町町内会	昭52年12月
61	木造 黒漆塗獅子頭（1頭）	三宮町町内会	昭52年12月
62	鶴来八景 欄間（2額）	白山市	昭58年3月
63	木造 阿弥陀如来立像（1躯）	願慶寺	昭63年4月
64	木造 阿弥陀如来坐像（1躯）	上吉野区	昭63年4月
65	木造 如来形坐像（1躯）	吉野神社	昭63年4月
66	木造 不動明王坐像（1躯）	吉野神社	昭63年4月
67	木造 馬頭観音坐像（1躯）	吉野神社	昭63年4月
68	木造 阿弥陀如来立像（1躯）	市原区	昭63年4月
69	木造 僧形坐像（2躯）	上木滑区	昭63年4月
70	木造 阿弥陀如来立像（1躯）	中宮 古田道場	昭63年4月
71	木造 阿弥陀如来坐像（1躯）	吉野神社	昭63年4月
72	木造 男神・女神坐像（2躯）	中宮区	昭63年4月
73	島田の石仏（5基）	島田町町内会	平1年11月
74	加宝宮の諸像（6点）	加宝神社	平2年5月
75	白山御符版木 白山牛王宝印（3点）	個人	平2年5月
76	十一面観音懸仏（1躯）	白峰 八坂神社	昭39年2月
77	梵鐘（1口）	真教寺	昭39年9月
78	開山御厨子（1基）	徳證寺	昭42年12月
79	金銅 十一面観音懸仏（1躯）	内尾八幡神社	昭43年5月
80	陶製 狛犬（2）	久保春日神社	昭43年5月
81	藤塚神社の神輿 附御紋章入日覆・鉄棒・由緒書（1基）	藤塚神社	昭51年4月
82	薬師如来懸仏（1躯）	真宗大谷派鶴来別院	昭52年12月
83	劔大神宮印（銅印）（1個）	金劔宮	昭52年12月
84	金劔宮仏供箱と古銭（1個）	真宗大谷派鶴来別院	昭52年12月
85	鳥頭蓋付朱漆塗瓶子（1対）	守郷白山神社	昭55年12月
86	松任金剣宮の神輿（1基）	松任金剣宮	昭60年2月
87	若宮八幡宮の神輿（1基）	若宮八幡宮	昭60年2月

88	梵鐘（1口）	願慶寺	昭63年4月
89	春日散米折敷（1）	白山市	平7年4月
90	百万塔・陀羅尼経（1点）	白山市	平7年4月
91	赤絵瓔珞文徳利（2）	白山市	平10年1月
92	赤絵染付竜文鉢（1）	白山市	平10年1月
93	銚子・提（1対）	徳光八坂神社	平14年5月
94	銚子・提（1対）	本村井神社	平14年5月
95	神鏡（1面）	守郷白山神社	平15年3月
96	神号額（1面）	守郷白山神社	平15年3月
97	開山御厨子（1基）	正壽寺	平16年9月
98	金劔宮の神輿（1基）	金劔宮	平16年12月
99	扁額「白山本地堂」（1面）	守郷白山神社	昭41年4月
100	紙本墨書 足利義氏書状（1幅）	本誓寺	昭45年7月
101	蓮如上人御消息（1巻）	松岡寺	昭45年8月
102	蓮如上人御消息由来書（1巻）	松岡寺	昭45年8月
103	任師法談聞書（1冊）	松岡寺	昭45年8月
104	常如上人御消息（1巻）	妙観寺	昭45年8月
105	常如上人御消息（1巻）	教願寺	昭45年8月
106	紙本墨書 顕如上人書状（1巻）	本誓寺	昭50年3月
107	紙本墨書 蓮如上人御文章（1幅）	浄土寺	昭50年3月
108	紙本墨書 千代尼献上句控（1幅）	個人	昭50年3月
109	紙本墨書 千代尼肖像自画賛（1幅）	個人	昭50年3月
110	画賛 千代尼筆 朝顔の句（1幅）	聖興寺	昭50年3月
111	金劔宮田地寄進状（1点）	金劔宮	昭52年12月
112	元禄 奉納俳額（1額）	金劔宮	昭53年2月
113	寛延 奉納俳額（1額）	金劔宮	昭53年2月
114	小川直子自書「我がせの君につけて」「詠草」（5帖）	白山市	昭54年8月
115	佐々木志頭磨書 漢詩屏風（1双）	白山市	昭58年3月
116	市河米庵書 漢詩屏風（1双）	白山市	昭58年3月
117	金子鶴村撰 白山遊覧図記（2冊）	白山市	昭63年3月
118	碓井梅嶺書 観月の俳文「月の蝕」（1点）	白山市	昭63年3月
119	紙本墨書 六字名号（1幅）	中宮 古田道場	昭63年4月
120	紙本墨書 五事毘婆沙論巻第一〈残巻〉（1巻）	本誓寺	平7年1月
121	明月記断簡（1）	白山市	平7年4月
122	本居宣長書翰（1）	白山市	平7年4月
123	歌切二首〈新古今和歌集秋歌〉（1幅）	白山市	平7年4月
124	遠州侯あやめ歌入文（1幅）	白山市	平7年4月
125	歌切三首〈古今和歌集東歌〉（1幅）	白山市	平7年4月
126	歌切三首〈古今和歌集恋歌〉（1幅）	白山市	平7年4月
127	秋風の和歌色紙（1幅）	白山市	平7年4月
128	閑庭萩和歌短冊（1幅）	白山市	平7年4月
129	小沢盧庵筆 すすき画賛（1幅）	白山市	平7年4月
130	紙本墨書 千代尼肖像画賛 磯田湖龍斎筆 千代尼賛（1幅）	白山市	平27年4月
131	絹本墨書 飛州十景図画賛 二木長嘯筆 千代尼賛（1巻）	白山市	平27年4月
132	農民鑑（1冊）	白山市	昭45年8月
133	金劔宮版 大般若経 第二百六十九（1巻）	金劔宮	昭52年12月
134	金劔宮版 大般若経 第五百五十四（1巻）	白山市	昭58年3月
135	源氏物語 夕顔の巻（1冊）	白山市	平7年4月
136	古今和歌集（1冊）	白山市	平7年4月
137	永享版 選擇本願念佛集（1帖）	本誓寺	平11年3月
138	桑島区有文書	桑島区	昭39年2月
139	小倉清助家文書	個人	昭39年2月
140	林西寺文書	林西寺	昭39年2月
141	織田利右衛門家文書（1括）	個人	昭39年2月
142	宣如御文書（2通）	吉岡区	昭43年5月
143	吉野、吉岡山争い調整文書	吉岡区	昭43年5月
144	内尾山割文書	内尾区	昭43年5月
145	吉岡村村御印（1通）	吉岡区	昭43年5月

番号	名称	所蔵	指定年月
146	吹上村村御印（1通）	吹上区	昭43年5月
147	板尾村村御印（1通）	板尾区	昭43年5月
148	内尾村村御印（1通）	内尾区	昭43年5月
149	奥池村村御印（1通）	奥池区	昭43年5月
150	鶴来村打ちこわし関係文書（一括）	個人	昭43年5月
151	村名由緒書上帳（2巻）	松岡寺	昭44年4月
152	任誓語講帳（1冊）	個人	昭44年4月
153	諸役赦免書（1枚）	河原山町区	昭45年8月
154	島田家文書（一括）	個人	昭45年8月
155	松井家文書（一括）	白山市	昭45年8月
156	出口家文書（一括）	個人	昭45年8月
157	品々帳（1冊）	個人	昭45年8月
158	妙願寺相伝の宮殿寄進願の控（1冊）	妙観寺	昭45年8月
159	稲葉左近、冨田下総守連署状（1通）	上吉野区	昭46年11月
160	日比五郎右衛門、上村八左衛門連署状（2通）	上吉野区	昭46年11月
161	吉野村法度書（1冊）	上吉野区	昭46年11月
162	市原村村御印（1通）	市原区	昭46年11月
163	吉野村村御印（1通）	上吉野区	昭46年11月
164	御用留（51冊）	白山市	昭57年10月
165	前田利常礼状（1通）	個人	昭57年10月
166	鹿島村村御印（1通）	個人	昭57年10月
167	西米光村村御印（1通）	白山市	昭57年10月
168	末正村村御印（1通）	個人	昭58年3月
169	小原村検地打渡状（1点）	鶴来日吉町町内会	昭58年3月
170	鶴来村村御印（1通）	白山市	昭58年3月
171	石切小原村村御印（1通）	鶴来日吉町内会	昭58年3月
172	明島村村御印（1通）	明島町	昭58年3月
173	曽谷村村御印（1通）	曽谷町内会	昭58年3月
174	部入道村村御印（1通）	部入道町内会	昭58年3月
175	七原村村御印（1通）	七原町内会	昭58年3月
176	舟岡山開墾裁許書（1点）	白山市	昭63年12月
177	源兵衛嶋村村御印（1通）	源兵島町町内会	平5年12月
178	四ッ屋村村御印（1通）	個人	平5年12月
179	流安田村村御印（1通）	水澄町町内会	平5年12月
180	源兵衛嶋新村村御印（1通）	福新町町内会	平5年12月
181	見徳寺村村御印（1通）	笠間町町内会	平5年12月
182	東米光村村御印（1通）	米光町町内会	平5年12月
183	荒屋柏野村村御印（1通）	荒屋柏野町町内会	平5年12月
184	上柏野村村御印（1通）	個人	平5年12月
185	小上村村御印（1通）	個人	平5年12月
186	宮之保村村御印（1通）	個人	平5年12月
187	北安田村村御印（1通）	個人	平5年12月
188	成村村御印（1通）	出城八幡宮	平5年12月
189	平木村村御印（1通）	平木町町内会	平5年12月
190	橋爪村村御印（1通）	個人	平5年12月
191	上福増村村御印（1通）	福増町町内会	平5年12月
192	八田中村村御印（1通）	個人	平5年12月
193	中新保村村御印（1通）	中新保町町内会	平5年12月
194	木津村村御印（1通）	木津町町内会	平5年12月
195	横江村村御印（1通）	横江町町内会	平5年12月
196	田中両村村御印（1通）	個人	平5年12月
197	長嶋村村御印（1通）	長島町町内会	平5年12月
198	安吉村村御印（1通）	個人	平5年12月
199	内方新保村村御印（1通）	武甕槌神社	平5年12月
200	福富村村御印（1通）	福留町町内会	平5年12月
201	番田村村御印（1通）	個人	平5年12月
202	水嶋村村御印（1通）	水島町町内会	平5年12月
203	傳馬の御印（1通）	水島町町内会	平5年12月
204	藤木村村御印（1通）	個人	平6年3月
205	剣崎村村御印（1通）	剣崎町町内会	平6年3月

番号	名称	所有者	指定年月
206	椋部村村御印(1通)	倉部町町内会	平6年7月
207	加賀藩十村役林家文書(27点)	個人	平7年1月
208	呉竹文庫所蔵古文書(2555点)	白山市	平7年4月
209	村井村村御印(1通)	本村井神社	平9年3月
210	菅波村村御印(1通)	菅波町町内会	平9年3月
211	北嶋村村御印(1通)	北島町町内会	平9年9月
212	吉岡八幡神社の宝篋印塔(1)	吉岡八幡神社	昭43年5月
213	石棒	吉岡区	昭43年5月
214	久保遺跡 重弧文鉢(1点)	白山市	昭43年5月
215	吉岡八幡神社の五輪塔(2基)	吉岡八幡神社	昭43年5月
216	金満神社の五輪塔(2基)	金満神社	昭43年5月
217	田地古墳出土品(一括)	白山市	昭46年3月
218	独鈷石〈異形石器〉(1個)	個人	昭52年12月
219	家形石棺(1柩)	家形石棺保存会	昭52年12月
220	浄養寺の五輪塔	浄養寺	昭52年12月
221	願得寺の五輪塔	願得寺	昭52年12月
222	白山の五輪塔	白山町区	昭52年12月
223	三宮の五輪塔	三宮町区	昭52年12月
224	史跡鳥越城跡出土品(87点)	白山市	昭62年7月
225	竹松遺跡有透装飾器台(1台)	白山市	昭63年11月
226	白山牛玉宝印板木(1枚)	白峰公民館	昭39年2月
227	皆就学旗吹流(1)	板尾区	昭43年5月
228	桧ボーケの道祖神(1体)	奥池区	昭43年5月
229	金子有斐著 鶴村日記〈坐右日録〉(28冊)	白山市	昭54年8月
230	鶴来村絵図(1点)	白山市	昭58年3月
231	ばくえき禁止高札(1点)	白山市	昭63年3月
232	佐羅早松宮建立棟札(1枚)	佐良区	昭63年4月
233	神号「南無拝師明神」(1幅)	正八幡神社	平2年3月
234	ヨハネス ユストゥス ライン著書「JAPAN」(3冊)	桑島区	平2年12月
235	元亨釈書跋文 附獅子筋(1巻)	本誓寺	平5年3月
236	百万塔陀羅尼 附百万塔(1巻)	本誓寺	平5年3月
237	加賀松任青木家文書(1729点)	個人	平5年10月
238	紙本 白山加賀禅定道図(2幅)	個人	平29年3月

市指定無形民俗文化財

番号	名称	保持団体	指定年月
239	菅馬	瀬波区	昭63年4月
240	万法寺の縁日行事	万法寺の縁日行事保存会	平16年9月
241	白峰の放楽相撲〈天領相撲〉	白峰相撲協会	平27年4月
242	じょうかべ	桑島民謡保存会	昭39年2月
243	おおつえくずし	桑島民謡保存会	昭39年2月
244	横江の虫送り	横江町虫送り保存会	昭39年11月
245	じょうかべ踊り	上出合町区	昭45年8月
246	じょんこら踊り	三ツ屋野町区	昭45年8月
247	しんき踊り	河合町区	昭45年8月
248	あさんがえし踊り	阿手町区	昭45年8月
249	別宮の獅子舞	別宮町区	昭45年8月
250	釜清水の獅子舞	釜清水町区	昭45年8月
251	三ツ屋野の獅子舞	三ツ屋野町区	昭45年8月
252	尾添の獅子舞	尾添民謡保存会	昭47年8月
253	炭焼きくどき	尾添民謡保存会	昭47年8月
254	鶴来節	鶴来民謡保存会	昭52年12月
255	地搗ち唄	鶴来町地唄保存会	昭52年12月
256	御酒	御酒保存会	昭57年10月
257	柏野じょんがら踊り〈団七、笠松踊り〉	柏野じょんがら保存会	昭59年1月
258	しんき	瀬波区	昭63年4月
259	じょうかべ	下吉野区	昭63年4月
260	しんき	上吉野区	昭63年4月
261	あさんがえし	市原区	昭63年4月
262	あさんがえし	上木滑区	昭63年4月
263	しょいしょいぶし	中宮区	昭63年4月

No.	名称	所有者・管理者	指定年月
264	炭焼きくどき	中宮区	昭63年4月
265	ほうらい祭り行事	ほうらい祭り保存会	平8年8月
266	加賀松任の獅子舞	松任獅子舞連盟	平15年6月
267	城山太鼓	城山太鼓保存会	平17年1月
	市指定有形民俗文化財		
268	宝剣額（1面）	板尾八幡神社	昭43年5月
269	絵馬 源平合戦図	吉岡八幡神社	昭43年5月
270	字額 酒詩（2面）	久保春日神社	昭43年5月
271	絵馬 源平合戦図	奥池粟島神社	昭43年5月
272	みの	個人	昭45年8月
273	指樽（1対）	金劔宮	昭52年12月
274	富籤箱（1点）	白山市	昭58年3月
275	万法寺の佛像（1躯）	個人	平16年9月
	市指定記念物		
276	千代尼塚 附同標石	聖興寺	昭39年9月
277	宿の岩	板尾区	昭43年5月
278	笈山宿	内尾区	昭43年5月
279	火燈山	三坂町区	昭45年8月
280	田地古墳（1基）	白山市	昭46年3月
281	木滑関所跡	木滑新区	昭46年11月
282	笥笠中宮跡	笥笠中宮神社	昭46年11月
283	佐羅宮跡	佐羅早松神社	昭46年11月
284	御鍋	瀬戸区	昭47年8月
285	舟岡山遺跡	県立白山青年の家	昭52年12月
286	白山上野遺跡	石川県農林総合研究センター林業試験場	昭52年12月
287	市宮跡〈恵比須社跡〉	白山市	昭52年12月
288	舟岡山城跡	白山比咩神社 他	昭52年12月
289	槻橋城跡	個人	昭52年12月
290	薬師寺跡	白山市（鶴来日吉町管理）	昭52年12月
291	清沢願得寺跡	白山市（鶴来朝日町管理）	昭52年12月
292	白山堂跡	白山堂史跡保存会	昭52年12月
293	仙の堂跡	白山市	昭52年12月
294	胡麻堂跡	個人	昭52年12月
295	歌占〈歌占滝〉	白山市	昭52年12月
296	一閑寺不動明王磨崖仏	一閑寺	昭52年12月
297	親鸞聖人廟所〈生歯塚〉	鶴来別院	昭52年12月
298	六郎塚〈六郎杉〉	白山市・日御子神社	昭53年2月
299	奉殿堂岩	個人	昭60年5月
300	ノミタニ遺跡	白山市	平4年11月
301	不動滝	板尾区	昭43年5月
302	蛇巻岩	板尾区	昭43年5月
303	道西ノ立岩	板尾区	昭43年5月
304	鈴木家庭園	個人	昭44年4月
305	不老峡	下吉谷区	昭44年4月
306	黄門峡	釜清水町区、下吉野区	昭44年4月
307	雲龍山	白山市	昭46年11月
308	仙雲峰	白山市	昭46年11月
309	蛇谷峡	国	昭46年11月
310	鉢峰山	白山市	昭46年11月
311	白山比咩神社境内 参道	白山比咩神社	昭52年12月
312	金劔宮境内 不動滝	金劔宮	昭52年12月
313	安久涛の淵	白山比咩神社	昭52年12月
314	風穴	金間区	昭43年5月
315	奥池金山〈銀山〉	奥池区	昭43年5月
316	口直海銅山	口直海区	昭43年5月
317	金間の大スギ（4本）	金満神社	昭43年5月
318	下折の大スギ（1本）	下折粟島神社	昭43年5月
319	板尾のウラジロガシ（1本）	板尾区	昭43年5月
320	竹松海岸ハマナス群生地	竹松住吉神社	昭45年7月
321	弘法池	釜清水町区	昭45年8月

322	笥笠中宮神社のトチノキ（1本）	笥笠中宮神社	昭46年11月
323	笥笠中宮神社のカツラ（1本）	笥笠中宮神社	昭46年11月
324	吉野神社のケヤキ（1本）	吉野神社	昭46年11月
325	まがっとのケヤキ（2本）	下木滑区	昭46年11月
326	東二口ミズバショウ群生地	個人	昭47年8月
327	曽谷の珪化木産地	個人 他	昭52年12月
328	白山比咩神社の老スギ（1本）	白山比咩神社	昭52年12月
329	白山比咩神社の大ケヤキ（1本）	白山比咩神社	昭52年12月
330	八幡神社のトチ（1本）	八幡町 八幡神社	昭53年2月
331	井口のケヤキ（1本）	個人	昭53年2月
332	鶴来古町のギンモクセイ（1本）	個人	昭53年2月
333	宮保八幡神社のケヤキ（1本）	宮保八幡神社	昭53年12月
334	楢本神社のケヤキ（1本）	楢本神社	昭53年12月
335	シダレザクラ・イチイの木（1本）	個人	昭56年8月
336	勝善寺のタブノキ（2本）	勝善寺	昭57年4月
337	カレイの化石（1点）	白山市	昭62年7月
338	弥四郎の大栗（1本）	個人	平4年11月
339	与平の楓（1本）	個人	平4年11月
340	無斑イワナおよび西俣谷源流生息イワナ	白峰漁業協同組合	平8年5月
341	鶴来本町通りのモミ（1本）	白山市	平10年3月
342	瀬波のカツラ（1本）	個人	平10年11月
343	木滑新のケヤキ（1本）	木滑新区	平10年11月
344	大杉谷のハイトチ	国	平17年1月
345	市ノ瀬のコモチカツラ	国	平17年1月

国登録有形文化財件数 32件（平成30年5月1日現在）

No.	名称（員数）	所有者等	指定年月
1	松任市ふるさと館〈旧吉田家住宅〉主屋 （1棟）	白山市	平13年10月
2	松任市ふるさと館〈旧吉田家住宅〉物置一（1棟）	白山市	平13年10月
3	松任市ふるさと館〈旧吉田家住宅〉物置二（1棟）	白山市	平13年10月
4	松任市ふるさと館〈旧吉田家住宅〉門（1棟）	白山市	平13年10月
5	福岡第一発電所（1棟）	北陸電力㈱	平13年10月
6	多川家住宅主屋（1棟）	個人	平16年6月
7	聖興寺千代尼堂（1棟）	聖興寺	平19年12月
8	聖興寺草風庵（1棟）	聖興寺	平19年12月
9	聖興寺本堂（1棟）	聖興寺	平23年1月
10	聖興寺客殿（1棟）	聖興寺	平23年1月
11	聖興寺茶室（1棟）	聖興寺	平23年1月
12	聖興寺座敷（1棟）	聖興寺	平23年1月
13	聖興寺庫裏（1棟）	聖興寺	平23年1月
14	聖興寺南土蔵（1棟）	聖興寺	平23年1月
15	聖興寺北土蔵（1棟）	聖興寺	平23年1月
16	聖興寺鐘楼（1棟）	聖興寺	平23年1月
17	聖興寺山門（1棟）	聖興寺	平23年1月
18	甚之助谷第二号谷止工（1基）	石川県	平24年2月
19	甚之助谷上流第一六号砂防堰堤（1基）	石川県	平24年2月
20	甚之助谷第一一号砂防堰堤（1基）	石川県	平24年2月
21	甚之助谷第一二号砂防堰堤（1基）	石川県	平24年2月
22	甚之助谷第一三号砂防堰堤（1基）	石川県	平24年2月
23	甚之助谷第一四号砂防堰堤（1基）	石川県	平24年2月
24	甚之助谷第一六号砂防堰堤（1基）	石川県	平24年2月
25	甚之助谷第一八号砂防堰堤（1基）	石川県	平24年2月
26	甚之助谷第一九号砂防堰堤（1基）	石川県	平24年2月
27	甚之助谷第二〇号砂防堰堤（1基）	石川県	平24年2月
28	甚之助谷第二一号砂防堰堤（1基）	石川県	平24年2月
29	甚之助谷第二二号砂防堰堤（1基）	石川県	平24年2月
30	甚之助谷第二三号砂防堰堤（1基）	石川県	平24年2月
31	柳谷第七号砂防堰堤（1基）	石川県	平24年2月
32	御鍋砂防堰堤（1基）	国（国土交通省）	平24年2月

白山市略年表

西暦	和暦	事項
原始・古代		
約4500年前		舟岡山縄文集落(縄文時代中期)ができる
約2800年前～		海岸線が後退しハンノキなどの林ができる(後に海底埋没林)
約2000年前～		手取川扇状地で島集落が形成される
716	霊亀2	白山本宮が安久濤之森へ遷座すると伝わる
717	養老元	泰澄が白山を開山すると伝わる
755	天平勝宝7	この年に書かれた『東大寺諸荘文書并絵図目録』に「比楽河」がみえる
818	弘仁9	朝原内親王所有の土地186町5反200歩が東大寺に献上され、東大寺領横江荘ができる
823	弘仁14	3月 加賀国が立国 6月 加賀国が江沼・能美・石川・加賀(後の河北)4郡で構成される
927	延長5	「延喜式」が完成し「比楽駅」「比楽湊」が記される
930年代	承平年間	「和名類従抄」が編纂され石川郡内で中村、富樫、椋部、三馬、拝師、井出、笠間、味知の八郷が記される
1042	長久3	白山が噴火する
1163	長寛元	「白山之記」が成立したとされる
1177	安元3	1月 白山中宮の衆徒らが佐羅早松社の神輿を奉じて上洛し強訴に及ぶ
1183	寿永2	5月 林光明が加賀篠原・安宅の合戦で戦功をあげる
中世		
1221	承久3	林小次郎家綱親子が鎌倉幕府に誅殺される
1227	嘉禄3	林氏庶流・豊田氏の成舜が白山七社惣長吏となる
1239	延応元	8月 白山宮社殿以下21宇が焼失
1291	正応4	時宗二祖の他阿弥陀仏真教の一行が布教のため加賀へ。藤塚、石立を経て小河(当時の手取川本流)を渡る
1339	建武2	富樫高家が加賀守護となる
1347	貞和3	河内荘惣領地頭結城重宗が土地を大智禅師に寄進する
1352	観応3	4月 白山本宮の神人が上林郷地頭の大桑玄猷の館に神鉾を奉じ押しかける
1439	永享11	「白山縁起」が右筆定成により筆写される
1456	康正2	松任修理介利隆が朝廷に石川郡内所領から徴収した臨時課税を進納する
1474	文明6	守護富樫政親が「山内方」として蓮如・本願寺派に与し、弟富樫幸千代の蓮台寺城を陥落させる
1477	文明9	7月 加賀万福寺の日蝕料を充てて御所を裏む
1480	文明12	白山本宮、今町からの出火で類焼し全焼する
1486	文明18	聖護院門跡の道興が白山に向かい、道中で和歌を詠む
1488	長享2	6月 山内衆ら一向一揆や白山宮勢力による、国中の一揆により富樫政親が滅びる 6月 白山本宮が三宮へ遷座し、現在にいたる
1491	延徳3	3月 冷泉為広が北陸道を今湊から湊川を渡り野市(野々市)方面へ進む 10月 結城氏が白山本宮に乱入する
1492～1501	明応年間	石川郡に一向一揆の軍事組織として十人衆組、六ケ組、米富組、西縁組、河原組が構成される(16世紀半ばに松任組、河合組が分立)
1527	大永7	白山惣長吏が、市原紙一束を京の山科言継に持参する
1531	享禄4	享禄の錯乱が起こり、超勝寺を擁する山内衆の力が強まる
1536	天文5	白山惣長吏の白光院澄祝が京都・通玄寺に代官職を罷免される
1541	天文10	白山禅頂の大己貴社が大風で転倒、社殿造営の杣取相論起こる
1543	天文12	白山禅頂の社殿造営をめぐり相論が起こる
1544	天文13	白山惣長吏の白光院澄辰が朝廷から社殿造営の杣取を認める綸旨を得る
1545	天文14	地頭結城氏が白山杣取相論で白山本宮に敗れ白山ろくを去る
1546	天文15	石川郡一揆などが惣国普請で金沢御堂を建立する
1554	天文23	白山が噴火する
1558	永禄元	松任利運が将軍足利義輝に従い京都白川口で討ち死にする

1577	天正5	9月　上杉謙信軍と柴田勝家ら織田信長軍が手取川の東で戦い、上杉軍が勝利する
1578	天正6	3月　本願寺顕如が上杉謙信急逝を鈴木出羽守と山内衆に報せる
1580	天正8	閏3月　織田信長勢が金沢御堂を開城する 本願寺顕如が、織田信長との勅命講話(4月)、教如の大坂退城と停戦(8月)を加賀四郡、鈴木出羽守、山内惣荘に報せる 11月　鈴木出羽守が柴田勝家により殺害される
1582	天正10	3月　山内吉岡の構、さらの城で蜂起した一揆衆が鎮圧される
1583	天正11	前田利長が松任に入部し、「松任四万石」が成立する
1585	天正13	松任四万石が羽柴秀吉の蔵入地(直轄地)となる 松任町惣中が越中に売却する予定の馬を羽柴秀吉方へ引き渡す言上書を記す
1587	天正15	松任四万石が丹羽長重領となる
1596	慶長元	前田利家が白山宮を再建する

近世

1600	慶長5	関ヶ原の戦い後、松任四万石が加賀藩領となる
1613	慶長18	前田利常が市原村に国役免除の代わりに上包用中折紙200束の上納を命じる
1643	寛永20	松任に御旅屋が建てられる
1648	慶安元	本吉に御蔵が設置される
1652	承応元	加賀藩が本吉湊裁許として小塚長兵衛を任命し、管理強化をはかる
1655	明暦元	白山をめぐる越前領牛首・風嵐村と加賀領尾添村の相論が、加賀・越前両藩の領堺問題になる
1657	明暦3	前田綱紀が母・阿智子の冥福を祈り「剣　銘吉光」を白山比咩神社に奉納する(昭和27年に国宝指定)
1661	寛文元	木滑(口留)番所が設置される
1665	寛文5	松任町奉行が廃止され松任町が郡奉行の管轄下に置かれる
1668	寛文8	白山麓十八ヶ村が幕府の天領となる
1688	元禄元	牛首村が、石徹白村による別山室再興を阻止する
1697	元禄10	牛首村が、尾添村による御前峰、大汝峰の社殿造営に抗議する
1710	宝永7	松任の御旅屋が廃止され、笠間屋(青木家)が本陣を務める
1714	正徳4	任誓が主導して遠山奥十二日講が結ばれる
1728	享保13	平泉寺が、牛首村百姓が「社家」を称することを禁じる
1738	元文3	尾添村が、社殿造営をめぐる平泉寺との相論に破れる
1764	明和元	千代女、朝鮮通信使への贈り物として自選句を記した懸物6幅と扇子15本を制作する
1792	寛政4	矢田四如軒が吉野十景を紀行する
1858	安政5	鶴来村の白山屋太右衛門などの商家が打ちこわされる
1862	文久2	小川幸三が加賀藩に建白書を上程し、定番御徒並切米35俵に取り立てられる
1864	元治元	加賀藩元治の変が起こり小川幸三ら勤王改革派が処分される
1865	慶応元	枝権兵衛が安久濤淵から隧道、運河による新水路建設に着手(明治2年竣工)

近代

1870	明治3	白山ろくの天領18ヶ村が越前・本保県の管轄になる
1871	明治4	6月　白山比咩神社が国幣小社に列せられる
1872	明治5	4月　金沢県の県庁が金沢から美川へ移る 11月　白山山頂が石川県能美郡の帰属となる 松本白華が本願寺法主に随行して欧州の教法視察に赴く
1873	明治6	1月　石川県庁が美川から金沢へ戻る
1874	明治7	神仏判然令により白山山頂一帯の仏像・仏具類が撤去され、牛首林西寺と尾添村に下げ渡される 7月　ライン博士が白山登山の帰路、桑島化石壁あたりで植物化石を採取する
1876	明治9	牛首村、風嵐村、白山権現領(平泉寺領)が白峰村になる
1877	明治10	ガイラー博士が論文「日本のジュラ紀層からの植物化石」を発表する
1878	明治11	10月　明治天皇一行が北陸巡行で松任町会所の行在所に入り、下柏野で御小休する
1888	明治21	高多久兵衛が石川郡安原村上安原で集落全耕地区画整理事業を実施する
1889	明治22	町村制が施行され、現白山市域で松任町ほか27村が誕生し、河内村、吉野谷村、尾口村、白峰村は白山市合併まで続く

年	和暦	出来事
1890	明治23	7月　松田吉三郎が第1回衆議院議員選挙で当選する（以後通算9期務める）
1892	明治25	第2回衆議院議員選挙で石川郡で激しい政治闘争。運動員が殺される事件も
1898	明治31	4月　北陸線の松任駅、美川駅が開業する
1902	明治35	3月　石川県立農学校が松任町に新築移転する
1903	明治36	海水浴期の臨時駅として小舞子仮停車場が設置される
1904	明治37	11月　松金馬車鉄道が松任と金沢野町3丁目間に開通する（大正5年から電化し松金電気軌道線に）
1907	明治40	別宮村、河野村、吉原村が合併して鳥越村となる
1911	明治44	河内村福岡発電所が金沢電気㈱により建設される
1914	大正3	白山比咩神社が国幣中社に昇格する
1915	大正4	4月　2代熊田源太郎が私設図書館・呉竹文庫を開設する
1918	大正7	白峰村役場で最深積雪量682㎝を記録
1919	大正8	6月　島田清次郎の『地上』出版。大ベストセラーに
1923	大正12	8月　北陸線に加賀笠間駅が新設開業する
1925	大正14	小堀定信が白山下・加賀広瀬間に鉄道を完成する
1926	大正15	吉野谷発電所が白山水力㈱により建設される
1927	昭和2	金名鉄道が鶴来まで延伸する
1928	昭和3	鳥越発電所が白山水力㈱により建設される
1934	昭和9	比楽島村と福留村が合併して石川村となる 7月　手取川大水害が発生。死者行方不明112人
1938	昭和13	尾口発電所が白山水力㈱により建設される
1939	昭和14	満州国の白山郷開拓団地への入植が始まる
1941	昭和16	石川県修練道場「白山塾」が鶴来の舟岡山に開設される

現代

年	和暦	出来事
1945	昭和20	8月　終戦後の27日、白山郷開拓団で銃撃や自決により約340が死亡する
1948	昭和23	舟岡山遺跡の発掘調査が行われる
1949	昭和24	6月　尾口村、白峰村、鳥越村が石川郡に編入 北陸鉄道金名線の電化が実現する
1951	昭和26	河内村から中島、白山、三宮、八幡、石切小原が分離し一ノ宮村となる 暁烏敏が真宗大谷派本願寺宗務総長に就任する
1954	昭和29	11月　美川町が石川郡蝶屋村、能美郡湊村と合併。鶴来町が林、蔵山、一ノ宮、舘畑の4村と合併。宮保、柏野、笠間、出城、石川、林中、一木、御手洗、旭、中奥の10村が松任町に編入。
1956	昭和31	9月　郷村の横江、番匠、専福寺、俗称上田中が松任町に編入
1957	昭和32	1月　山島村が松任町に編入
1970	昭和45	松任町が市制施行し松任市となる
1972	昭和47	3月　東大寺領横江荘が国史跡に指定される
1974	昭和49	11月　手取川ダム建設工事が起工する（昭和54年6月ダム貯水開始）
1975	昭和50	中川一政が文化勲章を受章する
1977	昭和52	「尾口のでくまわし」が重要無形民俗文化財に指定される
1978	昭和53	11月　千代野ニュータウンが誕生する
1979	昭和54	手取川ダム発電所が稼働する
1980	昭和55	白山ユネスコエコパーク（核心地域と緩衝地域）がユネスコにより登録される
1981	昭和56	隅谷正峯が重要無形文化財保持者（人間国宝）に認定される
1985	昭和60	鳥越城跡附二曲城跡が国史跡に指定される 松任市が暁烏敏賞を制定する
1986	昭和61	昭和57年に桑島化石壁で女学生が拾った石から肉食恐竜の歯の化石が判明する
1987	昭和62	河内村に金沢セイモアスキー場オープン（白山ろく旧5村全てに村営スキー場整備） 金名線廃止
1997	平成9	桑島化石壁のトンネル工事に伴う調査で動物化石を多数発見
2005	平成17	2月　松任市、鶴来町、美川町、白峰村、尾口村、鳥越村、吉野谷村、河内村の1市2町5村が合併し白山市が誕生する
2011	平成23	9月　白山市全域が白山手取川ジオパークに認定される
2012	平成24	7月　白峰が重要伝統的建造物保存地区に選定される
2014	平成26	4月　北陸新幹線の白山総合車両所が開所する
2016	平成28	白山ユネスコエコパークの移行地域が設定され、拡張登録される

協力者

朝日開発
石川近代文学館
石川県白山自然保護センター
石川県埋蔵文化財センター
石川県立翠星高等学校
石川県立図書館
石川県立白山青年の家
石川県立白山ろく民俗資料館
石川県立美術館
石川県立歴史博物館
上杉神社（山形県米沢市）
岡山大学
鶴林寺（金沢市）
金沢市埋蔵文化センター
金沢市立玉川図書館
金劔宮（白山市）
クスリのアオキ
宮内庁正倉院事務所
高樹会（射水市）
光明寺（山形県）
国立公文書館
小坂神社（金沢市）
小松市立博物館
十一ケ村十二日講
島根県立八雲立つ風土記の丘
浄願寺（白山市）
上宮寺（野々市市）
正壽寺（白山市）
清浄光寺（神奈川県藤沢市）
白山比咩神社
真宗大谷派鶴来別院
専光寺（金沢市）
大隣寺（福島県二本松市）
手取川七ヶ用水土地改良区
天理図書館
東京国立博物館
東京大学史料編纂所
徳證寺（白山市）
那谷寺（小松市）
西尾市立図書館岩瀬文庫
能登印刷出版部
能美市
白山市市原区
白山市尾添区
白山市中宮区
平泉寺白山神社
福井市立郷土歴史博物館
北海道地図
北國新聞社
本誓寺（白山市）
本蓮寺（小松市）
前田育徳会
明達寺（白山市）
山立会
陽明文庫（京都市）
林西寺（白山市）
冷泉家時雨亭文庫
青木桂生
北村市範
古源良三
林與枝男
松尾雄二
松田章一

主な参考文献

『石川県石川郡誌』石川県石川郡自治協会　1927
『満州移民』東亜問題調査会編　1939
『松任町史』中本恕堂　1941
『新松任町史』中本恕堂　1958
『続松任町史』中本恕堂　1960
『天才と狂人の間』杉森久英　1962
『鶴来商工会70年史』若林喜三郎共編　1968
『石川県鳥越村史』鳥越村史編纂委員会編　1972
『加賀の傑僧　任誓』中川一富士　1972
『美川町政史』佐々木浩・海野憲二　1974
『石川県満蒙開拓史』藤田繁編　1982
『ふるさとの想い出写真集　明治大正昭和　松任』中野辰一　1985
『加賀鶴来枝権兵衛家文書目録』石川県立図書館古文書課編　1979
『白峰村手取川ダム誌』白峰村手取川ダム誌編集委員会　1882
『手取川七ヶ用水誌　上巻』手取川七ヶ用水土地改良区　1982
『加能史料　奈良平安1〜平安4』加能史料編纂委員会編　1982〜1989
『加能史料　鎌倉1・2』加能史料編纂委員会編　1992・1994
『加能史料　南北朝1〜3』加能史料編纂委員会編　1993〜1997
『加能史料　室町1〜4』加能史料編纂委員会編　1999〜2007
『加能史料　戦国1〜17』加能史料編纂委員会編　1998〜2019
『北陸真宗教団史論　小松本覚寺史』浅香年木　1983
『加賀松任青木家文書目録』石川県立図書館編　1985
『百万石の光と影　新しい地域史の発想と構築』浅香年木　1988
『一向一揆』石川県立歴史博物館　1988
『鶴来町史　歴史篇　原始古代中世』鶴来町史編纂室　1989
『鶴来町史　歴史篇　近世近代』鶴来町史編纂室　1997
『草の碑　満蒙開拓団　棄てられし民の記録』藤田繁編　1989
『茜さす日本海文化　北陸古代ロマンの再構築』浅香年木　1989
『白峰村史　第三巻』白峰村史編纂委員会編　1991
『曠野に立つ野火　第一次大崗義勇隊開拓団史』出口恒夫編　1993
『ふるさと鶴来再発見』谷口正幸　1999
『吉野谷村史　資料編　前近代』吉野谷村史編纂専門委員会編　2000
『吉野谷村史　集落編』吉野谷村史編纂専門委員会　2002
『吉野谷村史　通史編』吉野谷村史編纂専門委員会　2003
『ふるさと石川歴史館』北國新聞社　2002
『松任のれきし』松任市史編纂委員会編　2003
『図説　吉野谷村の歴史』吉野谷村史編纂専門委員会編　2004
『続鳥越村史　図説編』鳥越村史編纂専門委員会　2004
『続鳥越村史　現代編』鳥越村史編纂専門委員会　2004
『湊村の歴史』湊村史編纂専門委員会　2004
『旧満州国白山郷開拓団　8月27日』石川県教育文化財団　2004
『蝶屋の歴史　通史編』蝶屋村史編纂専門委員会編　2004
『霊峰白山』北國新聞社編集局編　2004
『本吉港の歴史』本吉港史編纂委員会　2005
『白山　聖地へのまなざし』石川県立歴史博物館　2007
『白山信仰史年表』白山本宮神社史編纂委員会　2008
『ふるさと写真館　愛蔵版』北國新聞社出版局編　2008
『増訂図説白山信仰』白山本宮神社史編纂委員会　2010
『白山市白峰　伝統的建造物保存対策調査報告書』白山市教育委員会編　2010
『石川県の歴史散歩』石川県の歴史散歩編集委員会　2010
『図説こまつの歴史』新修小松市史編集委員会編　2010
『図説　加賀の歴史』田中創編　2011
『新資料が語る旧満州国白山郷開拓団』石川県教育文化財団　2013
『島田清次郎　誰にも愛されなかった男』風野春樹　2013
『加賀一向一揆（改訂版）』西田谷功　2015
『白山比咩神社史　古代中世篇』白山本宮神社史編纂委員会　2016
『旧山岸家住宅調査報告書』白山市文化財保護課編　2017
『戦時中の満州開拓と珠洲の人々』橋本秀一郎著　2018
『島田清次郎　未発表エッセイから読み解く、その実像』新谷宏　2019
『加賀の千代女句集　百成や』山根公　2019

監修・執筆者

東四柳史明　金沢学院大学名誉教授
小林　忠雄　白山市文化財保護審議会会長・加能民俗の会会長

執筆者

青木　賢人　金沢大学准教授
新本　欣悟　石川県立小松工業高等学校教諭
石田　文一　石川県立図書館史料編さん室主幹
伊藤　克江　白山比咩神社学芸員
上田　正行　徳田秋聲記念館館長
宇佐美　孝　加能地域史研究会会員
大塚　健斗　白山市白峰化石調査センター化石調査員
垣内光次郎　石川県埋蔵文化財センター所長
笠間　悟　北陸大学非常勤講師
木越　祐馨　加能地域史研究会代表委員
北　春千代　石川県立歴史博物館学芸主幹
小阪　大　白山市観光文化スポーツ部文化財保護課主幹
小中　和也　白山市観光文化スポーツ部文化財保護課文化財係課長補佐
下濱　聡　白山市観光文化スポーツ部文化財保護課主査
瀬戸　薫　石川県立図書館史料編さん室室員
袖吉　正樹　金沢市立玉川図書館近世史料館専門員
太多　誠　石川県立小松高等学校教諭
谷口　出　石川県立美術館副館長
寺本　要　石川地理学会会員
西田谷　功　元白山市教育委員長
東野外志男　石川県自然史センター理事
日比野　剛　白山手取川ジオパーク推進協議会専門員
平野　優　加南地方史研究会会員
府和正一郎　北陸大学非常勤講師
三浦　純夫　野々市市文化財保護審議会委員
見瀬　和雄　金沢学院大学名誉教授
村上和生雄　白山市観光文化スポーツ部文化財保護課課長補佐
室山　孝　石川県立図書館加能史料調査委員
本康　宏史　金沢星稜大学教授
山崎　幹泰　金沢工業大学教授
山根　公　俳文学会会員
山本　吉次　金沢大学附属高等学校校長

図説 白山市の歴史と文化

発行日　2020年3月31日 第1版第1刷
　　　　2020年9月15日 第1版第2刷

監　修　東四柳史明　小林忠雄

発　行　白 山 市
〒924-8688
石川県白山市倉光二丁目1番地
観光文化スポーツ部文化財保護課
Tel 076-274-9579　Fax 076-274-9546
E-mail：bunkazai@city.hakusan.lg.jp

制作・発売　北國新聞社出版局